本书受到国家社科基金2017年一般项目（教育学）"动漫暴力对中小学生的影响及教育干预研究"（BHA170134）的资助。

Animation & Comic

动漫暴力
对青少年影响的实证研究

范丽恒 等著

中国社会科学出版社

图书在版编目（CIP）数据

动漫暴力对青少年影响的实证研究／范丽恒等著．—北京：中国社会科学出版社，2023.11

ISBN 978-7-5227-2709-7

Ⅰ.①动… Ⅱ.①范… Ⅲ.①动画—暴力行为—影响—青少年—攻击行为—研究 Ⅳ.①C913.5

中国国家版本馆 CIP 数据核字（2023）第 206303 号

出 版 人	赵剑英
责任编辑	高 歌
责任校对	李 琳
责任印制	戴 宽

出　　版	中国社会科学出版社
社　　址	北京鼓楼西大街甲 158 号
邮　　编	100720
网　　址	http://www.csspw.cn
发 行 部	010-84083685
门 市 部	010-84029450
经　　销	新华书店及其他书店
印　　刷	北京明恒达印务有限公司
装　　订	廊坊市广阳区广增装订厂
版　　次	2023 年 11 月第 1 版
印　　次	2023 年 11 月第 1 次印刷
开　　本	710×1000　1/16
印　　张	18.75
字　　数	301 千字
定　　价	99.00 元

凡购买中国社会科学出版社图书，如有质量问题请与本社营销中心联系调换
电话：010-84083683
版权所有　侵权必究

前　言

　　动画是个体童年期不可或缺的娱乐方式之一。很多研究发现动画会影响儿童的认知和社会行为发展。但这些研究多关注学龄前或学龄初期的儿童群体，而很少涉及青少年群体，这可能与动画都是小孩看的，对于青少年而言太过于幼稚的传统观点有关。随着日本动漫的全球流行，暴力开始成为动漫中的常见元素之一。动漫的观看群体也开始由儿童扩展到青少年群体。据中国互联网络信息中心（CNNIC）2022年11月发布的统计结果，2021年6—18岁的个体中有0.56亿观看动漫，占到该群体的29.2%，其中12岁以下的儿童观看动漫的比例为24.1%，而12—18岁的群体中观看动漫的比例则为35.8%。作为当前动漫观看的主力军之一的青少年，他们接触这些高暴力的动漫是否会对其行为产生影响？相比于低龄儿童的研究文献积累，我们对于动漫暴力对青少年影响的认识和研究却相对滞后和匮乏。我们依然不清楚青少年观看的动漫作品中是否含有暴力成分，如果有，暴力程度如何？也不清楚短期和长期观看这些暴力动漫是否会影响青少年的社会行为，更不了解这些影响背后的生理机制。而对这些问题的解答对于更好地了解动漫暴力与青少年发展之间的关系、为从媒体的视角提出有效降低青少年不良发展倾向，从而促进其健康发展等均具有重要的意义和价值。

　　在探讨这些问题的之前，需要先界定青少年的年龄范围。关于青少年的年龄划分，学者们从不同的角度做出了解释。比如有学者从生理的视角认为，青少年是介于青春期开始到骨骼发育完成间的生命区间。也有学者从心理的视角认为，青少年是从性生理成熟到心理成熟的一段时间。不管哪种界定，青少年时期总是涵盖了从生理事件出现为标志的青春期，到已经做好身心准备可以进入成人世界，并具备承担社会和心理事件的时段。本书结合 Archer 和 Lloyd（2002）的观点，即按照受教育层次将青少年界定为包含初中、高中和大学三个阶段，同时考虑了我国大学生与原生家庭的高依赖性，将青少年限定为初中生至大学生阶段的群体。

为了认识并回答动漫暴力与青少年发展之间的一系列问题，本书的内容可以概括为四个部分。第一部分主要是对动漫暴力的界定及相关理论进行文献梳理（第一章），从宏观的视角把握动漫暴力的界定及相关理论，为后续的实证研究提供理论支持。第二部分探讨了青少年观看的动漫中的暴力分布和展现特点（第二章），采用质性的内容分析方法，就青少年观看的动漫中是否含有暴力成分、暴力程度如何以及这些暴力的展现特点等等问题进行研究，为后续的实证研究提供基础。第三部分采用实证研究的方法，探讨了动漫暴力及其特点对青少年攻击性的影响（第三章和第四章）。这一部分首先是通过调查和实验的方法从一般的视角探讨了短时和长时观看动漫暴力对青少年攻击性的影响，然后设计了四个实验研究（分别聚焦于动漫暴力人物特点，暴力场景特点和暴力描述特点等），探讨具体动漫暴力特点对青少年攻击性的影响。该部分的研究结果不仅丰富了相关的媒体暴力影响理论，也验证了动漫暴力对青少年攻击性的短时和长时影响。第四部分则是从神经认知的视角，采用事件相关定位（ERP）技术对动漫暴力相关影响的神经机制进行研究（第五章、第六章和第七章）。主要关注的是动漫暴力对攻击性信息的注意偏向和疼痛共情（与攻击行为关联密切的情绪反应）的影响机制。该部分的结果解释了影响背后的生理机制。

本书由研究团队的主要成员执笔撰写，具体分工如下。

前言，范丽恒；第一章，范丽恒；第二章，范丽恒，牛晶晶；第三章，范丽恒；第四章，林秀娟，马方璐；第五章，王珂；第六章，虞晶晶；第七章，王富洋。全书由范丽恒统稿和定稿。

我们诚挚地感谢中国社会科学出版社在本书出版过程中提供的支持和帮助。感谢国家社会科学基金教育学一般课题（BHA170134）的支持。本书的内容参阅了大量国内外媒体心理学等方面的研究文献，在此对相关专家学者深表感谢。河南大学心理学院硕士研究生祁秀秀和郭静对本书的文字校对和格式修改等方面做了大量工作，为她们的辛苦付出表示感谢。

最后，由于作者能力有限，本书难免有纰漏和不足之处，敬请各位专家学者和读者不吝批评和指正。

范丽恒

2023 年 8 月 28 日于开封

目　录

第一章　动漫暴力概述 …………………………………………（1）
　第一节　动漫暴力的界定和概念 ………………………………（4）
　第二节　媒体暴力的相关理论 …………………………………（7）

第二章　中学生观看动漫的暴力现状与特点研究 ……………（17）
　第一节　问题提出 ………………………………………………（17）
　第二节　中学生喜爱的动漫类型调查 …………………………（18）
　第三节　中学生喜爱之动漫的暴力内容特点研究 ……………（24）

第三章　动漫暴力对中学生攻击性的影响研究 ………………（34）
　第一节　问题提出 ………………………………………………（34）
　第二节　动漫暴力对中学生攻击性的短时影响研究 …………（35）
　第三节　动漫暴力观看经验对中学生攻击性的影响研究 ……（42）

第四章　动漫暴力的展现特点对中学生攻击性影响的实证研究 ……（48）
　第一节　动漫暴力施暴者人物特点对中学生社会性的影响 ………（48）
　第二节　动漫暴力受害者人物特点对中学生攻击性的影响 ………（63）
　第三节　动漫暴力场景特征对中学生攻击性的影响 ………………（74）
　第四节　动漫暴力本身特征对中学生攻击性的影响 ………………（99）

第五章　动漫暴力对大学生攻击性信息注意偏向影响的ERP研究 …… （114）

　　第一节　相关研究 …… （114）
　　第二节　问题提出与研究设计 …… （121）
　　第三节　实证研究之预实验 …… （126）
　　第四节　点探测范式下不同动漫类型对攻击性图片注意偏向
　　　　　　的影响 …… （131）
　　第五节　空间线索范式下不同动漫类型对攻击性图片注意
　　　　　　偏向的影响机制探讨 …… （151）
　　第六节　综合讨论 …… （173）
　　第七节　小结 …… （178）

第六章　动漫暴力经验对中学生攻击性信息注意偏向影响的ERP研究 …… （179）

　　第一节　问题提出与研究设计 …… （179）
　　第二节　实验一　情绪Stroop范式下不同动漫暴力经验中
　　　　　　学生对攻击性信息的注意偏向 …… （182）
　　第三节　实验二　空间线索范式下不同动漫暴力经验中
　　　　　　学生对攻击性信息的注意偏向 …… （198）
　　第四节　综合讨论 …… （214）
　　第五节　小结 …… （218）

第七章　动漫暴力经验对中学生疼痛共情影响的ERP研究 …… （219）

　　第一节　研究背景 …… （219）
　　第二节　问题提出与研究设计 …… （227）
　　第三节　实验一　动漫暴力经验对中学生疼痛共情的
　　　　　　ERP研究 …… （230）
　　第四节　实验二　刺激真实性对动漫暴力经验中学生疼痛
　　　　　　共情的影响的ERP研究 …… （245）

第五节　综合讨论 …………………………………………（263）
第六节　小结 ………………………………………………（266）

参考文献 ……………………………………………………（267）

第 一 章

动漫暴力概述

　　中国的动漫产业兴起于 20 世纪 40 年代。1941 年，中国第一部动漫长片《铁扇公主》上映，拉开了中国动漫的序幕。但遗憾的是，此后我国自主创作的动漫数目乏善可陈。至 20 世纪 90 年代，除《大闹天宫》《小蝌蚪找妈妈》之外，国产动漫在各大院线难觅踪影。直到 90 年代以后，伴随着改革开放的深入，国产动漫迎来了发展的新机遇，短短数十年间，我国动漫产业已经得到了飞速的发展，尤其到 90 年代后期，国家出台了一系列扶持政策，以及大量资本的涌入，调动了国内制作和播出单位等各方面的积极性，促进了国内动漫产业的发展。本土动漫虽然表面兴旺，其实良莠不齐，随着动漫的发展，许多弊端也都显现出来，没有完善的分级制度，许多动画创作企业只注重动画的数量，而忽视了作品的质量，带来了不良的社会影响。特别是 2007 年初，国内动漫界最火热的一个事件莫过于央视少儿频道《虹猫蓝兔七侠传》的禁播。号称中国第一大动漫公司的"湖南宏梦动漫传播有限公司"制作推出的 108 集大型武侠动画片《虹猫蓝兔七侠传》在全国 800 家电视台同步热播，自 2006 年 9 月 5 日开始在央视少儿频道全国首播，国庆黄金周期间收视份额首次超过国外动画，短短数月同名配套图书销量达到 500 万册。2007 年 2 月 12 日，天涯虚拟社区"天涯杂谈"版块连续出现了三位家长质疑《虹猫蓝兔七侠传》、要求央视停播《虹猫蓝兔七侠传》的帖子。这位名叫"老蛋"的网友在他题为"紧急请求央视停播《虹猫蓝兔七侠传》"的帖子中称，这部动画片成本高，从制作水平上也有一定的突破，但是却有几个无法原谅的问题：其一，内容低级，充满了暴力、情色、脏口、恐吓、威胁。孩子们长期观看这样的节目，会产生很严重的不良影响；

其二，故事毫无创新，内容抄袭成人的武侠小说，叙述的是一个不着边际的所谓江湖故事，"最关键的是，该动画片向小观众传递了一个暴力加无知的价值取向。传递了一个一切问题都以暴力来解决的价值取向"。帖子迅速引起了网民们的关注，众多家长附和"老蛋"的观点，要求禁播《虹猫蓝兔七侠传》。2007年2月26日，央视少儿频道停播《虹猫蓝兔七侠传》。家长们和孩子们在网上掀起了一轮又一轮的唇枪舌剑。

除此之外，《喜羊羊与灰太狼》算是近几年国产动漫中较为成功的一部作品，然而，2013年却是其动漫制作者最为不安的一年。2013年6月，原告浩浩和冉冉的父亲以及委托代理人，状告"喜羊羊"的创作者——广东原创动力文化传播有限公司，这一诉讼在网络上引起了轩然大波，一时间成为各大媒体关注的焦点。5岁的浩浩和8岁的哥哥冉冉以及邻居小伙伴在村里玩耍时，模仿《喜羊羊与灰太狼》中的镜头，做"绑架烤羊"的游戏，浩浩和冉冉被烧成了重伤，如果没有路人的及时抢救，后果将不堪设想。同年12月，法院对案件进行了宣判，法院认为被告制作的音像制品受众主要是未成年人，应该主动承担提示风险、警戒模仿的注意义务，并且本片的暴力情节给未成年人造成了不良的后果，所以判决赔偿原告治疗费4万元。自此，每当《喜羊羊与灰太狼》出现暴力镜头时，动画片底部都会出现一句"危险动作，请勿模仿"的警示语。2016年3月，陕西汉中发生了一件悲剧。当时女孩的妈妈在屋里做饭，女孩和10岁的姐姐在院子里玩耍，不知因何缘故，姐姐就翻出了一把电锯，学着动画片《熊出没》中光头强的常见动作，在妹妹脸上锯了过去，将妹妹的鼻子锯掉。小女孩的鼻翼和右脸都有很深的伤口，接诊的医生表明将来伤口即便愈合也会留下很深的伤疤。2017年4月，安徽一名4岁小男孩，模仿动画片里喷火的场景，在屋子里烧火，屋子被烧得面目全非。

除了国内动漫的迅速发展，日本动漫也以势不可当的浪潮打入中国市场。日本动漫在视觉上的"暴力美学"倾向最为严重，它们擅长用抒情手法来讴歌生死相依那瞬间的美感。在日本，动漫创作具有地狱和武士道的倾向，因此动漫中的特技以及画面的表现力更加增强了作品中暴力的震撼力（任频捷，2002）。日本是一个崇尚死亡的民族，同时又有享受暴力的民族传统，喜欢用肉体的搏斗来实现精神的解脱。这种暴力传统在日本的动漫中体现得淋漓尽致（刘玲，2012）。这样充满暴力的日本动漫也引发了一系列的社会问题。

1988年日本发生著名的"御宅族"（动漫迷）杀人事件，史称宫崎勤事件：1988—1989年，日本埼玉县入间市附近发生了4宗幼女拐带杀害案件，女童被虐待并杀死，其遗灰甚至被人摆放在家中门前一只皮箱内。市内人心惶惶，对连环杀人凶手身份茫无头绪。1989年7月23日，青年宫崎勤被一名女童父亲发现在拍女童照片。随后警方拘捕宫崎勤，怀疑他与他居所19公里范围内连续4桩案件有关。警方在他家中搜出6000个成人录像，及含有高度色情和暴力内容的动漫画。宫崎事件的发生使日本的动漫和御宅文化受到了致命打击。2004年11月17日，奈良市发生了女童被杀事件，称为"小林薰事件"。该事件中受害者被杀害的方法与著名动漫画作品《库洛魔法使》的同人作品吻合，动漫暴力问题再次成为日本人关注和思考的焦点。日本神户市一名绰号"酒鬼蔷薇圣斗"的14岁少年，在1997年3月至5月，杀害一名11岁男童和一名10岁女童。在搜索"酒鬼蔷薇圣斗"的房间之后，发现了上千本的暴力色情漫画、色情影片以及动画。因此日本的政治家龟井静香希望能禁止这些令人不快的内容，她表示"这些完全没有文学性或教育性的动漫，仅是为了呈现残酷的暴力镜头而拍摄制作，成年人应该为此负责"，这次事件让人们重新思考关于这类动漫的某些政策以及仅因这些影片能够赚钱就允许它们的存在的合理性。

2005年，我国曾封杀一种由日本动漫《死亡笔记》而来的笔记本。小畑健的《死亡笔记》于2003年在日本出版，不久便通过网络流传到我国。一段时间以后，《死亡笔记》的延伸商品也趁着漫画的风靡而出现。但是，借着《死亡笔记》的风靡而制造出阴森恐怖的"死亡笔记本"这样出格的延伸产品，并且在学校附近的文具店兜售，的确令人震惊。"死亡笔记本"第一页是一个圆环和骷髅的标志，让人不寒而栗。每隔几页便出现一页黑色的纸，上面用中英文对照的黄字写着一些不着边际的话："只要'死亡笔记'在你手上，一直到死，死神都会在你身边。死神会在你拥有'死亡笔记'的第39天现身""如果在名字后面写上了死因，会有6分40秒的时间让你写上更详细的死因""你也可以先写上死因，然后在后面写上名字，此人将在40秒后死去"。笔记本上还印刷了一些看起来是手写的字,内容是一些人的名字,还有各种千奇百怪的死法。就连大人看了也会觉得阴森恐怖的东西,却出现在未成年的中小学生的书包里。目前《死亡笔记》动画在网络上已禁播。

动漫中的暴力画面不可避免地会引发一系列的社会问题,动漫又是青少年如此重要的文化消费产品,动漫暴力的议题已经引起了社会的广泛关注,同时也进入了研究者的视野(郭虹,2003)。黄会林(2008,2009,2010)连续三年针对北京、辽宁、山东、四川、江西、吉林、甘肃等地6—18岁中小学生,就影视媒介对未成年人的收视行为展开调查,发放问卷共计10780份。其中在2009年的研究中发现,未成年人喜欢的电视节目类型中动漫这一比例高达72.93%,远远超过了对新闻、文化教育、影视剧、生活服务和体育赛事的喜欢程度;并且未成年人显示出对动漫衍生品的购买倾向,对同名漫画书、带有动漫标志的文具、服装和食品,一定买和可能购买的百分比平均达到了57.93%。2010年的研究表明,从青少年通过互联网接触、使用影视内容的情况结果来看,青少年在互联网上对动漫类的影视内容需求量最大(中学生55.5%,小学生70.4%)。由此可见,动漫已经成为当今我国青少年频繁接触且非常感兴趣的内容。

如上所述,动漫暴力引发了一系列的社会问题,动漫又是青少年重要的文化消费产品,动漫暴力的议题已经引起了社会的广泛关注。然而,遗憾的是,目前学术界对这一问题还不够重视。纵观以往研究,我们发现之前对媒体暴力的大量研究主要集中在电影、电视的影响上,近几年来有关暴力电子游戏的负面影响研究开始增多,而有关暴力动漫的研究却略显薄弱。在国内,目前大部分心理学研究者对动漫暴力的危害性认识不足,认为动漫是小孩子的玩意儿,其中的暴力内容不值一提,这一现状从相关研究的匮乏可见一斑。所以,研究动漫暴力对儿童攻击性的影响具有较大的学术和实践意义。

第一节 动漫暴力的界定和概念

一 动漫

在1996年以前国内并没有出现"动漫"(animation & comic)这个统

一的概念,"动画"和"漫画"二者分立而互有联系。"动漫"一词的首创是 1997 年创刊的《漫友》杂志。随着中国第一本动漫杂志《动漫时代》(Anime Comic Time)在 1998 年成立,"动漫"一词才出现在人们的视野里,随着杂志的推广与流行,喜欢动漫的人也越来越多,"动漫"这个词就被广大读者所接受。"动漫"一词建立在漫画与动画的基础上,随着漫画与动画的不断发展,如今两者的相似性又将其归为一类,从而产生这个名词。

　　漫画本身的发展使得漫画的表现形式更加现代化,并且随着影视艺术的融入,漫画与动画的结合显得更加精妙。现代漫画的读者偏好有很强冲击力的作品,同时漫画创作者也在使用各种方法迎合读者的口味,当漫画家用尽了传统手段都找不到抒发感情合适的方法时,各种镜头的灵活运用就显得非常重要;并且现代漫画都趋向于故事情节复杂且跌宕起伏、人物关系错综混乱,这样一来,传统单线式叙事的方法就满足不了漫画的发展。一部现代故事漫画,漫画家往往能熟练地运用各种镜头的移动,集远、中、近、特四种镜头于一身,对故事特定部分的氛围和情绪进行渲染。这就是现代故事漫画容易和动画结合的一个原因,因为它天生就像动画的分镜头剧本,读者在看漫画时仿佛就是在看一部电影。正是因为有着这样的相似性,所以如今将动画和漫画合称为"动漫"。

　　日本是世界第一动漫强国,其动漫发展的模式具有鲜明的民族特色,其动漫产品在全世界各国备受欢迎。在日本,"动漫"具有特定的含义,某种意义上是江户时代流行的"戏画"的现代版,专指刊载连续漫画的杂志。也就是说,在日本,"漫画"的概念要比"动漫"大,包括杂志、单行本、单幅画、卡通片等(牛晶晶,2009)。日本动漫的分类主要有:战争类、决斗类、青春类、偶像类、美少女类、美少年类、宠物类、刀剑类、魔法类、情感类、生活类、校园类、悬疑推理类、英雄类、理想类、治愈类、恶搞类、内涵类等。"动漫"在日本是一种独特的文化,不仅面向儿童,青少年也几乎人人迷恋各种档次的漫画,甚至连公司的白领也常常在上下班的电车上沉湎于漫画杂志。

　　在美国,动漫常被翻译为 Japanese Cartoon 或者 Anime,可见它在美国更加接近卡通的含义。这主要是由于在美国动画比漫画更容易流通。美国卡通有其鲜明的特色,人物性格鲜明、生动有趣、经常是叙述一个故事，并且故事情节曲折离奇、音乐优美，结局一般都是大团圆，深受观众喜爱。

而中国的"动漫"不是日本漫画的翻版，作为一种大众文化载体，其含义更加广泛，不仅包括静态的漫画杂志、书籍、卡片，还包括动态的漫画音像制品，甚至还包括漫画的周边产品和cosplay（模仿秀）之类。从欧美的animation、comic，到日本的"アニメ""漫画""コミック"，再到中国的"动漫"，这种风靡世界的大众文化在传播过程中内涵不断丰富，在中国形成一个新的增长点。

中国国家广播电视总局官方网站上对动漫的定义是：动漫，是动画和漫画的合称。两者之间存在密切的联系，中文里一般均把两者在一起称为动漫。其中动画（animation或anime）或者卡通（cartoon）指的是由许多帧静止的画面连续播放时的过程，虽然两者常被争论有何不同，不过基本上是一样的。无论静止画面是由电脑制作还是手绘，抑或只是黏土模型每次进行轻微的改变然后再拍摄，当所拍摄的单帧画面串联在一起，并且以每秒16帧或以上去播放，会使眼睛对连续的动作产生错觉（由视觉残像造成）。通常这些影片经由大量密集和乏味的劳动而产生，就算在电脑动画科技得到长足进步和发展的现在也是如此。漫画（comics或manga）一词在中文中有两种意思：一种是指笔触简练，篇幅短小，风格讽刺、幽默和诙谐，而且蕴含深刻寓意的单幅绘画作品；另一种是指画风精致写实，内容宽泛，风格各异，运用分镜式手法来表达一个完整故事的多幅绘画作品。两者虽然都属于绘画艺术，但不属于同一类别，彼此之间的差异甚大。但由于语言习惯已经养成，人们已经习惯把这两者均称为漫画。为了区分，人们把前者称为传统漫画，把后者称为现代漫画（过去亦有人称连环漫画，今少用）。而"动漫"中的漫画，一般指现代漫画。

由此可见，动漫不仅是动画和漫画的结合，更是一种流行文化，一种产业。结合上述对动漫这个词的分析，本书所说的动漫主要指的是动画。但是考虑到动画和漫画之间的联系越来越紧密，所以本书使用动漫来指代动画。

二 动漫暴力

对于暴力我们并不陌生，在我们的日常生活中，几乎每天都能从现实生活及各种媒体中直接或间接地接触到暴力。尽管我们对暴力非常熟悉，但学术界对于暴力的定义一直存在着很大分歧。比如有研究者认为暴力是对他人或其所珍爱的东西造成伤害的任何行为（Gree，2002）。也有研究者认为暴力不单是指向他人的伤害行为，也包括指向自我的比如自杀的伤害行为。甚至有研究者认为自然灾害比如海啸、山洪暴发也属于暴力范畴（Potter，1999）。

目前，心理学家们相对较一致的看法是暴力是攻击的一种极端形式，是意欲对他人造成严重伤害比如死亡的行为。而攻击是意欲对他人造成身心伤害的任何行为，既包括身体攻击，也包括诋毁、威胁等言语攻击，而暴力仅限于身体攻击。其次，行为人认定这个行为会伤害到对方，而对方也想要逃避这一行为，因此自杀不属于此类。所有的暴力都属于攻击行为，但很多攻击行为并非暴力（Anderson，2002）。

关于媒体中暴力的定义最早是 Gerbner（1969）在他的经典著作《暴力与媒介》中提出的，即只要是有意采用武力手段去伤害人的行为，就是暴力。这个定义较严格，没有包括口语威胁等内容，后者在此基础上加入了言语暴力和威胁。其后大量的经典的电视暴力分析中将暴力普遍定义为：运用肢体或工具，以对生物（一般指人或其他动物）或物品构成痛苦、伤害或损害为目的的威胁或行为。该界定比较注重暴力行为的目的性、公开性和伤害性。凡是具有这些特性的场景都被判断为暴力场景（NTVS，1997）。

而动漫中存在的暴力即为动漫暴力。

第二节 媒体暴力的相关理论

一 脚本理论

Huesmann（1986）的脚本理论（Script Thoery，ST）假设，当人们决定表现出攻击性的时候，是其存储在记忆中的行为程序（行为脚本）在起作用。Huesmann（1988）认为，观察学习和亲历学习都是脚本在记忆中被编码的过程。在学习过程中，个体往往会注意到环境中凸显的线索和场景，这些场景信息连同个体当前的心情和记忆一起，有助于评估观察到的行为的适当性。如果观察到的行为被强化（Bandura，1963），那么这个行为很可能被评估为适当的，这样就存储在个体的记忆中，以备日后提取或用作指南。如果一个行为脚本从记忆中被提取，它将从以下两个方面被评估，即从社会角度来讲适当程度如何以及个体的目标令人满意的程度如何。如果这个行为脚本被评估为适当的，就会被提取并发生作用。如果这个行为脚本被认为是不适当的，就会在记忆中搜寻一个更适当的脚本。大众媒体只是一个方法，由此个体可以根据观察学习行为脚本，并确定哪些情况是可以接受使用这些脚本的。

二 社会信息加工模型

Crick 和 Dodge（1994）的社会信息加工模型（Social Information Processingmodel Processing Theory）理论假设，所有个体进入社会情景时都带有一个数据库，内容包括记忆、图式、关于其他情景的知识以及关于适当行为的社会规范。社会信息加工模型假设个体首先要编码，然后对社会情景进行解读。线索被解读之后，目标被阐释为相关的可能行为。适当的行为通过记忆，通常是通过行为脚本从数据库中提取。这个回应从行为的适当性角度被评估。如果行为被评估为适当的，就会被实施；如果行为被评估为不适当的，就会有其他的反应产生然后被评估。社会信息加工模型强调了社会认知在攻击行为中的作用，其核心观点是决定个体行为的关键不仅在于情境刺激，还在于个体对这种情境刺激的加工和解释方式。个体对敌意情境刺激的认知加工和解释方式决定了其在该情境下的反应。社会信息加工模型认为个体行为的形成包括六个阶段：(1)线索编码阶段，即个体从环境中获取信息；(2)线索解释阶段，即对他人行为意图的归因过程；(3)目标澄清阶段，即选择可能的目标；(4)反应产生阶段，即组织建构可能的反应；(5)反应决定阶段，反应决定涉及一系列的行为，包括考虑可能的结果和选择反应等；(6)反应执行阶段，整个加工过程又受到个体所储存的社会知识经验的影响（钟佑洁，李艳华，张进辅，2014）。

三 兴奋转递理论

Zillmann（1971）的兴奋传递理论（Excitation Transfer Theory，ETT）假设因接触带有攻击性的信息而产生的兴奋水平，不会随着信息的终止而突然下降，而是会持续一段时间。生理唤醒从媒体开始，可能被携带到另一个任务中，因为这样的唤醒可能不会迅速衰减。因此，第二个任务的生理唤醒是第一个任务的残余唤醒和第二个任务的生理唤醒的组合。如果第一个任务和第二个任务都即将发生，并且第二个任务是有关愤怒（如激怒）的，那么愤怒可能被加大，攻击性行为可能更容易发生。

四 涵化理论

涵化理论（Cultivation Theory，CT）是由Gerbner在1969年提出的，主要观点认为媒体会影响观看者对社会现实的观念和信念。在Gerbner的早期研究中，他把收看电视的时间作为自变量，把收看者按照收看时间的长短分成重度收看者和轻度收看者，认为与轻度收看者相比，重度收看者对现实的看法和信念更容易受到观看节目的影响。但是有研究者认为观看者内部因素如个性特点、兴趣、身体状态、观看目的，外部因素如观看的空间、时间的紧迫性等因素，都可能是潜在的影响因素，即这些因素可能比观看电视时间的长短更能影响受众对社会的看法。作为对上述质疑的回复，Gerbner等人提出了共振假设和主流化概念。主流化是指电视媒介能够在全社会范围内广泛培养人们关于社会的共同印象。换句话说，尽管社会中每个人的社会地位、受教育程度、认识等不尽相同，却因为观看电视而趋向与电视上传播的主流观点一致（樊凌云，2021）。共振假设是指观看者首先需要判断目标对象在媒体经验和真实生活经验中的可接近性，并以易获取的经验做出认知反应。当媒体中呈现的内容与其现实生活中出现的情景一致时，媒体暴力对观看者的涵化影响就会变得更加凸显。相反，如果观看者在社会生活中的经验与媒体传播不一致时，媒体的涵化影响也会受到不同程度的削弱。另外，个体的攻击人格特征和攻击经验也会影响其涵化的效果。

五 一般攻击模型

一般攻击模型（General Aggression Model, GAM; Anderson & Bushman, 2002）是一个动态的、发展的、关于人类攻击行为的社会认知综合模型理论。该理论整合了诸如认知新联结理论、社会学习理论等理论。一般攻击模型能够预测任何与攻击相关的刺激曝光（包括媒体暴力）如何影响随后的攻击性行为。GAM可以分割成两个高度相关的模型，攻击性的短时效应模型和长时效应模型。

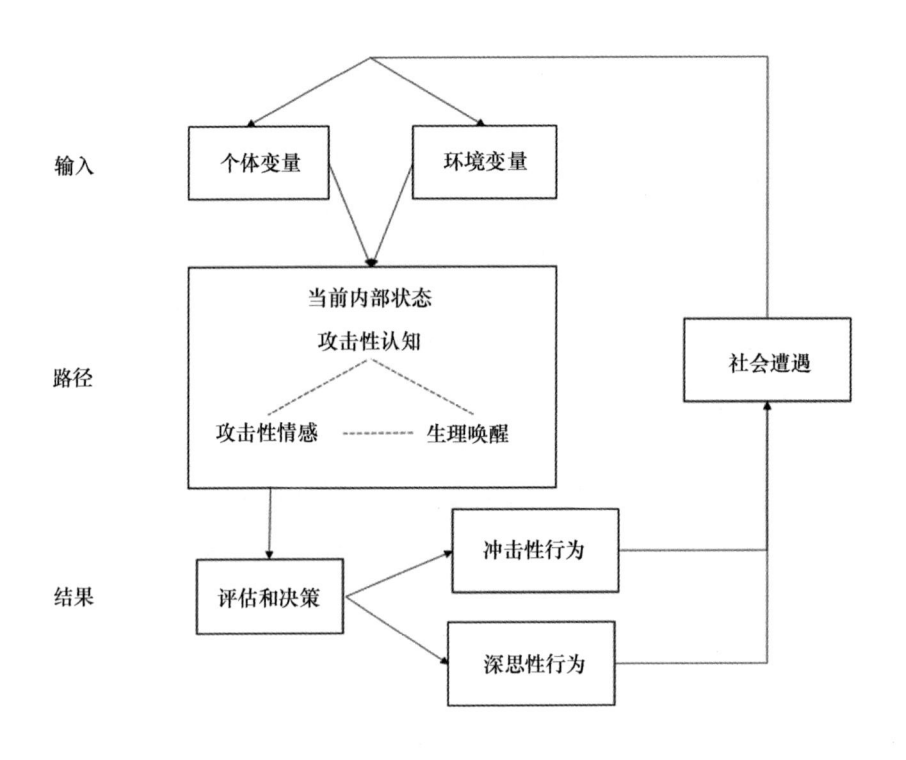

图1-1　GAM的短时效应

短时效应模型开始于两类输入变量：环境变量和个体变量。环境变量包括媒体暴力的曝光、挑衅、压力和其他一系列因素。个体变量是个体差异的变量，这些变量可能与攻击性行为（例如品质攻击和心情）直接相关，并且可能减轻环境变量的影响。该模型解释为，当个体遇到特定事件时，环境变量和个体变量首先影响个体当前的内部状态（攻击性认知、攻击性情感和生理唤醒），接着个体对该事件进行评估和决策，最后产生冲动的行为或者思考后的行为。Bushman（1995）的研究证实了与低攻击性人格特质的个体相比，在看完暴力录像之后，高攻击性人格特质的个体具有更强的攻击性。

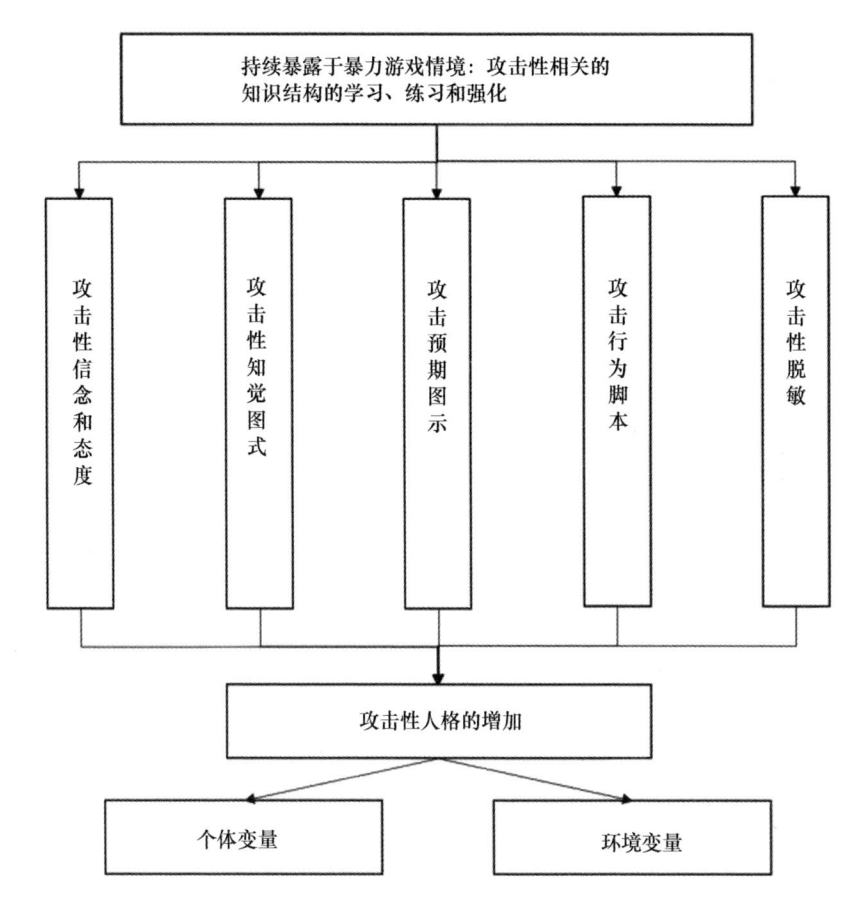

图1-2　GAM的长时效应

长时效应解释了在媒体暴力长期持续重复的曝光刺激下对个体攻击性人格特质的影响。其核心内容是，一般攻击理论是一个关于攻击性的社会学习模型。个体每一次接触攻击性环境变量都是一种学习，这包括对攻击性知识结构的学习、练习和强化。持续的暴露在这种刺激和环境下，会引起攻击性认知、情绪和行为，最终会发展成为成熟的知识结构，用来解读事件，做出决定，并最终增加攻击性行为的可能性。

六 一般学习模型

并不是所有的大众媒体都描绘暴力行为。研究者逐渐关注到视频游戏对个体的正面影响，如亲社会情感、认知和行为的影响。指导暴力视频对攻击性影响研究的 GAM 不再适用，因此需要比 GAM 更广泛的理论来解释其他类型的视频游戏对个体的影响。所以，研究者建构了针对不同媒体内容如何影响行为的一般学习模型（General Learning Model，GLM；Buckley & Anderson，2006；Swing & Anderson，2008；Gentile et al.，2009）。如果一般攻击模型的假设是正确的，那么一般学习模型就可以解释更多的媒体影响。GLM 不仅可以解释暴力视频游戏对个体攻击性的促进作用，还可以解释暴力视频游戏对个体亲社会性的抑制作用（邵嵘，滕召军，刘衍玲，2019），更能全面地解释个体的社会行为产生的一般过程。

像 GAM 一样，GLM 也有短时效应和长时效应（Buckley & Anderson，2006；Swing et al.，2008）。情景变量和人格变量作为输入变量来预测一个人的内部状态（包括相关的认知、情感和生理唤醒）。这些内部变量影响一个人的评价和决策过程，进而影响行为。行为的反应进一步反馈给 GLM 一开始的动态输入变量，从而构成学习过程的循环。

GLM 短期效应（Buckley & Anderson，2006）认为个体变量和环境变量的交互作用激活个体的内部状态（认知、情感和生理唤醒），进而影响个体对当前行为的决策评估过程，这一过程分为初级评估和次级评估。初级评估是自动的，不需要意志努力，是自发的和无意识的。而次级评估是比较高层级的评估过程，它的发生取决于资源（如时间、认知能力）是否充足和初级评估结果是否重要或令人满意。如果资源不足或者初级评估结果是不重要的或不令人满意的，那么就可能根据情况不进行次级评价，做出冲动性行动。反之，如果资源充足且结果是重要的或令人满意的，个体就会进行次级评估。该理论假设短期内，与观看其他媒体相比，观看亲社会媒体录像可能会增加人们的亲社会性，减少攻击性。Gentile（2009）的一些研究支持了这一假设，研究发现，与玩其他视频游戏相比，玩亲社会视频游戏会大大提升个体的亲社会行为，同时，玩暴力视频游戏也会增加个体的攻击行为。另一些研究结果表明，与中性视频游戏组相比，玩亲社会视频游戏会降低个体的攻击认知（Greitemeyer & Osswald，2009）。

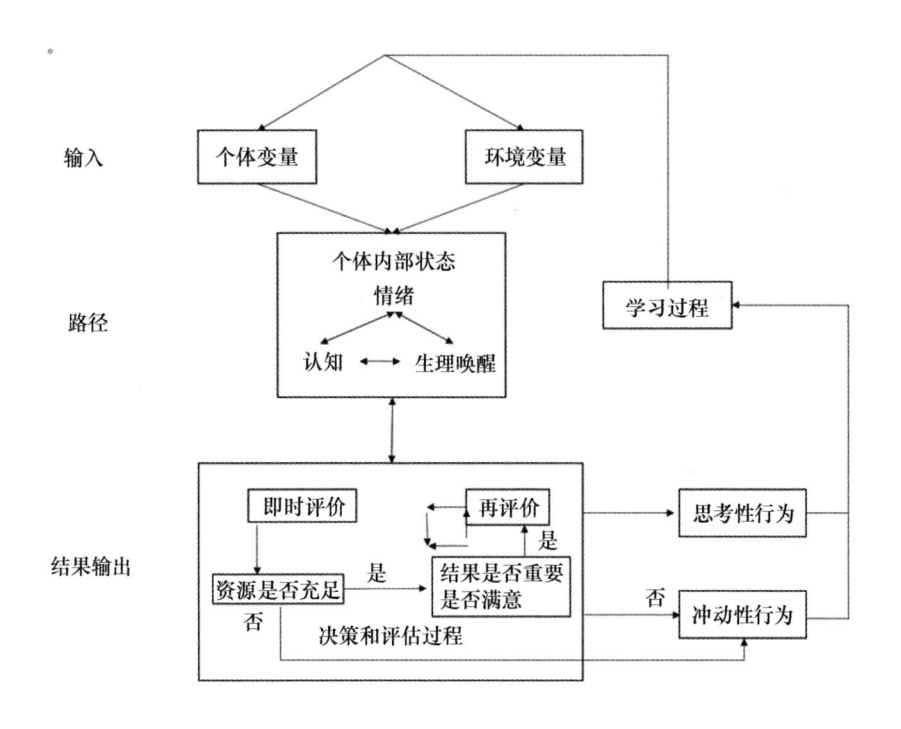

图1-3 GLM的短时效应

GLM长时效应（Buckley & Anderson，2006）认为，亲社会游戏对亲社会行为的短期效应得到反复练习，会引起以下结构的改变：认知结构（如感知能力、期望图示、信念和脚本）、认知—情绪结构（态度、行为印刻）、情感特质（同情、敌意），最终导致人格的改变，并反馈到具体的社会学习情境当中。因此反复暴露在亲社会媒体下会增加个体的亲社会人格倾向，如亲社会行为、同理心和合作，同时降低其攻击性水平。Gentile（2009）的一系列研究可以支持这些假设。首先，相关研究证实亲社会视频游戏和助人行为、合作行为、分享行为和同理心之间有显著性的相关。其次，长时研究显示亲社会性视频游戏对亲社会行为的显著影响可以延续四五个月。

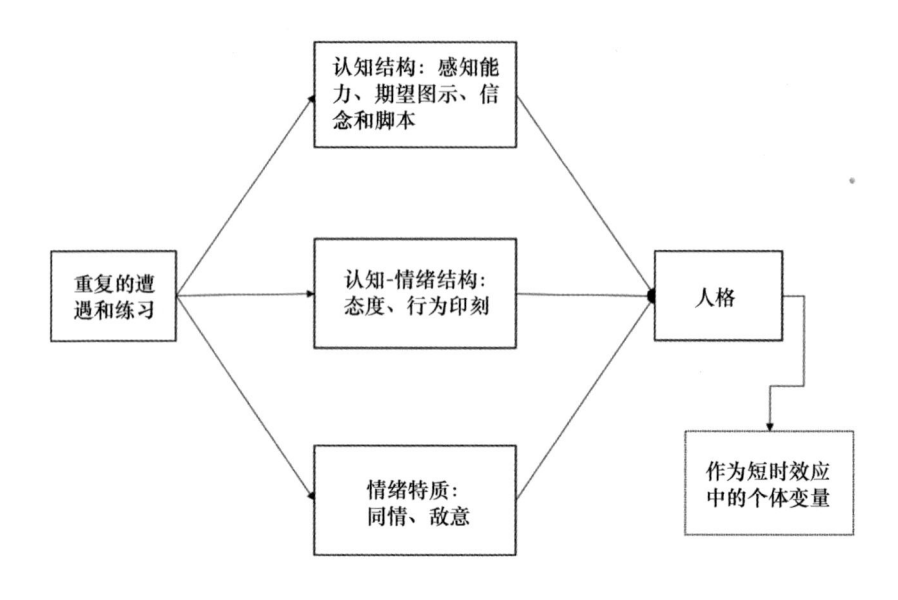

图 1-4　GLM 的长时效应

七　媒体影响的差异敏感性模型

Valkenburg 和 Peter 在综合前人理论和研究的基础上于 2013 年提出了媒体效果差异感性模型（Differential Susceptibility to Media Effects Model，DSMM），差异敏感性模型从个体差异的角度，探讨了为什么不同的个体受到媒体影响的程度是不同的，为什么媒体使用会对这些个体产生影响，以及媒体产生的效应是如何被增强或减弱的。

差异敏感性模型整合了早期媒体效应理论处理媒体变量和非媒体变量之间关系的五个特征，这五个特征分别如下。

一是媒体对认知、情绪、态度、信念、生理和行为的影响可以通过个体差异（如性别、气质、发展水平）和社会环境变量（如父母和同龄人）来增强或减少，即条件型媒体效应。该模型认为媒体效果是有条件的，它依赖三种差别易感性变量，即特质易感性、发展易感性和社会易感性。这三种变量有稳定的也有变化的，媒体对个体的影响效果会根据这三种变量变化而有所不同。DSMM 认为非媒体变量会调节媒体效应。

二是媒体使用作为个体差异变量和媒体使用结果之间的中介，媒体的使用可以通过个体差异变量来预测，如性别、发展水平和气质。媒体的使用，反过来，提供了这些个体差异变量和兴趣结果之间的因果关系。例如，追求刺激的青少年倾向于使用暴力媒体，这反过来又会激发他们的攻击行为。

三是媒体反应状态（在媒体使用过程中发生的心理和生理过程）作为媒体使用和结果之间的中介。例如，接触一个被唤醒的新闻项目可能会刺激观众的注意力和生理唤醒，进而刺激他们的回忆或者诱发他们对新闻的态度。

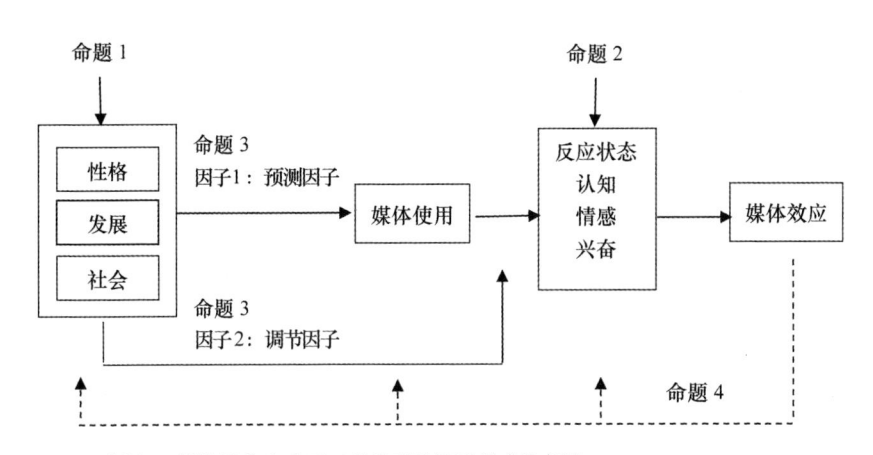

命题1：媒体效应取决于三种类型的差异易感性变量。
命题2：三种媒体状态介导了媒体使用和媒体效应之间的关系。
命题3：三种差异敏感性变量有两种作用：可作为预测因子和调节因子。
命题4：媒体效应是可传递的。

图1-5 媒体效应差异敏感性模型（DSMM）的四个命题

四是媒体效应作为中介，媒体效应本身可能是其他媒体效应的原因。这些效应，Valkenburg 和 Peter 称之为中介媒介效应，提供了二阶媒介效应的潜在机制（或因果途径）。中介媒体效应和媒体反应状态之间的区别在于，媒体反应状态通常发生在媒体使用过程中。中介媒体效果可以在媒体使用期间开始，但其持续时间超过了媒体使用的情况。例如，青少年使用社交媒体可以增强他们对朋友的亲密自我披露（中介媒体效应），这反过来会影响他们对这些友谊的感知质量（Valkenburg & Peter, 2009）。

以上三种特点又被称为间接型媒体效应。总的来说，间接型媒体效应认为媒体效果是间接的，认知反应、情感反应和生理唤醒三种状态调节媒体使用和媒体效果之间的关系。个体易感变量的差别会诱发相同媒体内容的不同反应状态。

五是相互作用型媒体效应，媒体使用的结果也会影响媒体的使用。相互作用型媒体效应模型将媒体使用和媒体效应作为相互的长期影响过程的一部分，其中媒体效应也是其变化的原因，媒体效果可以互相影响，它能干预人们对媒体的反应状态、媒体的选择以及易感因素等。

除此之外，DSMM 还提出了四种命题，阐述了在早期媒体效应理论中提出的媒体和非媒体变量之间的关系。

命题1：媒介效应是有条件的；它们取决于三种类型的差异易感性变量，即性格、发展和社会因素。

命题2：媒体效应是间接的；三种媒体状态是媒体使用和媒体效应之间中介变量。

命题3：差异易感性变量有两个作用；它们作为媒体使用的预测因素和调节媒体使用对媒体反应状态影响的因素。

命题4：媒体效应是相互作用的；它们不仅影响媒体的使用，而且还影响媒体的反应状态和差异易感性变量。DSMM 的 4 个命题涉及这些早期理论的扩展或规范，4 个命题特别关注条件型媒体效应、间接型媒体效应 2 型（媒体反应状态作为中介）和相互作用型媒体效应。

第二章

中学生观看动漫的暴力现状与特点研究

第一节 问题提出

青少年是动漫的主要消费群体,他们中的大多数都有消费动漫游戏产品的习惯和经历。为了解现如今青少年对动漫的喜爱程度的分布情况,进行"您喜欢观看动漫吗?"的调查,结果发现,非常喜欢的占21%,比较喜欢的占33%,一般喜欢的占28%,不怎么喜欢的占14%,完全不喜欢的占4%,由此可以看出50%以上的青少年比较喜欢或非常喜欢观看动漫,足见动漫在青少年中的魅力及影响力(鲍雪莲,吕婉,2012)。据最近一次调查,我国大陆每年由14—30岁的人群所完成的动漫相关消费总额已超过13亿元人民币,与洗发水的消费大致相当。大街小巷,出售、出租动漫制品的商店、书报亭随处可见,其热销程度不亚于任何一种时尚流行商品(何英,2005)。颜澍容(2017)面向大学生及中学生发放调查问卷,受访者中86%的调查者喜欢动漫;喜欢动漫的人中,喜爱动漫的时间超过5年、至今每周观看动漫的时间3小时以上的占17.7%。由此可见,动漫受到了我国青少年的欢迎。尽管动漫在青少年群体中已经广泛流传,但对于动漫,目前大部分研究者对其中暴力的危害性认识不足,提到动漫就觉得是小孩子的游戏,其中的暴力内容不值一提,这一点从相关研究的匮乏可见一斑。另外,它所带来一系列的社会问题,特别是暴力模仿问题,虽然引起了一些家长和老师的关注,但是对其的研究更多只是局限在大范围的一般调查上,而很少有对青少年喜欢的动漫进行深入的分类和研究，而不同类型的动漫，特别是暴力动漫又会给青少年的生活带来不同程度的影响。已有研究发现，长时间地观看高暴力内容的影片会增加青少年对暴力的模仿，减少其对暴力行为的抑制，对受害者更少的同情，等等（Badura, 2001；Potter, 2003）。因此，为了了解青少年喜爱动漫的现状，澄清人们对动漫及动漫暴力的错误理解，同时深入把握动漫暴力的特点和本质，本研究拟以中学生为研究对象，对中学生喜欢的动漫类型进行调查和分析，并采用质性的内容分析方法，对中学生群体最喜爱的动漫中存在的暴力进行详细的内容分析。

第二节 中学生喜爱的动漫类型调查

一 研究程序

（一）研究对象

本研究选取河南省某市两所中学 596 名初一至初三学生。男生 334 人，女生 262。初一学生 193 名，初二学生 237 名，初三学生 166 名。为了保证取样的代表性，两所中学分别为市级重点中学和非重点中学。重点中学学生 256 名，非重点中学学生 340 名。

（二）研究材料

自编动漫收视情况调查问卷，主要包括研究对象的基本情况和一个问题，即列举十部你喜欢的动漫片名。

（三）研究程序

1. 动漫分类标准的选择

因为动漫本身包含元素的复杂性，对动漫的分类一直是一个有争议的问题。本研究对动漫的分类采用搜狐网中国动漫研究协会评选（2008）的全国十大动漫网站（贪婪大陆，风之动漫，动漫休闲站，闲人动漫，5SHI5 动漫资讯站，动漫频道，兰萌字幕组，JUMPC 热情动漫，火星时代，极影动漫）通行的分类标准，将动画片分为十大类。

（1）热血格斗类，以热血格斗情节贯穿整部动画的始终，内容以打斗为主，讲述主人公战胜敌人实现理想的故事。如《火影忍者》《死神》《家庭教师》《七龙珠》等。（2）机械宇宙类，故事发生的场景一般设在宇宙之中，情节以机械战争为主。如《机动战士高达》《叛逆的鲁鲁修》

《高达 seed》等。(3) 运动类，故事围绕青少年喜爱的运动展开，主要讲述青少年成长为夺冠的运动健将的过程。如《灌篮高手》《网球王子》《棋魂》。(4) 少女生活类，剧情简单浪漫，主要描写少年少女之间的情感世界和生活细节。如《草莓100%》《NANA》《南家三姐妹》等。(5) 耽美类，以男男女女之间的爱情为主要故事情节。如《公主公主》《无爱之战》《纯情罗曼史》。(6) 冒险类，以青少年为实现自己的理想而进行冒险的故事为主要的情节。如《海贼王》《JOJO 的奇妙冒险》。(7) 搞笑类，以搞笑为主要的目的的动漫，故事情节以制造令人尴尬的矛盾和笑料见长。《乱马》《银魂》《蜡笔小新》《猫和老鼠》。(8) 神魔类，以神魔人鬼之间的正邪较量为主，主要描写主人公战胜魔鬼或使用魔法战胜邪恶势力而拯救世界的故事。《噬魂师》《D—格雷少年》《犬夜叉》。(9) 推理侦探类，主人公运用高超的智慧进行推理将罪犯绳之以法的故事。如《名侦探柯南》《少年金田一事件簿》。(10) 动漫电影类，好莱坞以及日本一些著名导演都推出过许多脍炙人口的动画电影。主要讲述主人公在矛盾和冲突中成长，懂得了生命、爱和信念的真谛的故事。如《狮子王》《海底总动员》《宝莲灯》等。

2. 动漫分类研究方法的选择

对动漫的分类研究主要采用了传播学对动漫分类的方法。目前对动画片进行分类一般有两种方法。第一种为类别分类法，将每部动漫根据上述标准进行分类，即直接按照"格斗类、机械战争类、运动类、轻松生活类、耽美类、冒险类、搞笑类、神魔类、推理侦探类、动漫电影类"十个类别进行简单分类。第二种为内容分类法，将每部动画按内容成分归纳统计，同时参照动画的内容简介和十大动漫网站的分类。如《海贼王》在十大动漫网站分类中都同时列入两个类别。即该剧包含两个成分，"冒险""格斗"。

考虑到动画本身包含元素比电视剧更加复杂。任何一部动画中都可能包含两个或者两个以上类别的元素，所以，本书采用内容分类法对动画进行分类（每部动画的内容分类标准来源于十大动漫网站的通行分类）。将每部动画的类别数据和选择次数分别输入 SPSS，进行频次分析。

（四）调查问卷施测

采用集体施测的方法，利用初中生自习课的时间发放问卷，回收问卷。

二 研究结果

对发放的问卷进行统计,共收集初中生喜爱的动画98部(每部动画选择人数高于十名),按照内容分类法对其进行了分析,结果如下。

(一)初中生喜爱的动漫类型的总体分布情况

根据动漫收视行为调查表得到初中生喜爱的98部动漫,对这98部动漫按照十种类型进行分类后,统计出每种类型上初中生选择的次数和比例,具体数据见表2-1。从表2-1可以看出,初中生最喜爱的前五种动漫类型依次为格斗类、搞笑类、神魔类、侦探类和运动类。其中格斗类、神魔类、推理侦探类、机械战争类动漫为高暴力动漫。在初中生最喜爱的前五种类型中,高暴力动漫占了三种。将四种高暴力动漫的比例相加发现,对于初中生喜爱的动漫来说,高暴力动漫占了57.45%。也即是说,初中生喜爱的动漫中,有六成左右有重度暴力色彩或直接通过打斗来推动故事情节的进展。

表2-1　　　　　　初中生喜爱的动漫类别分析　　　　　　单位:%

	格斗类	机械类	神魔类	侦探类	搞笑类	冒险类	耽美类	运动类	少女类	电影类
比例	24.54	6.12	13.64	13.15	14.25	4.08	1.32	10.47	6.17	6.26

其他类型的暴力程度分析如下:暴力程度较少的类型有运动类、少女类、耽美类、电影类。这些类型占全部动漫比例为24.67%。

搞笑类和冒险类的暴力程度一直存在争议。在不同的动漫中表现大相径庭。比如《蜡笔小新》的搞笑桥段没有任何暴力镜头,而《猫和老鼠》以及《乱马》等搞笑动漫中则存在大量的暴力场景,幽默主要是通过暴力来表现。冒险类中如《海贼王》则几乎全部用暴力打斗推进剧情的进展。在这一类冒险动漫中,冒险只是外壳,而惩奸除恶的打斗过程才是实质。然而也有一些冒险类动漫完全没有暴力场景的描述,只是单纯讲述各地的风物人情和冒险故事。所以,在此处我们进行保守处理,不将这两类计入重度暴力类别。两类动漫占初中生喜爱的动漫的18.33%。

(二) 不同性别的初中生喜爱之动漫类型情况

表2-2　　　　　不同性别学生喜爱的动漫类别分析　　　　　单位：%

	格斗类	机械类	神魔类	侦探类	运动类	少女类	耽美类	冒险类	搞笑类	电影类
男生	28.51	8.22	16.29	13.19	10.49	1.25	0.01	3.15	12.39	6.49
女生	14.82	4.98	11.91	13.07	9.56	18.17	2.06	5.03	15.26	5.06

从表2-2可以看出，男生最喜爱的动漫类型依次是格斗类、神魔类以及侦探类。而女生喜爱的动漫类型是少女生活类，搞笑类和格斗类。从中可以看出，男性初中生和女性初中生在喜爱的动漫类型上存在着差异。男生更喜欢重度暴力的动漫。而大多数女生对于生活类轻松愉悦的故事较感兴趣。但值得注意的是女生喜爱的动漫中超过四成（44.78%）是暴力内容为主的动漫作品。并且格斗类和侦探类仍然是女生喜欢的动漫类型的第三名和第四名。这一结果表明，高暴力动漫对女生也具有很强的吸引力。研究者发现，大部分女生在喜爱的动漫作品一栏中都填入了犬夜叉、死亡笔记等具有大量暴力和魔幻内容的动画。

(三) 不同年级的初中生喜爱之动漫类型的情况

表2-3　　　　　不同年级学生喜爱的动漫类别分析　　　　　单位：%

	格斗类	机械类	运动类	少女类	耽美类	冒险类	搞笑类	神魔类	侦探类	电影类
初一	17.46	5.87	12.02	6.42	1.03	4.16	18.36	10.58	16.14	4.18
初二	25.23	7.43	10.39	5.87	1.05	3.81	12.93	15.26	12.15	5.88
初三	26.41	6.22	9.73	6.16	1.83	3.62	13.71	14.11	11.20	7.01

根据表2-3所示，初中三个年级学生在喜爱动漫的类别上存在差别，初中一年级学生最喜爱搞笑类动漫，而初二、初三年级则最喜爱格斗类动漫。初一学生喜爱的动漫中有46%是重度暴力类型的动漫，这一比例，初二学生是60%，初三学生是59%。由此可以看出，在初中阶段，儿童喜爱观看暴力动漫的数量随着年级增长而呈现逐渐增加的趋势。其

中最为明显的是格斗类。从初一观看比例的17%增加到初二、初三观看比例的26%。而神魔类也由初一时的10%增加到初二、初三时的15%和14%。搞笑类和侦探类则随年级增加有所下降。

三 讨论

（一）暴力内容为主的动漫占初中生喜爱的动漫节目的六成左右

本研究表明：格斗类、战争类、神魔类、侦探类这类高暴力色彩的动漫占初中生喜爱的动漫比例六成左右。邓智平（2007）对5—25岁的青少年进行研究，青少年最喜欢的三类动漫是搞笑类、侦探类和格斗类。该研究结果和我们的结果有一定的相似性，但仍存在一些差异。原因在于，我们研究的对象主要是初中生，不包括初中以下的小学生和学前儿童。初中生对于主要以搞笑为目的的幼儿动漫失去了兴趣。主要喜爱青春热血类动漫，表现出收视习惯成人化的特点。

青少年对高暴力动漫的喜爱是有原因可循的。初中生收视爱好的相关研究表明，他们的年龄特点决定了他们喜爱传奇性质的更加刺激感官的作品，侦探、冒险、格斗动漫正好能够满足他们的兴趣爱好，这些类型的动漫以卡通形式传递了符合初中生审美习惯和价值观的内容，故受到他们的追捧。

（二）男生更喜爱高暴力动漫

研究结果显示，男女生在喜爱的动漫类型上存在着显著差异。以往动漫暴力的研究结果表明，男生最喜爱的动漫类型为少年动漫特别是热血格斗类动漫，而女生最喜爱的是少女动漫。为什么会出现这种状况呢？原因在于男女收视习惯的差异，男生喜爱的电视节目具有更高暴力性；而女生则喜爱较轻松的节目类型，比如爱情类、搞笑类。

然而，值得注意的是，即使对于不太喜欢高暴力动漫片段的女生来说，她们喜爱的动漫中也有将近四成的高暴力类型动漫。这与以往研究较为一致。杜嘉鸿和刘凌（2012）选取了2001—2011年在中国上映过的、具有代表性的六部美国动画电影——《怪物史莱克》《海底总动员》《超人总动员》《功夫熊猫》《飞屋环游记》《玩具总动员3》，采用内容分析的方法，考察了动画电影中的暴力含量，结果表明从含量上看，六部动画电影中的暴力场面总数为 65 个，暴力场景过多；暴力场景占影片总时长平均为 23%，占影片总时长的比例较大；平均出现的暴力行为次数为 56.8 次，暴力行为次数较多。之所以出现这种结果原因在于：高暴力类型动漫以其精彩的故事情节成为初中生喜爱的动漫中的主流品种，动画市场往往更加偏爱热血格斗为主要情节的少年动漫，而少年动漫作为动漫产业的支柱，情节和制作最为精彩，以少年动漫为题材的动画往往已连载并拍摄至几百集，在市场上占有巨大的优势。所以，大量的初中女生也喜欢侦探推理和格斗热血类的少年动漫。这一结果便不难解释了。

（三）年级越高的初中生越喜爱高暴力动漫

由表格的统计数据可以看出，初一生最喜欢的动漫类型是搞笑类，其次是格斗类，再次为推理类。而初二生和初三生最喜爱的动漫类型是格斗类和神魔类，再次是侦探类。可见，初二年级是儿童选择收视品位转变的关键时期，喜爱搞笑动漫的比例随着年级下降，喜爱高暴力动漫片段的比例随年级上升。

究其原因，主要是高暴力动漫的题材更受初中生欢迎。随着年龄的增长，儿童的收视习惯在逐渐发生着转变。郭虹等（2003）的研究表明，受众年龄越大越反对把动漫看成是小孩子的专利。初中生和高中生仍然喜爱动漫，然而，喜爱的类型却发生了巨大的转变，从小学时喜爱搞笑类和生活类动漫逐渐变为喜爱运动类、格斗类和冒险神魔类动漫。初中一年级，儿童多少还保留一些小学时期的收视习惯，而到了初二，随着心智的成熟，传统的情节幼稚的搞笑动漫已经无法满足儿童的收视需要，他们开始关注情节更紧凑、逻辑更严密、意义更鲜明的动漫作品。这时适合初中生观看的少年少女动漫逐渐占据他们的视线，成为他们主要的选择。而这些动漫比之以小学生为主的低幼动漫具有更多的暴力场景。随着收视习惯的巨大的转变，初中阶段儿童接触的动漫中的暴力水平呈逐渐上升趋势。

第三节　中学生喜爱之动漫的暴力内容特点研究

一　研究程序

（一）概念界定

"暴力"一词在日常生活中属于常见词，它会让人直观地产生一种凶恶、残酷的感受。暴力是一个隐含着政治学、文化学、心理学、社会学、伦理学等方面的微妙象征性意义的复杂概念，不同的概念界定便会产生迥异的研究结果（陈韵博，2015）。在《辞海》中，"暴力"被定义为：（1）阶级斗争和政治活动中的强制力量；（2）侵犯他人人身、财产等权利的强暴行为。Gree（2002）认为暴力是为达到毁坏或控制的目的而对他人采取强制性手段，最后造成伤害的行为。

联合国教科文组织对动漫下了一种定义："漫画和经过图形图像技术处理生成的动画的表现形式。"（于文思，2013）百度百科词条这样描述：动漫，即动画、漫画的合称，指动画与漫画的集合，取这两个词的第一个字合二为一称之为"动漫"，与游戏无关，并非专业术语。动漫是动画与漫画的集合，动漫与动画的关系是包含与被包含关系，并非同属关系。所有的动画、漫画作品都可以称之为动漫作品，但不可说动画或者漫画是动漫。原因是：在语义上，动画和漫画是两种不同的艺术形式的作品，而并无"动漫"这种艺术形式的作品，它只是一个由中国本土所创的合成词。

"暴力动漫"则是把二者结合起来，运用动画技巧和视听语言对运用肢体或器具，以对生物（指人、动物、超自然生物和拟人化物体）或物品构成肉体上的痛苦、伤害或损毁为目的的威胁或行为的公开描述的动漫（龙耘、周笑非，2009）。

（二）研究对象

本研究的研究对象见本章第二节。

（三）分析样本抽取

本研究确定的基本抽样方案是：采用自编的初中生动漫收视行为调查问卷（让学生写出十部最喜爱的动漫名称），对学生进行集体施测。对收集的结果进行统计,共得到 98 部动漫(提名在十次以上),然后根据各部动漫学生的提名率,选定初中生最喜爱的三部动画片,分别是《火影忍者》(热血格斗类),《名侦探柯南》(推理侦探类),《海贼王》(冒险类)。其中《海贼王》等距抽取 14 集,《火影忍者》等距抽取 12 集。《名侦探柯南》等距抽取 16 集。抽取数量符合 10% 显著性水平最低样本量(袁亚愚,1993)。

(四)编码表设计

编码表围绕暴力问题展开,基本分析单位为暴力场景,即暴力双方的互动过程,从暴力活动开始到暂时或永久停止为止为一个暴力场景。具体编码涉及如下几方面内容:

第一,对暴力双方基本情况的描述(包括人口统计学变量、屏幕形象的魅力、暴力双方关系等);第二,对暴力事件、行为的性质(价值评判)的基本判断(包括起因、是否有计划、有组织的事件、"符合情理"程度等);第三,对暴力后果相关问题的展现情况(包括暴力严重程度、对受害者痛苦的展现程度、对施暴者和受害者的态度等)。

(五)内容分析编码的信度保证

选取三位具有较好人文素养的编码员(均为硕士研究生),且每位编码员都看过这三部动画,对动漫中的情节和人物较为熟悉。对编码者集中进行培训,包括暴力的定义,编码表的使用,以及编码中容易出现的错误。确定编码员能够熟练和正确使用编码表进行编码之后,进入实施编码阶段。编码阶段,编码员每周完成 6 集动画的编码,分 7 周完成所有编码。

为了保证编码的一致性,选取了两种信度指标,即编码员相互同意度信度和恒定性信度。其中编码员相互同意度信度检定方法为:随机选取两个单元让所有的编码者进行编码,确定多名编码员之间的编码一致性。恒定信度检验法为:每个编码员每隔一段时间,随机抽取已完成编码的两个单元重新编码,确定此次编码与前次编码之间的一致性。

本研究根据研究进度共进行五次信度检验,0—1 周一次,1—3 周一次,3—5 周一次,5—7 周一次,编码完成后一次。

(六)数据处理

所采集信息输入电脑后,采用 SPSS 11.0 版软件进行数据统计。

二 研究结果

(一) 研究的信度

内容分析编码的信度指标见表2-4。一般认定信度至少要达到0.80以上才具有研究价值（王石番，1991），本研究除了第一周编码员间效度低于0.80之外，其余各次抽测，编码员一致性信度和恒定信度皆超出规定标准。符合研究要求。

表2-4　　　　　　　评分者信度与恒定信度

信度分数	信度类型	抽样时间			
		0—1周	1—3周	3—5周	5—7周	最后抽样
信度分数	编码员相互同意度信度	0.65	0.84	0.86	0.89	0.87
	恒定信度	0.81	0.91	0.89	0.89	0.90

(二) 动漫暴力的内容分析

1. 动漫场景中暴力双方的特点

对初中生喜欢的动漫场景中涉及的暴力双方的关系、施暴者和受害者的特征进行了分析，结果（见表2-5）发现施暴者为男性和青少年的比例最高，均在70%以上；在施暴者的职业分布上，学生最多，占了44.1%；在施暴者的银幕形象上，英雄施暴的比例为48.7%，几乎占到一半以上，施暴者非常有魅力和比较有魅力的占了56.5%。这说明在初中生所喜爱的动漫中所呈现的施暴者倾向于表现出有魅力、男性、青少年、学生和英雄等身份特点。另外，受害者中青少年和男性的比较较高，分别占到了86.2%和62.5%。

表2-5　　　初中生喜爱动漫中与暴力相关的人物特点　　　　单位：%

维度	相关特征				
	英雄与歹徒	不同利益群体	仇人	陌生人	熟人
暴力双方关系	52.2	13.5	8.6	5.2	20.5

续表

维度	相关特征					
施暴者特征	男性	女性	中年	青少年	老年	儿童
	71.9	29.1	3.3	84.7	1.1	10.9
施暴者职业	教师	学生	警察	公司职员	无业人员	其他
	0.9	44.1	30.9	1.1	10.6	12.4
受害者特征	男性	女性	中年	青少年	老年	儿童
	62.5	37.5	1.2	86.2	1.6	11
施暴者形象	英雄	歹徒	普通人	其他		
	48.7	38.6	10.5	2.2		
施暴者魅力	非常有魅力	有较大魅力	中等程度	一点魅力	没有魅力	
	16	40.5	24.6	4.2	14.7	

2. 动漫场景中暴力归因的特点分析

对初中生喜爱的动漫场景中的暴力起因和解释进行分析，结果（见表2-6）发现，动漫中暴力最主要的起因是正当防卫和帮助他人。这一原因占了47.9%；另外，暴力符合情理的程度方面，认为正义合理的比例为38%，而情有可原、事出有因的暴力也占了45.4%。这说明动漫暴力较多表现出合理的、正义的归因特点。

表2-6　　　　初中生喜爱的动漫暴力归因的特点　　　　单位：%

维度	相关特征					
暴力起因	正当防卫	帮助他人	复仇	个人利益	履行公务	愤怒
	9.8	38.1	6.3	15.4	21.3	9.1
暴力符合情理程度	非正义	事出有因	情有可原	正义，合理	其他	
	15.1	21.5	23.9	38	1.5	

3. 动漫中暴力场景和暴力特点的分析

对初中生喜爱的动漫中的暴力场景和暴力本身的特点进行分析，结果（见表2-7）发现，在所研究的动漫暴力场景中，对78.8%的场景进行了特写，其中高度特写的比例占了55.7%；很少和完全没有出现血腥场面的比例为45.4%，而较多和大量出现血腥场面的只占了5.2%。另外，对暴力的描述，低真实性和缺乏幽默所占的比例均高于50%。这些结果表明动漫中的暴力场景较多存在特写，较少出现血腥场面；而暴力则表现出非现实性和缺乏幽默的特点。

表2-7　　　　　初中生喜爱的动漫暴力描述的特点　　　　　单位：%

	维度	相关特征				
暴力场景	是否特写暴力场景	高度特写 55.7	较多特写 23.1	一般 8.8	模糊处理 10.4	其他 2.0
	是否出现血和肉块	大量出现 2.8	较多出现 2.4	一般 49.4	很少 23.1	完全没有 22.3
暴力特点	暴力描述的真实程度	真实程度高 35.8	真实程度中 9.1	真实程度低 55.1		
	是否包括幽默	幽默性较强 30.2	中等 16.7	没有幽默 53.1		

4. 动漫场景中暴力后果的特点分析

对初中生喜爱的动漫场景中的暴力造成的后果进行分析，结果（见表2-8）发现，动漫对受害者痛苦的展现程度较为深刻的只有9.1%，而完全没有叙述和描写肤浅的占80%左右。对受害者的态度感到同情的只占12.9%，这说明动漫场景中往往倾向于忽略受害者的痛苦程度和对受害者的态度。另外，从表中可以看出暴力造成的重伤和致命伤的比例很高，为39.8%，无伤害性后果的仅占6.9%；而施暴者在施暴之后没有受到任何惩罚的比例高达61.4%，受到惩罚的比例仅为15.1%，甚至有23.5%的施暴者受到了奖赏。这说明在初中生喜爱的动漫中,暴力多会对受害者的身体造成伤害,但施暴者却很少受到惩罚。

表2-8 初中生喜爱动漫的暴力后果相关因素的特点描述　　单位:%

维度	相关特征				
受害者痛苦的描述	深刻 2.6	比较深刻 6.5	一般 13.6	肤浅 48.9	没有描述 28.4
对受害者的态度	高度同情 5.8	比较同情 7.1	冷漠、无视 16.3	高兴 16.3	无表现 55.5
暴力严重程度	无伤害性后果 6.9	轻伤 14.2	中度伤 39.1	重伤 29.1	致命伤 10.7
与暴力相关的奖罚	受到奖赏 23.5	受到重罚 3.6	一定惩罚 4.5	很轻惩罚 7.0	没有惩罚 61.4

三　讨论

(一)动漫暴力内容分析选取的样本

为了得到动漫中暴力数量特征的更进一步资料。根据前述初中生动漫收视调查问卷的结果以及研究的实际可行性,抽取《名侦探柯南》《海贼王》《火影忍者》这三部初中生最喜爱的动漫作为样本进行内容分析。这一结论与国内研究者的动漫收视调查结果较为一致(邓智平,2007;郭虹,2003)。从而表明,这三部动漫不仅在洛阳地区,在全国范围内都具有相当的影响力。

从类型上来说,这三部动画分别为推理侦探类、热血格斗类、冒险类。这三类动漫在所有的动漫中属于暴力场景较多的类型。如此安排并非研究者有意为之,而是根据前述对初中生喜爱的卡通调查表明,这三部卡通最受初中生欢迎。大量对卡通片叙事结构和受众特点的研究也证明,卡通中紧张的情节和冲突正是通过打斗来表现的。打斗是大多数卡通片最吸引儿童的元素所在(谢旭洲,1997),因此,这三部涉及较多暴力场景的动漫受到初中生的喜爱也就不足为奇。

（二）动漫暴力的特点分析

1. 施暴者的特点分析

从施暴者的年龄、性别和职业特征来看，动漫暴力以青少年施暴、男性施暴、学生施暴为主。为何会出现这样的结果呢？我们取样的三部动画都是以青少年为主人公的动漫，其中有两部作品的男主角是学生。所以青少年和学生施暴在动漫暴力场景中极为普遍。根据国外电视暴力的研究结果和 Bandura 的社会学习理论（Bandura，2001），儿童往往习惯于模仿与自己年龄、职业和性别相似的电视人物的暴力行为，动漫施暴者的这一年龄、性别和职业特征很容易使儿童产生认同感，而在现实中表现出更强的攻击性行为。另外，不容忽视的是，近年来动漫中出现了越来越多的女性施暴者，本研究中女性施暴者的比例为29.1%，尽管这一比例和男性施暴者相比较低，但是目前社会上女性青少年犯罪率的增长很可能就是对动漫暴力的简单模仿。

除此之外，动漫暴力中有魅力的英雄人物存在大量暴力行为。根据班杜拉的社会学习理论以及传播学的相关研究，采用英雄人物和有魅力的人作为暴力场景中的施暴者更容易引起儿童的认同和喜爱，从而增加对暴力行为的模仿。任频捷（2002）用质性访谈的方法进行研究也证明了高暴力的动漫角色是儿童崇拜的英雄。

2. 暴力归因特点分析

从暴力起因的分析中我们可以看出，暴力是正义合理的并成为解决问题的唯一手段，这种价值观在动漫中十分普遍（Wilson et al.，1997；吴静，2011）。根据班杜拉的社会学习理论，就行为的正当性而言，通常那些被描述为正当的暴力行为，被模仿的可能性更大（Bandura，2001）。此外，观众如果经常接触这类被描述为正当的暴力，他们就会将它进一步概化成社会规则，认为暴力是可以接受的、正义的（Bandura，2001），而这一归因对于价值观尚未成熟的青少年而言也是十分危险的。张晶和解立（2012）认为动漫中的暴力等情节会潜移默化地渗透到青少年思想道德中，直接或间接地造成青少年犯罪行为和其他社会越轨行为的发生。

3. 动漫暴力场景特点分析

研究表明，多达60%以上的暴力场景存在着对暴力的高度特写。对暴力场景进行特写是许多电影电视中常用的表现手段，通过对暴力场景的渲染和刻意描述，暴力成为吸引受众眼球的最主要的因素，成为影片最精彩的部分。暴力特写的作用不言而喻，根据认知心理学的观点，暴力学习的第一步是注意和记忆。精彩的暴力场景吸引了儿童的注意力，唤起了儿童的情绪兴奋，从而推动了其对暴力的学习。

动漫中暴力场景描写的另一个特点是很少出现大量写实的血腥场景，对于流血我们分析的三部动画都进行了必要的模糊处理。可见动漫暴力倾向于以较精彩的打斗和较少的血腥场景，减少儿童观看时的恐惧感，给儿童以快乐的暴力。从而在一定程度上增加了儿童对动漫暴力的认同和学习。

4. 动漫暴力特点分析

本研究发现，动漫中的暴力有其特殊性，具体表现在非现实性和缺乏幽默等特点。

动漫中的暴力较为脱离现实，一半以上的动漫中发生的暴力与现实的暴力不同。杜嘉鸿等人（2013）选取了四部国产动画片，《舒克与贝塔》《小糊涂神》《喜羊羊与灰太狼》《熊出没》。采用内容分析法，分析四部国产动画片中的媒介暴力内容，暴力内容完全不真实和不太真实的场景占69%，但不可忽略的是比较真实和最为真实的场景占31%。

Bandura（2001）在解释社会学习材料对个体攻击性的影响时，提出了知觉现实的概念。知觉现实是媒体暴力对个人影响的一个指标，是指媒体描绘的暴力场景有多大可能出现在现实社会。这种知觉现实性越高，则受众越可能模仿、记忆和注意媒体中的暴力行为。动漫中的暴力场景一般和现实距离较远，具有较多的幻想成分，暴力中使用的武器和手段在现实生活中不可能存在（如忍者神龟、X-战警），所以，传统的观点认为动漫中的暴力对儿童攻击性的影响不大。然而，这并不意味着动漫暴力是没有危害的。我们分析的暴力场景中有将近三成的动漫暴力与现实情景中的暴力完全相同或比较相似，特别是侦探推理剧中的谋杀情景。另外，热血格斗动漫中的暴力场景一般采用格斗技，必杀技等非同寻常的武功，与现实生活中的暴力存在较大差异，虽然这类暴力减少了初中生直接模仿和认同的危险，然而，虚幻创造了充分的表现暴力的条件。动漫制作者可以将暴力场景描绘得很"炫"。把暴力角色创造成具有超能力的英雄，这增加了观看者的去抑制和兴奋性（Wilson et al.，1997），而情绪的去抑制和兴奋性，同样能够增加个体的攻击性行为。

　　动漫暴力与现实暴力的另一个区别是动漫暴力的幽默性，本研究表明，具有较强幽默性的动漫暴力占所有暴力场景的三成左右，动漫在描绘暴力时注重了添加幽默元素。然而没有任何幽默元素的暴力场景占53.1%，即一半以上的动漫暴力场景中没有任何幽默元素，这一结果与传统动漫暴力研究结果存在差异。国外研究发现卡通中的暴力情节大多数添加了幽默元素。这可能是因为，本研究的受众是初中生，分析的三部动漫主要是日本动漫。大量的打斗场景和谋杀情节没有添加幽默，从而增加了情节的紧张性，唤起了观众的高度兴奋。而添加太多幽默的暴力描述往往会削弱叙事的严密性和情节的宏大性。所以初中生喜爱的动漫中幽默的暴力有限。

　　研究普遍认为，幽默减弱了动漫中的暴力情节对个体攻击性的影响。幽默元素使得动漫暴力行为的严肃性降低，人们发生了认知转移，越多的幽默元素存在，动漫中的暴力行为越不会被观看者当真（Potter，2003）。我们可以得出结论，幽默的动漫对中学生的攻击性影响较小，但问题是，完全没有幽默场景的动漫暴力仍然占到所有动漫暴力场景的六成左右，这一结果也是和人们日常认为的搞笑的动漫暴力是大相径庭的，它对于青少年的攻击性行为的影响也是不容忽视的。

　　5. 暴力后果分析

　　本研究表明，动漫暴力中很少描述受害者的痛苦程度和对受害者的态度。这与以往的研究结果一致。Wilson 等（1997）报告 70% 的动漫暴力互动中没有展现受害者的痛苦。60% 的动漫暴力场景中，被害者受到的伤害是不真实的。另外，只有 9.1% 的动漫中比较深刻地展现了暴力对受害者所造成的痛苦。暴力对受害者造成的痛苦与伤害可以让受众了解暴力的危害性，从而减少其对暴力的学习，而动漫中较少展现受害者的痛苦则增加了个体对暴力的学习。

　　研究还发现，初中生喜爱的动漫暴力场景中存在大量的重伤甚至是致命伤，这一结论与 Wilson 等的研究结果存在背离，这可能是因为所选材料的特点不同。对于 Wilson 的研究选择的动画为电视上播放的，包括适合 7 岁前儿童的低暴力动漫。而本研究则是选择了初中生最为喜欢的动漫，而这些初中生喜爱的动漫均表现为成人化的倾向，他已经脱胎于传统的幼儿式的玩笑的暴力成为真正包含格斗、枪击、谋杀的传播媒介。

值得注意的是动漫暴力中受害者受到的重伤较多，而与之相关的受害者的痛苦描写却较少，这可能直接导致儿童对实际生活中伤害的严重性产生错误的估计。他们可能倾向于认为，对他人的伤害并不会造成相应的痛苦，导致对暴力行为的评价失真。而动漫中淡化暴力的后果和其造成的伤害，会使得儿童倾向于学习动漫中的暴力内容（Wilson et al.，1997）。另外，淡化受害者的痛苦还减少了儿童的同情心，不利于儿童对受害者移情能力的发展，导致其暴力行为的去抑制。

另外，本书研究发现，初中生喜爱的动漫中只有两成的施暴者受到了惩罚，而多达六成的施暴者没有受罚。王秀芳（2014）在调查分析《喜羊羊与灰太狼》动画片中的暴力行为是否得到惩罚时，发现"得到惩罚"和"没有得到惩罚"各占总体的30%和70%。这与以往对动漫暴力呈现特点的研究结果相似（Wilson et al.，1997；Potter，2003）。对暴力行为缺乏惩罚增加了个体学习暴力行为和态度的风险。根据班杜拉的社会学习理论，儿童会根据观察到的施暴者的攻击性行为后果来决定是否复制他的暴力行为，没有惩罚的暴力会极大地增加儿童对攻击性行为的模仿，而观看受到惩罚的暴力会使观看者更加不安并对暴力的态度更消极（Bandura，2001）。

第三章

动漫暴力对中学生攻击性的影响研究

第一节　问题提出

尽管以往文献对动漫暴力的研究取得了一定的成果，但是依然存在一些不足。具体表现为：一方面，研究对象范围过窄。以往动漫暴力的影响主要关注幼儿和儿童，而很少关注青少年。因为研究者的传统观念认为动漫属于低龄儿童，然而，目前大量国外动漫，特别是日本动漫的叙事具有极强的成人化特色，它的主要受众是青少年。因此，对该群体的动漫暴力研究也就显得十分必要。

另一方面，研究方法与研究内容不匹配。初中生喜爱的动漫中的暴力场景是否对其攻击性有影响？如果有，那么影响了攻击性的哪些方面？长期观看动漫的个体是否更具攻击性？如果有，其攻击性主要体现在哪些方面？以往研究发现，动漫暴力对青少年的攻击性影响很小。对已有的研究分析发现，其均使用外显方法来研究暴力的影响，很难揭示暴力对青少年攻击倾向的影响。由于青少年对社会期许更为敏感，他们可能会对暴力的态度更不诚实，这就需要其他方式加以研究。

基于此，本章研究拟从短时和长时两个路径出发，首先选取初中生最喜爱的三部动画片中有代表性的暴力场景作为实验材料，研究其是否能够启动个体的攻击性认知，改变个体当前的情绪，引发个体的攻击性行为，即动漫暴力的短时效应。同时选取动漫暴力重度收视者和非动漫收视者，探讨两类初中生的内隐和外显攻击的差异，以确定动漫暴力对青少年攻击的长时影响。

第二节　动漫暴力对中学生攻击性的短时影响研究

一　研究程序

（一）研究对象

研究的参与者为河南省某市两所普通中学的初中生260名。其中男生146名，女生114名。平均年龄13.73岁。考虑到攻击性特质可能会影响中学生攻击性，所有参与学生填写攻击性特质问卷，在剔除无效问卷后，根据其得分的分布，将前27%的学生归为高攻击特质组，后27%的学生归为低攻击特质组。最终共选取120名学生。这些学生均能熟练操作电脑且知情同意。

（二）实验设计

采用2（动画类型：暴力，非暴力）×2（攻击特质：高，低）×2（性别：男性，女性）组间实验设计。各组学生的分配见表3-1。

表3-1　　　　　　　　　各组参与者样本量

	高攻击特质		低攻击特质	
	男性	女性	男性	女性
暴力组	17	13	14	15
非暴力组	18	12	13	18

（三）实验材料

本研究实验材料的选取过程为：首先根据研究者编制的中学生动画收视行为问卷对596名中学生进行调查。按照问卷结果选定中学生最喜爱的三部动画片，分别是《海贼王》《名侦探柯南》和《火影忍者》。考虑到三部动画片连载集数过大，采用等距抽样的方法平均每部动画片抽取14集，共42集的动画作为片段抽取的集群。然后，研究者从这些集群中选取符合标准的片段作为本研究的实验材料。需要选取的片段类型和标准如下：类型一，暴力片段，选取标准为需包含暴力情节，即运用肢体或工具，对生物或物品构成痛苦、伤害或损害的威胁或行为。类型二，非暴力片段，选取标准为从选取暴力片段的剧集中选取不含上述暴力情节的片段。获得共150对两类片段。另外考虑到动画播放时间长短的差异，仅选取描述在两分钟及以上、情节相对完整的片段。最终筛选出符合要求的片段材料30对。片段时长范围在2.03—3.21分钟，平均时长为2.41分钟。

（四）因变量的测量方法

内隐攻击认知：采用词语关联程度问卷，让个体判断攻击词（如"谋杀"）和模糊词（如"黑夜"）词对之间的关联程度。经过青少年和心理学硕士研究生的评定，共选取攻击词和模糊词20组。研究青少年需要对每对词组的关联程度进行7点评分，20组词对上的总得分即为其攻击认知的得分，得分范围介于20—140分，分数越高表示攻击性认知越强。

修订的敌意情绪量表：对Anderson编制的2009版敌意情绪量表（State Hostility Scale，SHS）进行修订。修订后的量表包括积极情绪、自私和激怒三个维度，共34个题项。修订后的量表具有较好的信效度指标。在本研究中的信度指标为：总量表 $\alpha = 0.92$。

攻击行为：竞争反应时是测量攻击性行为的常用方法之一。该方法一般是告诉研究对象，他（她）将与另一名参与者比赛看谁能更迅速地对电脑屏幕上出现的方块进行按键反应。失败方要接受一个噪声惩罚。该噪声的强度取值为0到10，其中1为60分贝，3为70分贝，5为80分贝，依此类推。该强度是由他的竞赛对手在每次竞赛开始前设定的。比赛共进行25局，每局结束后（不管输赢），电脑屏幕上都会显示对手所设置的噪声水平。实际上，在整个过程中并没有对手，研究者预先设置研究对象输赢的次数（12 vs 13）及噪声强度，由电脑随机呈现。考虑到该任务中研究对象设定的惩罚对手的噪声强度是其攻击行为的最为有效的指标（Bartholow & Anderson，2002），故本研究选取噪声强度作为衡量个体攻击行为的指标。

(五) 实验程序

(1) 按照青少年的特质类型，同时考虑其性别的前提下将青少年随机分配到实验组和控制组。(2) 采用个别施测的方法，两名实验人员在两间实验室内分别对两组青少年进行施测。(3) 实验人员说明实验的目的、操作规程，在确保青少年掌握了实验操作程序后，开始实验。(4) 采用自编的 E-prime 程序，首先播放一段视频，视频播放后请青少年填答计算机上出现的词对关联问卷，每组词的呈现时间为 5 秒。完成后随即进入情绪反应问卷评定。问卷要求青少年回忆刚才在观看动画片段时产生的情绪状态。(5) 填写完毕后，程序开始播放第二段再启动视频，该视频类型与第一段相似。播放结束后，由青少年完成竞争反应时任务。整个程序需时 30 分钟。(6) 实验结束后，主试向青少年说明实验的真实目的，并问询青少年是否存在负面感受，如果存在，由研究人员为青少年进行心理疏导或放松训练，以缓解青少年观看暴力动画产生的不良情绪反应。

二 研究结果

（一）不同组中学生攻击性认知、敌意情绪和攻击性行为的描述统计

对不同性别、攻击特质和动画类型中学生的攻击性认知、敌意情绪和攻击性行为进行描述统计分析，结果（见表 3-2）可以看出，在攻击性认知、情绪和行为上，不同组的中学生表现出了不同的攻击倾向。

表 3-2 中学生攻击性认知、敌意情绪和攻击行为的基本情况统计

性别	攻击特质水平	动画类型	n	攻击性认知 M	攻击性认知 SD	敌意情绪 M	敌意情绪 SD	攻击性行为 M	攻击性行为 SD
男	高	暴力	17	87.90	11.37	2.87	0.29	5.04	0.72
男	高	非暴力	18	82.78	12.44	2.34	0.44	4.32	0.54
男	低	暴力	14	62.57	12.64	2.25	0.32	4.45	0.72
男	低	非暴力	13	76.62	13.08	1.94	0.50	4.34	0.72

续表

性别	攻击特质水平	动画类型	n	攻击性认知 M	攻击性认知 SD	敌意情绪 M	敌意情绪 SD	攻击性行为 M	攻击性行为 SD
女	高	暴力	13	80.46	11.49	2.85	0.34	4.14	0.41
		非暴力	12	85.42	11.74	2.40	0.27	3.94	0.26
	低	暴力	15	71.13	13.88	2.11	0.29	3.81	0.63
		非暴力	18	70.39	17.70	1.90	0.36	4.01	0.64

（二）动画暴力对中学生攻击性认知的影响

表3-3 攻击特质、性别和动画类型对中学生攻击性认知影响的方差分析

	SS	df	MS	F
攻击性特质	5728.96	1	5728.96	32.16***
性别	11.51	1	11.51	0.07
动画类型	314.34	1	314.34	1.77
性别×攻击性特质	94.45	1	94.45	0.53
性别×动画类型	40.00	1	40.00	0.23
攻击性特质×动画类型	334.66	1	334.66	1.88
性别×攻击性特质×动画类型	1137.83	1	1137.83	6.39**
误差项	19950.72	112	178.13	

注：* 代表 $P<0.05$，** 代表 $P<0.01$，*** 代表 $P<0.001$，下同。

以动画类型、性别、攻击性特质为分类变量，中学生的攻击性认知得分为结果变量进行一元多因素方差分析。结果（见表3-3）表明：攻击性特质的主效应极其显著；动画类型、性别与攻击性特质三者之间的交互作用显著。

进一步对攻击性特质、动画类型与性别的三重交互作用进行简单简单效应分析，结果表明：当性别为男生，特质为低攻击性时，观看暴力

动画（实验组）的中学生其攻击性认知与观看非暴力动画（控制组）的中学生差异显著 $[F_{(1,112)}=7.46,p<0.01]$，即低攻击性特质的男生在观看动画暴力时更易启动其攻击性认知。

（三）动画暴力对中学生敌意情绪的影响

以动画类型、性别、攻击性特质为分类变量，中学生的敌意情绪得分为结果变量进行一元多因素方差分析。结果（见表3-4）表明：攻击性特质主效应和动画类型的主效应极其显著，具体表现为高攻击性特质中学生的敌意情绪显著高于低攻击性特质中学生；观看暴力动画的中学生比观看非暴力动画的中学生更易启动其敌意情绪，交互效应均不显著。

表3-4 攻击性特质、性别、动画类型对敌意情绪影响的方差分析

变异来源	SS	df	MS	F
攻击性特质	9.49	1	9.49	73.18***
性别	0.04	1	0.04	2.82
动画类型	4.14	1	4.14	31.92***
性别×攻击性特质	0.09	1	0.09	0.65
性别×动画类型	0.05	1	0.05	0.36
攻击性特质×动画类型	0.40	1	0.40	3.07
性别×攻击性特质×动画类型	0.02	1	0.02	0.01
误差项	14.53	112	0.13	

（四）动画暴力对攻击行为的影响

以动画类型、性别、攻击性特质为分类变量，以噪声平均强度（攻击行为指标）为结果变量进行多因素方差分析。结果（见表3-5）表明：性别的主效应极其显著，具体表现为与女生相比，男生表现出更强的攻击行为；动画类型与攻击性特质的交互作用显著。对交互作用进行简单效应分析，发现：当观看暴力动画时，高攻击性特质中学生的攻击行为显著高于低攻击性特质中学生 $[F_{(1,118)}=7.48,p<0.01]$。即动画暴力会启动高攻击性特质中学生的攻击行为。

表3-5 攻击性特质、性别和动画类型对攻击性行为影响的方差分析

	SS	df	MS	F
攻击性特质	1.26	1	1.26	3.37
性别	9.24	1	9.24	24.75***
动画类型	1.24	1	1.24	3.32
性别×攻击性特质	0.16	1	0.16	0.43
性别×动画类型	1.26	1	1.26	3.37
攻击性特质×动画类型	1.90	1	1.90	5.09**
性别×攻击性特质×动画类型	0.07	1	0.07	0.18
误差项	41.83	112	0.37	

三 讨论

（一）动画暴力对初中生攻击性认知的影响

以往采用外显研究的实验较少得出初中生的攻击性受到动画暴力影响的结论。本实验采用了认知的内隐范式，有效避免了个体的社会赞许效应，从而获得初中生不加掩饰的真实攻击认知现状。

研究的结果表明，观看了动画暴力的个体的确会产生较强的攻击认知。具体表现为：攻击性特质水平、性别与动画类型交互作用显著，即观看暴力动画片段仅启动了低攻击性特质男生的攻击性认知。有研究发现，男生比女生有更强的观看暴力电影的愿望，并且偏爱观看暴力节目的初中生对暴力赞成程度显著高于不喜欢暴力节目的初中生（Bushman，1996）。由此推测，在现实生活中男生可能会比女生更多地接触暴力媒体，而使其攻击性认知得到进一步地发展，因此，在观看暴力电影时，男生的攻击性认知将更容易被激活（刘桂芹，2010）。另外，在男生群体中，高攻击性特质的男生更喜欢接触高暴力媒体（如电影、电子游戏等），并且在日常生活中也接触了更多的高暴力信息，他们很可能对暴力已经产生了脱敏现象（Carnagey & Anderson，2004），即暴力信息不会再引起他们更强的认知感受。Greitemeyer（2014）采用瞳孔实验发现暴力电子游戏增加研究青少年的攻击性行为，长期接触暴力电子游戏的青少年

对暴力场景更加不敏感。而低攻击性特质的男生可能由于他们在日常生活中较少地接触暴力视频，也较少被卷入暴力事件，在接触暴力动画时会更容易启动其攻击性认知。这一结果也提示人们，尽管高攻击人格特质会影响个体的攻击性认知，但是对于低攻击性特质的男生而言，即便他们的人格特质决定了其较低的攻击性认知，但是如果观看高暴力情节动画，也会引起其更强的攻击性认知。因此，如何有效地引导低攻击性特质的男性选择低暴力或非暴力情节动画，成为降低其攻击认知的途径之一。

(二) 动画暴力对初中生敌意情绪的影响

研究结果发现，相对于观看非暴力动画片段，初中生观看暴力动画片段会增加其敌意情绪。这一结果与研究暴力电子游戏的相关结果一致 (Anderson, 1997; Bushman, 1996; 吴静, 2007)。动画暴力对个体敌意情绪的影响充分反映了初中生喜爱观看的动画特点。初中生喜爱的动画中存在着大量的暴力场景，并且大多数暴力场景中有快节奏的背景音乐、紧凑的情节。这些特点在一定程度上强化了个体的敌意感。另外，已有研究发现，初中生喜爱的动画不再是幼稚型的传统意义动画，而是更多聚焦于成人化的日本动画，这些作品中的打闹不再是博人一笑的噱头，而具有了大量电影式的暴力元素 (范丽恒等, 2012)。在观看具有上述暴力特点的动画下，会更容易引发初中生敌意情绪。

(三) 动画暴力与初中生的攻击行为

本研究发现，在人格上拥有高攻击性的初中生接触动画暴力后会产生更强的攻击行为，而其他群体在攻击行为上没有差异。这一结果与以往研究结果 (Cantor & Wilson, 2003; DeHart et al., 2004) 不一致，以往仅见的几项研究中并未发现动画暴力会影响初中生的攻击行为。可能的原因有以下两点：第一，研究材料不同。以往研究收集的是媒体中存在的动画，而本研究则有针对性地选取了初中生最喜爱的动画。这些动画的暴力情节设置更符合初中生的认知和发展特点，也更易得到初中生的喜爱和认同，从而更易启动其攻击行为。第二，测量攻击行为方法的不同。以往研究采用的测量方法多为个体在日常生活中表现出的攻击行为或者外显攻击行为问卷，现实中的攻击行为往往很难获得，而外显攻击行为问卷又可能使初中生为了维持社会赞许而做出虚假反应。本研究采用竞争反应时任务范式,对攻击行为具有较高的灵敏度,可以更好地反映动画暴力对初中生攻击性的真正影响。

第三节 动漫暴力观看经验对中学生攻击性的影响研究

一 研究程序

(一) 研究对象

本研究选取河南省某市一所普通中学 5 个班 301 名初一至初三学生。男生比例为 56.4%,年龄范围 12—15.5 岁。采用自编的动漫收视调查问卷,调查研究对象观看动漫的时间、频率、收视年限、动漫对其生活的介入程度以及动漫类型。问卷有 8 个问题,采用多级评分,分数越高表明研究对象观看越多动漫。选择得分在前 10% 的学生作为动漫重度收视者,剔除只看少女漫画等低暴力动漫的初中生 2 人。选择得分在后 10% 的学生作为轻度动漫收视者。所有学生皆能熟练操作计算机。研究对象的基本情况见表 3-6。

表 3-6　　　　　　　　研究对象基本情况

	男性	女性	每周观看动漫的平均时间(小时)	每天观看动漫的频率(次)	动漫收视年限(年)	喜欢的10部动漫中高暴力动漫平均数(部)
重度动漫收视者	15	14	5.48	0.62	5.31	6.37
轻度动漫收视者	16	16	0.93	0.09	1.94	4.54

(二) 研究设计

采用 2 (性别:男性,女性) ×2 (动漫收视类型:重度动漫收视者,轻度动漫收视者) 组间设计,自变量为性别和动漫收视类型,考虑到除了自变量外,环境暴力也会对个体的攻击性造成长期影响,为控制环境暴力可能造成的混淆效应，选取环境暴力分数作为协变量，内隐攻击性和外显攻击性为因变量进行数据运算。

（三）实验材料

1. 环境暴力问卷

选用谢旭州（1997）编制的问卷，包括三个分问卷：媒体暴力问卷，同伴暴力问卷，家庭暴力问卷。对三个分问卷的测量学指标进行分析，媒体暴力分问卷分半信度为 0.79，内部一致性信度为 0.45。同伴暴力分问卷分半信度为 0.86，内部一致性信度为 0.82。家庭暴力分问卷的分半信度为 0.81，内部一致性信度为 0.82，均达到可接受水平。

2. 外显攻击性测量

采用攻击性自陈式量表 AQ 攻击性问卷（Aggression Questionnaire，AQ），由 Buss 和 Perry 在 1992 年编制，采用 Likert 五点评分，共 29 个项目，分为躯体攻击、语言攻击、愤怒和敌意四个因子，考虑到本研究只关注研究对象的整体外显攻击性，而不是具体的攻击性类型，因此外显攻击性的得分为该量表的总得分。对该量表的信度在本研究中的信度进行分析，发现内部一致性系数为 0.89，分半信度为 0.80，符合测量学指标。

3. 内隐攻击性测量

采用内隐联想测验（Implicit Association Test，IAT）测量方法，测试材料包括两种维度：类别维度和属性维度，在本研究中，类别维度由 5 个自我/非我词组成。其中，"自我"词包括：我、自己、本人、俺、我们。非我词包括：他、他们、外人、他人、他。属性维度由 5 个攻击性/非攻击性词汇组成。其中，"攻击性"词汇包括：侵犯、攻击、搏斗、战争、报仇。"非攻击性"词汇包括：和平、温顺、合作、信任、仁爱。IAT 测试程序由七步组成，把第四步（相容组）和第七步（不相容组）两个联合反应任务的平均反应时的差异作为内隐攻击性的指标。

（四）实验程序

首先使用 Eprime 2.0b 编写 IAT 计算机程序。然后采用个别施测，每个学生单独安排于一实验室。主试讲完实验基本要求后，学生按程序中不断呈现的指导语自行完成所有测试，其结果由计算机自动记录。IAT 测验结束后，学生随即填答自陈式量表 AQ 问卷。

二 研究结果

（一）不同性别、不同收视类型青少年外显攻击性的差异分析

对不同性别、不同动漫收视类型青少年的外显攻击性数据进行一般描述性统计分析，结果（见表3-7）可以看出，男性重度收视者外显攻击性得分较高，而女性轻度收视者的得分较低。

表3-7　不同组学生的外显攻击性基本情况统计

性别	收视类型	n	M	SD
男	重度暴力动漫收视	15	85.26	14.92
男	轻度暴力动漫收视	16	70.75	16.83
女	重度暴力动漫收视	14	81.64	16.60
女	轻度暴力动漫收视	16	63.31	12.98

为了进一步探讨暴力动漫接触程度对外显攻击性的影响，以收视类型和性别为自变量，以环境暴力分数为协变量，以攻击性自评量表分数为因变量进行协方差分析。结果（见表3-8）表明：收视类型主效应显著，即重度动漫收视者与轻度动漫收视者的外显攻击性有显著差异。性别主效应不显著。性别和收视类型交互作用不显著。这说明长期观看暴力动漫要比不常观看暴力动漫的初中生表现出更强的外显攻击性。

表3-8　不同性别和收视类型青少年的外显攻击性差异的协方差分析

变异来源	SS	df	MS	F
收视类型	3428.06	1	3428.06	14.76***
性别	46.81	1	46.81	0.20
收视类型×性别	6.46	1	6.46	0.03
组内	13000.49	56	232.15	

（二）不同性别、不同收视类型青少年内隐攻击性的差异分析

对不同性别和收视类型青少年的内隐攻击性进行一般描述性统计分析，结果见表3-9。由表3-9可知：男性重度暴力动漫收视者的内隐攻击性较高，而男性轻度暴力动漫收视者的内隐攻击性较低。

表3-9　　　　　　不同组学生的内隐攻击性基本情况统计

性别	收视类型	n	M	SD
男	重度暴力动漫收视	15	230.21	426.80
	轻度暴力动漫收视	16	-96.63	303.29
女	重度暴力动漫收视	14	-134.25	268.07
	轻度暴力动漫收视	16	-66.78	413.14

为了进一步探讨暴力动漫接触程度对内隐攻击性的影响，以性别和收视类型为自变量，环境暴力为协变量，内隐攻击行为因变量进行协变量的方差分析，结果（见表3-10）表明，在控制了环境暴力这一协变量之后，收视类型和性别主效应均不显著，而收视类型和性别存在显著的交互作用。对该交互作用进行简单效应分析，结果（见表3-11）表明，对于男生来说，动漫重度收视者的内隐攻击性高于轻度动漫收视者。而在女性群体，两组不存在差异。这说明，长期观看暴力电影只是对男性的内隐攻击性产生了影响。

表3-10　　不同性别和收视类型青少年的内隐攻击性差异的协方差分析

变异来源	SS	df	MS	F
研究对象类型	212209.40	1	212209.40	1.61
性别	283511.06	1	283511.06	2.15
研究对象性别×研究对象类型	611596.25	1	611596.25	4.63*
组内	7391337.12	56	7391337.12	

表 3-11　　性别和收视类型的交互作用简单效应分析

	变异来源	SS	df	MS	F
男性	组间	864827.38	1	864827.38	6.46*
女性	组间	63339.92	1	63339.92	0.43

三　讨论

如果动漫重度收视者内隐和外显攻击性都高于非动漫收视者，我们是否可以说，是长期接触动漫产生了这一结果呢？要做如此推论，证据还不充分，因为对于这一现象还有另一种解释，即喜爱暴力电玩、暴力电视，或身处高家庭暴力中的个体倾向于选择观看更多的普遍带有暴力色彩的动漫。本研究也确实发现，重度动漫收视者的环境暴力分数高于非漫收视者。因此，本研究为了更进一步得出动漫暴力对初中生攻击性的长期影响，采用了协方差分析方法，将个体的环境暴力分数作为协变量加以控制。这种方法避免了环境暴力对动漫暴力作用的混淆，从而有助于研究者探知动漫暴力对初中生的长期影响。

（一）长期观看暴力动漫对初中生外显攻击性的影响

研究结果表明，在控制了环境暴力分数之后，长期观看暴力动漫的初中生要比不经常观看暴力动漫者表现出更强的外显攻击性。这一结果说明长期观看暴力动漫的确会增强青少年的外显攻击性。刘桂芹等人（2013）通过认知启动范式，研究暴力电影片段对青少年攻击性认知的影响，结果表明，观看暴力电影片段启动了青少年的攻击性认知，但只对男生有显著影响。Belson（1978）的研究也证实了男孩观看暴力动漫与未成年人的暴力行为有关。为什么在本研究中不存在这一性别差异呢？可能存在以下几方面的原因：第一，攻击性衡量指标不同，本研究选用的是自陈式问卷，测得的是青少年自我报告的外显攻击性倾向，而上述两个研究则分别是教师报告的攻击行为和现实表现出的攻击行为，测量工具的不同导致了结果的不同。第二，社会对女性的要求和看法可能发生了改变。在传统社会中不赞成女性表现出攻击性，而在当前这个竞争激烈的社会，大胆的性格似乎更易于适应整个社会，女性的某些攻击行为也能被这个社会所接受（苏潇等，2010），而使女生表现出和男生没有显著差异的攻击性。徐德淼等（2007）的研究也发现整体外显攻击性上不存在性别差异。第三，可能整体外显攻击性掩饰了不同性别在不同攻击性维度上的实际差异。本研究只关注了整体外显攻击性，而未关注具体攻击性维度。已有研究发现外显攻击性的性别差异表现在具体的攻击类型上的不同，即男生会表现出更强的身体攻击，女生会表现出更强的语言攻击（苏潇等，2010；徐德淼等，2007），为了探讨性别在具体攻击性维度上的差异，以性别为分类变量，分别以四个外显攻击性维度为因变量进行独立样本 t 检验分析，仅在身体攻击维度（$t = 2.563$, $p < 0.05$）上发现男生高于女生的现象，因此，整体的攻击性的确掩饰了性别在攻击类型上的差异，这也提醒我们对外显攻击性的性别差异进行研究，需要从攻击类型的差异入手。

（二）长期观看暴力动漫对初中生内隐攻击性的影响

研究发现，在内隐攻击性上动漫收视类型和性别存在显著交互作用，具体表现为长期观看动漫暴力的男生会表现出更高的内隐攻击性。研究表明，初中男生和女生喜爱的动漫类型存在显著差异：男生喜爱热血格斗类、神魔类、侦探类动漫，其喜爱的动漫中高暴力动漫片段占七成以上；女生则不然，她们主要观看的动漫类型为少女生活类和搞笑类，高暴力动漫类型仅占据她们收视总量的不足四成（范丽恒、牛晶晶，2011）。另外动漫收视行为调查问卷显示，在重度收视者群体中，男生喜爱的 10 部动漫中，高暴力动漫占 7.87 部。而女生喜爱的 10 部动漫中，高暴力动漫仅占 4.86 部。虽然女生动漫重度收视者同样较多接触和喜爱高暴力动漫。然而，女生的收视习惯决定其接触高暴力类型动漫的数量远不及男生。另外，由于男生的性别特点（其分泌更多的雄性荷尔蒙）和生活环境（更具竞争性），以及社会对男性的角色定位，使得他们更容易接受和认同暴力，内外因的相互作用导致他们表现出较高的内隐攻击性。

第四章

动漫暴力的展现特点对中学生攻击性影响的实证研究

第三章从长时和短时两个视角研究了动漫暴力对青少年攻击性的影响。但是对于这种影响，特别是短时影响是由暴力动漫的哪些特点引发的，目前还未有文献进行探讨。为了更近一步地了解动漫暴力的展现特点对青少年攻击性的影响，本章拟基于第二章对动漫暴力的内容分析结果，分别选取动漫暴力的施暴者（年龄与性别），受害者（年龄与性别），暴力特点（现实与幽默）和暴力场景特征（血腥与特写）等因素，通过实验研究进行探讨。

第一节 动漫暴力施暴者人物特点对中学生社会性的影响

一 研究目的

基于文献分析以及动漫这一具体内容，发现动漫中对施暴者的人物特点进行了较长时间的描述，但是对青年人以及中年人施暴者的描述较少，因此本研究采用实验的方式探测短期接触动漫暴力小学儿童施暴者、青少年施暴者和老年人施暴者人物特点是否会对青少年社会认知、情绪和行为以及攻击性认知、情绪和行为产生影响，从而探测动漫暴力中不同人物特点对青少年社会性的短期效应。

二 研究假设

假设一：施暴者年龄特点（老年人、青少年、小学儿童）影响青少年的攻击性,具体表现为:与小学儿童的施暴者相比,青少年施暴者启动了青少年更多的攻击性行为,更少的亲社会行为。

假设二:施暴者性别特点(男、女)影响青少年的攻击性,具体表现为:与女生相比,男性施暴者启动了男生更多的攻击性情绪和行为。

假设三:施暴者年龄、施暴者性别、参与者性别三者在攻击性上交互作用显著,具体表现为:男生观看男性青少年施暴的动漫片段时表现出更多的攻击性。

三 研究方法

(一)研究对象

本研究选取河南省某市某中学高一年级 180 名学生(男生 90 名,女生 90 名)作为本实验的研究对象,年龄在 15—17 岁,按照研究对象的性别、施暴者性别和施暴者年龄随机分配为 12 组,每组学生 15 人。实验结束后感谢学生并且付给学生一定的礼品或者报酬。

为了防止学生先前观看过实验材料中的动漫影响实验结果,实验前要求学生报告过去 3 个月内最经常看的动漫和每天看动漫的时间,选取未看过实验材料中动漫的青少年作为本实验的参与者。所有学生皆能熟练操作计算机,为右利手,以前从未参加过此类实验,且知情同意。

(二)研究工具和材料

1. 动漫材料选择

动漫年龄特点的划分依据:林崇德(1995)在《发展心理学》中将小学儿童界定为 6、7 岁—12、13 岁;中学阶段界定为 11、12 岁—17、18 岁;老年期一般指 60 岁至死亡。考虑到动漫这一具体内容,本研究将小学儿童施暴者年龄界定在 6—11 岁;青少年施暴者界定为 12—18 岁;老年人施暴者界定在 60 岁以上。

本研究选取动漫的方案为:首先,向河南省某市某中学发放问卷 120 份,请学生写下过去 3 个月内经常观看的 5 部动漫;其次,统计问卷中动漫的名称、数量以及各个动漫出现的频次;再次,剔除本次数据收集过程中青少年经常观看的动漫;最后,选取青少年不经常观看或者从未观看过的动漫材料作为本研究的研究材料。动漫片段按照施暴者性别特点(男、女)和施暴者年龄(老年人、青少年、小学儿童)的组合分为六种水平：水平一，男性老年人施暴者；水平二，男性青少年施暴者；水平三，男性小学儿童施暴者；水平四，女性老年人施暴者；水平五，女性青少年施暴者；水平六，女性小学儿童施暴者。各水平的片段按照该水平施暴者的特点，选取其攻击场景描述时间在一分钟及其以上的材料，同时要求各个水平对应暴力场景的持续时间相同，片段情节完整。经过筛选，最后得到符合实验要求的材料30个，每个水平5个片段。片段时长在1.02—1.89分钟，平均时长为1.69分钟。对于选出材料的各个水平，请30名中学生（15—17岁）对其进行5点评分，评价每个视频短片与视频要求的相关性，其中"1＝完全不相关、2＝基本不相关、3＝不确定、4＝有些相关、5＝完全相关"的形式。片段相关度在4.12—4.67。

2. 词汇判断任务（LDT）所需词汇

由于本研究测量攻击性认知是采用词汇判断任务来测量的，词汇判断任务的实验程序要求青少年判断计算机屏幕上呈现的靶词是真词还是非词。因此，分别筛选了中性和攻击性两类实验词汇以及非词字组。通过查阅《现代汉语词典》（第七版），初步选取31个中性动词（如阳台、积木等）、攻击性有关的词汇31个（如残害、暴力等），同时每组加入一个测谎词。请10名心理学专业研究生分别对这些词汇的理解度和该词与攻击性或中性的相关度在五点量表上进行评定。其中，对于词汇理解度的评定采用5点评价标准，其中"1＝完全不理解、2＝基本不理解、3＝不确定、4＝基本理解、5＝完全理解"的形式；对于词汇与攻击性或中性的相关度的评定采用5点评价标准，其中"1＝完全不相关、2＝基本不相关、3＝不确定、4＝有些相关、5＝完全相关"的形式。根据评定结果，15个中性词汇，其理解度在4.7—5.0，相关度在4.6—4.9，测谎词"帮助"一词的相关度为1.6；15个攻击性词汇，其理解度在4.6—4.9，相关度在4.6—5.0，测谎词"救助"一词的相关度为1.2。由于本研究的研究对象为青少年，对词汇的理解力与研究生有所不同，所以用筛选出的每组15个词汇，依照各组加入测谎词，共计32个词，采用整群抽样的方法，选取某市某中学高一年级130名学生，让青少年评定这些词的相关度和理解度，当场收回问卷130份，问卷回收率100%，剔除无效问卷18份，问卷有效率86.15%。根据结果，筛选出 12 个中性词汇，其理解度在 4.7—4.9，相关度在 4.8—4.9，测谎词"帮助"一词的相关度为 1.3；筛选出 12 个攻击性词汇，其理解度在 4.7—4.8，相关度在 4.7—4.9，测谎词"救助"一词的相关度为 1.1。

3. 攻击性特质水平量表

研究对象的攻击性特质水平采用攻击性自陈式量表 AQ 攻击性问卷，由 Buss 和 Perry 在 1992 年编制，采用 Likert 五点评分，共 29 个项目。在本研究中，内部一致性系数为 0.80。

4. 设备选择

使用联想扬天 M4600N-00 型号电脑，20 英寸液晶显示器。由于每个学生要自行完成电脑中的所有测试，并且要观看程序中的视频，所以每台电脑各自配备一个鼠标，一个耳机。

(三) 实验设计

本实验采用 2（参与者性别：男、女）×2（视频性别：男、女）×3（视频年龄：老年人、青少年、小学儿童）的组间实验设计。因为考虑到除了自变量之外，个体的攻击性特质水平也会影响到个体的攻击性，所以把个体的攻击性特质水平作为协变量控制起来，避免对研究结果的混淆。

(四) 因变量的测量

攻击认知：本研究主要采用词汇判断任务（Lexical Decision Task，LDT），因变量为攻击性词汇的反应时。词汇刺激呈现于 20 英寸的分辨率为 1280×1024 的液晶显示器上，显示器和中学生之间的距离约为 50cm。首先，呈现 LDT 的练习部分，练习部分由 3 个非词和 3 个中性词组成，为 28 号白色宋体字。并告诉学生，接下来的正式实验中会看到类似的词与非词，要求学生判断屏幕上出现的这两个字组合起来是否是一个词。其中，要求一半学生是词时按 F 键，而非词时按 J 键。而另一半学生则相反，即是词时按 J 键，而非词时按 F 键。并要求学生用左手对 F 键做出反应，用右手对 J 键做出反应。每个 trial 先呈现注视点"+"500ms，空屏 200ms 后呈现刺激，直到学生做出反应才进入下一个 trial。如学生做出错误反应，则提供持续 500ms 的"×"的反馈。两次刺激呈现间隔为 500ms。练习部分结束，进入 LDT 正式测验部分。正式测验部分的词汇刺激由 12 个攻击性词汇，12 个中性词汇以及 24 个非词组成，每个刺激出现 2 次，刺激呈现顺序做随机化处理，每位学生一共完成 144 个 trial。

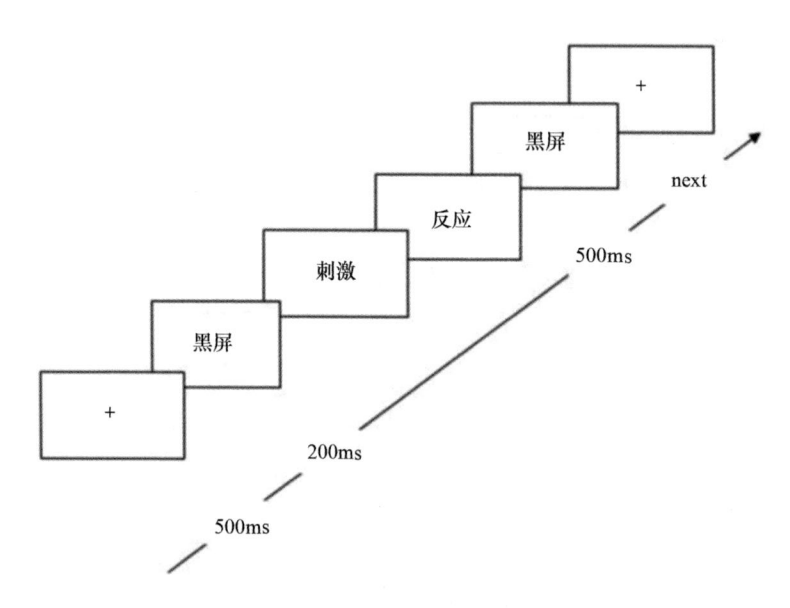

图 4-1　LDT 范式单次实验流程示意

修订的敌意情绪：对 Anderson 编制的 2009 版 SHS 量表进行修订。修订后的量表包括积极情绪、自私和激怒三个维度，共 34 个题项。修订后的量表具有较好的信效度指标。在本研究中的信度指标为：总量表 $\alpha = 0.92$；积极情绪缺失维度 $\alpha = 0.92$；自私维度 $\alpha = 0.867$；激怒维度 $\alpha = 0.89$。

攻击行为：社会行为我们采用七巧板程序来测量（Gentile et al., 2009；Anderson，2012）。Anderson 在 2012 年的研究中，让研究对象从 10 个简单，10 个中等，10 个困难七巧板中选取 11 个给自己的"搭档"（这个搭档其实是不存在的），如果"搭档"10 分钟内完成 11 个七巧板中的 10 个，就会获得一些奖励。因此，研究对象可以分给"搭档"一些简单的七巧板使得"搭档"成功，或者分给"搭档"一些困难的七巧板使得"搭档"不会受到奖励，并且研究对象必须从两个分组中选取七巧板，所以本研究选用 Anderson 采用的这种七巧板程序来测量研究对象的攻击性行为。根据本研究需要，我们将攻击性行为定义为帮"搭档"选取的七巧板中，困难的七巧板大于一个（Saleem et al.，2012）。

（五）实验程序

第一步：学生抵达实验室后，随机分配到12组。所有学生皆由研究者担任主试，主试讲完实验基本要求后，在主试的带领下完成词汇决策任务的练习阶段，直至每个学生正确完成练习阶段。完成练习阶段后，所有学生按程序中不断呈现的指导语自行完成所有测试，其结果由计算机自动记录。

第二步：每位学生各自观看两分钟左右的视频，完成词汇决策任务。

第三步：看两分钟左右的视频，与前一部分视频同质，起到再次启动的作用。视频结束后完成修订版敌意问卷。

第四步：让学生完成选择七巧板任务。

第五步：让学生完成攻击性特质水平量表。

实验采用个别施测，词汇判断任务在计算机上进行，计算机程序采用 E-prime 专业软件编制。实验完成后，对参与的学生进行实验目的的讲解，并且询问每个学生做完试验之后是否有不良感受，一旦有的话，就由主试对其进行简单的心理疏导和放松训练，缓解学生看完暴力片段之后的不良情绪。

（六）数据统计与处理

对词汇判断任务中攻击性词汇的反应时数据，先剔除参与学生反应错误的反应时，再剔除每个学生反应时加/减三个标准差以外的数据，然后对学生每组的反应时进行整理，采用 SPSS 18.0 进行方差分析。对当前情绪总分采用 SPSS 18.0 进行统计分析，剔除无效数据，最后得到有效数据165个，数据有效率为91.67%；对七巧板中攻击行为的数量采用 SPSS 18.0 进行统计分析。

四 研究结果

（一）施暴者人物特点对青少年攻击性认知的影响

对12组青少年的攻击性认知的数据进行描述统计，结果见表4-1。从表4-1中可以看出，男生观看女性青少年施暴者的攻击性词汇的反应时最短；另外，男生对攻击性词汇的反应时短于女生对攻击性词汇的反应时，也就是说，男生对攻击性词汇的通达性更高，对攻击性词汇的反应更快，说明攻击性词汇启动了男生更高的攻击性认知。

表4-1　　　　　　青少年攻击性认知基本情况统计　　　　　单位：ms

参与者性别	视频性别	视频年龄段	n	M	SD
男	男	老年人	14	561.48	120.27
		青少年	15	726.28	60.03
		小学儿童	15	570.02	62.47
	女	老年人	12	492.87	94.07
		青少年	12	476.49	46.38
		小学儿童	14	517.70	148.19
女	男	老年人	14	558.97	97.13
		青少年	15	585.61	47.76
		小学儿童	14	663.59	60.89
	女	老年人	13	538.76	105.69
		青少年	15	504.65	108.47
		小学儿童	12	525.51	133.44

为了进一步探讨三个变量对攻击性认知的共同影响，以攻击性认知的反应时测试结果为因变量，以参与者性别、视频性别以及视频年龄为自变量，以个体的攻击性特质水平的值作为协变量，对实验数据进行多因素方差分析。结果见表4-2。

表4-2　参与者性别、视频性别以及视频年龄对学生攻击性认知的影响

变异来源	SS	df	MS	F
攻击性特质	21602.59	1	21602.59	2.387
参与者性别 A	692.00	1	692.00	0.760
视频性别 B	442251.28	1	442251.28	48.873***
视频年龄 C	35611.31	2	17805.66	1.968
A×B	15817.52	1	15817.52	1.748
A×C	84143.85	2	42071.93	4.649*
B×C	100422.06	2	50211.03	5.549**
A×B×C	99153.51	2	49576.76	5.479**
误差项	1375441.29	152	9048.96	

如表4-2所示：视频性别的主效应显著；参与者性别与视频年龄的交互作用显著；视频性别与视频年龄的交互作用显著；三者之间的交互作用显著；学生的攻击性特质主效应不显著；参与者性别的主效应不显著；视频年龄的主效应不显著；参与者性别和视频性别的交互作用不显著。

对参与者性别、视频性别和视频年龄进行简单简单效应分析，结果（见表4-3）发现，当施暴者是青少年和小学儿童时，不同性别的青少年在攻击性认知上存在显著的差异。而其他组对学生攻击性认知的影响不显著。事后检验发现：与女生相比，男生观看施暴者为男性青少年的动漫暴力片段，会表现出更长的攻击性认知反应时，也就是说，与女性相比，男生观看男性青少年施暴的片段时，表现出了更低的攻击性认知（如图4-2a所示）；男生观看男性小学儿童的动漫暴力片段，会表现出更短的攻击性认知反应时，也就是说，与女性相比，男生观看男性小学儿童施暴的片段时，表现出了更高的攻击性认知（如图4-2b所示）。

表4-3　参与者性别、视频性别与视频年龄段的交互作用简单简单效应分析

视频性别	变异来源	SS	df	MS	F
男	老年人	21.99	1	21.99	0.001
	误差项	2185462.61	162	13490.51	
	青少年	144579.07	1	144579.07	11.480***
	误差项	2040905.53	162	12598.18	
	小学儿童	53743.83	1	53743.83	4.080*
	误差项	2131740.77	162	13158.89	
女	老年人	8223.59	1	8223.59	0.610
	误差项	2177261.01	162	13439.88	
	青少年	413.94	1	413.94	0.030
	误差项	2185070.66	162	13488.09	
	小学儿童	1596.05	1	1596.05	0.120
	误差项	2183888.55	162	13480.79	

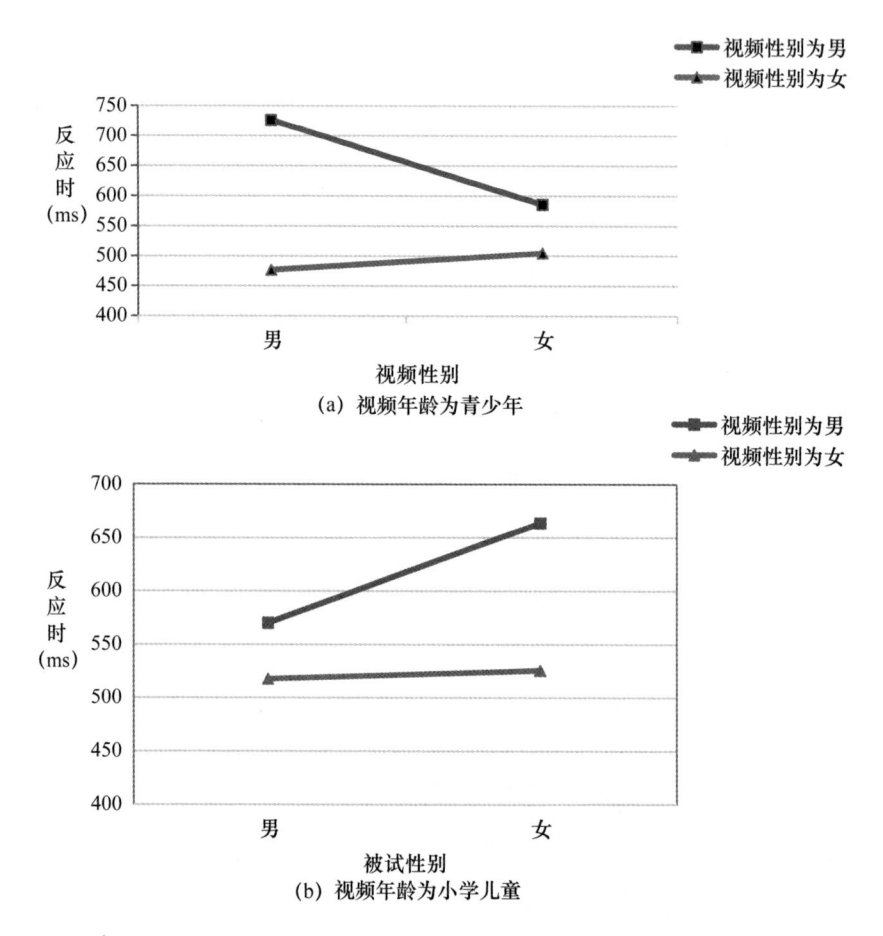

图4-2 参与者性别、视频性别与视频年龄段的交互作用简单简单效应分析

对12组青少年的攻击性情绪的数据进行描述统计,结果见表4-4。从表4-4中可以看出,女生观看男性小学儿童人物特点的攻击性情绪最低,男生对攻击性情绪的值明显高于女生对攻击性情绪的值。为了进一步探讨三个变量对青少年攻击性情绪的共同影响,以攻击性情绪的测试结果为因变量,以参与者性别、视频性别以及视频年龄段为自变量,以学生的攻击性特质水平的值作为协变量,对实验数据进行多因素方差分析。结果见表4-5。

表4-4　　　　　　　　对青少年攻击性情绪基本情况统计

参与者性别	视频性别	视频年龄段	n	M	SD
男	男	老年人	14	3.22	0.97
		青少年	15	2.94	0.59
		小学儿童	15	3.68	1.11
	女	老年人	12	3.75	1.31
		青少年	12	3.34	0.74
		小学儿童	14	3.70	0.59
女	男	老年人	14	2.93	0.69
		青少年	15	3.23	1.24
		小学儿童	14	2.26	0.47
	女	老年人	13	3.48	0.63
		青少年	15	3.14	1.19
		小学儿童	12	3.53	0.96

表4-5　参与者性别、视频性别以及视频年龄段对学生攻击性情绪的影响

变异来源	SS	df	MS	F
攻击性特质	0.25	1	0.25	0.298
参与者性别 A	4.75	1	4.75	5.061*
视频性别 B	8.43	1	8.43	9.951**
视频年龄 C	0.75	2	0.37	0.440
A×B	0.74	1	0.74	0.875
A×C	4.87	2	2.43	2.874
B×C	1.72	2	0.86	1.016
A×B×C	5.07	2	2.54	2.994
误差项	128.76	152	0.85	

如表 4-5 所示：参与者性别的主效应显著；视频性别的主效应显著；学生的攻击性特质水平主效应不显著；视频年龄段的主效应不显著；参与者性别和视频性别的交互作用不显著；参与者性别与视频年龄段的交互作用不显著；视频性别与视频年龄段的交互作用不显著；三者的交互作用不显著。

参与者性别的主效应显著，具体表现为：男生攻击性情绪的值高于女生攻击性情绪的值。视频性别的主效应显著，具体表现为：学生观看的施暴者是女性时，会产生更强的攻击性情绪，而他们观看施暴者是男性时，会产生更弱的攻击性情绪。

（二）施暴者人物特点对青少年攻击性行为的影响

对 12 组青少年的攻击性行为的数据进行描述统计，结果见表 4-6。从表 4-6 中可以看出，男生的攻击性行为存在多于女生的趋势。为了进一步探讨三个变量对攻击性行为的共同影响，以攻击性行为的测试结果为因变量，以参与者性别、视频性别以及视频年龄段为自变量，以个体的攻击性特质水平的值作为协变量，对实验数据进行多因素方差分析。结果见表 4-7。

表 4-6　参与者性别、视频性别以及视频年龄段对学生攻击性行为的影响

参与者性别	视频性别	视频年龄段	n	M	SD
男	男	老年人	14	5.64	2.82
		青少年	15	5.40	1.77
		小学儿童	15	7.60	1.99
	女	老年人	12	5.92	2.35
		青少年	12	6.92	1.98
		小学儿童	14	6.29	1.94
女	男	老年人	14	5.50	1.91
		青少年	15	5.00	2.10
		小学儿童	14	4.79	2.01
	女	老年人	13	5.23	1.54
		青少年	15	7.73	1.98
		小学儿童	12	4.83	2.13

第四章 动漫暴力的展现特点对中学生攻击性影响的实证研究

表 4-7　　　　　　　青少年攻击性行为基本情况统计

变异来源	SS	df	MS	F
攻击性特质	4.08	1	4.08	0.961
参与者性别 A	23.73	1	23.73	5.585*
视频性别 B	11.94	1	11.94	2.811
视频年龄 C	14.78	2	7.39	1.740
A × B	5.52	1	5.52	1.299
A × C	40.21	2	20.11	4.733**
B × C	59.15	2	29.58	6.962***
A × B × C	5.96	2	2.98	0.701
误差项	645.79	152	4.25	

如表 4-7 所示：参与者性别的主效应显著；参与者性别与视频年龄段的交互作用显著；视频性别与视频年龄段的交互作用显著；学生的攻击性特质水平主效应不显著；视频性别的主效应不显著；视频年龄段的主效应不显著；参与者性别和视频性别的交互作用不显著；三者之间的交互作用不显著。

表 4-8　　　　参与者性别和视频年龄段的交互作用简单效应分析

变异来源	SS	df	MS	F
老年人	2.18	1	2.18	0.44
误差项	810.14	162	5.00	
青少年	1.60	1	1.60	0.32
误差项	810.72	162	5.00	
小学儿童	63.02	1	63.02	13.63***
误差项	749.30	162	4.63	

对参与者性别和视频年龄段进行简单效应分析，结果（见表 4-8）可以发现，当视频中施暴者是小学儿童时，不同性别青少年攻击性行为差异显著。事后检验发现：与女生相比，男生观看施暴者为小学儿童时，表现出更高的攻击性行为（如图 4-3 所示）。而青少年人物形象和老年

人人物形象对不同性别青少年攻击性行为的影响不显著。

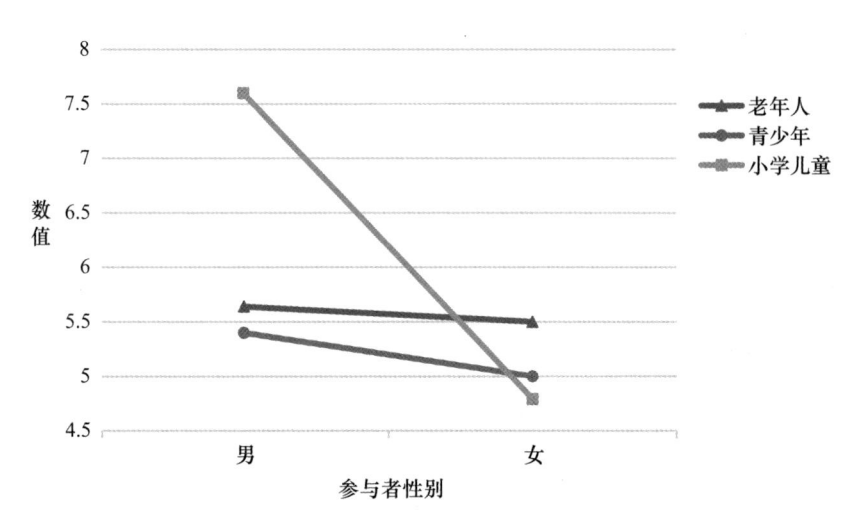

图 4-3　参与者性别与视频年龄段交互作用简单效应

对视频性别和视频年龄段进行简单效应分析，结果（见表 4-9）可以发现，当视频中施暴者形象为青少年时，中学生表现出的攻击性行为差异显著。事后检验发现：中学生观看男性青少年施暴动画引发的攻击性行为低于观看女性青少年施暴动画引发的攻击性行为（如图 4-4 所示）。而小学儿童人物形象特点和老年人人物形象特点对不同性别中学生攻击性行为的影响不显著。

表 4-9　视频性别和视频年龄段的交互作用简单效应分析

变异来源	SS	df	MS	F
老年人	0.07	1	0.07	0.01
误差项	812.25	162	5.01	
青少年	67.74	1	67.74	14.74***
误差项	744.58	162	4.60	
小学儿童	5.19	1	5.19	1.04
误差项	807.13	162	4.98	

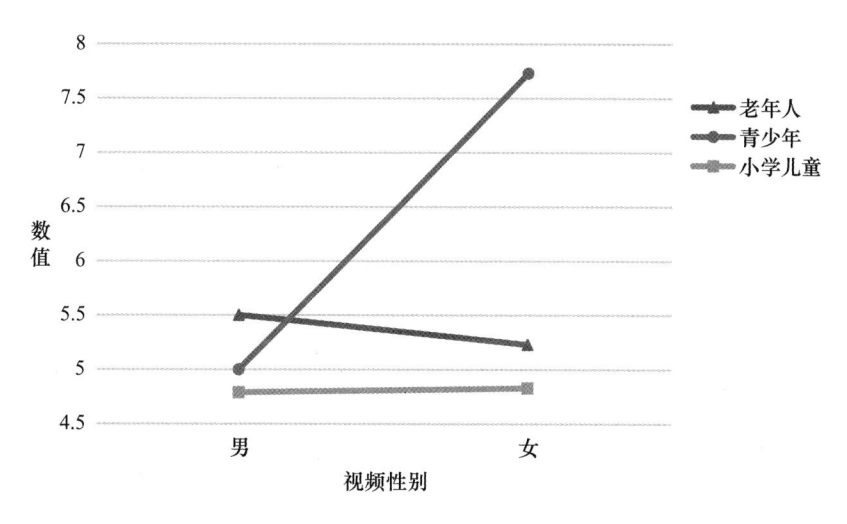

图 4-4 视频性别与视频年龄段交互作用简单效应

五 讨论

（一）施暴者人物特点对青少年攻击性认知的影响

本研究发现参与者性别、视频性别和视频年龄段对攻击性认知的影响存在三重交互作用。事后检验发现：与女生相比，男生观看男性青少年施暴的动画后，其攻击性认知反应更慢，这可能与不同性别青少年接触动漫的类型有关。有研究发现，女性青少年通常喜欢女性类动漫，在生活中接触到的暴力动漫比男生少（范丽恒，2009）；男性青少年在日常校园生活中接触到较多的男性青少年之间的暴力行为，而女性青少年接触较少男性青少年之间的暴力行为，所以男性青少年就对视频中的暴力内容有更高的可接纳度，女性青少年有更低的可接纳度，所以女性青少年攻击性认知的反应就更加强烈。

（二）施暴者人物特点对青少年攻击性情绪的影响

研究发现观看暴力动漫后，男生攻击性情绪高于女生，结果与研究假设相一致。日常生活中，男性接触到的暴力环境比女性要多，更容易形成攻击性脚本，女性则更容易形成亲社会性脚本，因为脚本是在不断的示范、强化和练习过程中逐渐形成的（Funk，2007）。还有研究指出，人们在决策时，更倾向于关注与脚本相一致的信息，而忽视或扭曲一些不一致的信息（Bartholow et al., 2006）。因此，动漫暴力启动了男生的攻击性脚本，使得他们更加关注攻击性的脚本信息，从而使得他们的攻击性情绪更高。

（三）施暴者人物特点对青少年攻击行为的影响

本研究证实了施暴者人物特点对青少年攻击行为也存在影响。具体来看，研究结果表明：视频中小学儿童人物形象对不同性别青少年攻击性行为的影响存在显著差异，而青少年人物形象和老年人人物形象对不同性别青少年攻击性行为的影响不显著。事后检验发现：与女生相比，男生观看施暴者为小学儿童的动画后会表现出更高的攻击行为。一方面，这可能反映了攻击行为的性别差异，即男性的攻击性本身就高于女性的攻击性。张文新等人（2003）研究发现，男女攻击性的性别差异至少在3—4岁就已经存在，男孩的攻击性高于女孩。从攻击行为出现的频率和强度差异来看，男孩的攻击性行为往往多于女孩，在大多数情况下，几乎所有的年龄阶段以及许多动物种系里，都存在这种差别。另一方面，对男性青少年而言，无论是从智谋上还是从体力上，小学儿童都相对较弱。男性青少年看到了比自己弱小的个体施暴，激起了他们的好胜心，挑战了他们的力量感和控制感，所以男生与女生在小学儿童人物形象，而不是青少年人物形象上攻击性行为差异显著。

六　小结

从上述结果分析中，我们可以得出如下结论：

1. 施暴者性别、年龄和青少年性别会同时影响青少年随后的攻击认知，具体表现为：与女生相比，男生观看男性小学儿童施暴的片段时，表现出了更高的攻击性认知；而观看男性青少年儿童施暴片段时，则表现出了更低的攻击性认知。

2. 施暴者性别和观看者性别会影响青少年的攻击情绪，具体表现为：男生的攻击性情绪高于女生的，当青少年观看的是女生施暴动画时要比观看男生施暴动画表现出更强的攻击情绪。

3. 施暴者年龄特点对不同性别青少年攻击性产生影响，具体表现在：当视频中施暴者为小学儿童时，男生比女生表现出了更多的攻击性行为。

4. 施暴者年龄特点和性别对青少年攻击行为产生影响，具体表现在：

当青少年观看的动漫中施暴者为女性青少年而非男性青少年时，他们会产生更强的攻击行为。

第二节 动漫暴力受害者人物特点对中学生攻击性的影响

一 研究目的

基于文献分析以及动漫这一具体内容，发现动漫中对青年受害者以及中年受害者的描述较少，以及中华传统美德对于尊老爱幼的赞扬，本研究采用实验的方式探测短期接触动漫暴力小学儿童受害者、青少年受害者和老年人受害者人物特点是否会对青少年亲社会认知、情绪和行为以及攻击性认知、情绪和行为产生影响，从而探测动漫暴力中受害者不同人物特点对青少年社会性的短期效应。

二 研究假设

假设一：受害者年龄特点影响青少年的社会性。具体表现为：老年人受害者、小学儿童受害者降低了青少年攻击性认知、情绪和行为；提高了青少年亲社会认知、情绪和行为。

假设二：受害者年龄特点影响青少年的攻击性。具体表现为：与小学儿童受害者相比，青少年受害者提高了青少年攻击性认知、情绪和行为。

假设三：受害者年龄特点影响不同性别青少年的攻击性。具体表现为：与男生相比，老年人受害者降低了女生更多的攻击性认知、情绪和行为。

三 研究方法

(一) 研究对象

本研究选取河南省某市某中学高一年级180名学生（男生90名，女生90名）作为本实验的研究对象，年龄在15—17岁，按照参与者性别，受害者性别和受害者年龄随机分配为12组，每组参与学生15人。实验结束后感谢参与的学生并且付给其一定的礼品或者报酬。

为了防止学生先前观看过实验材料中的动漫影响实验结果，实验前要求参与的学生报告过去3个月内最经常看的动漫和每天看动漫的时间，选取未看过实验材料中动漫的学生作为本实验的研究对象，并且过去3个月平均每天观看动漫的时间不超过1小时。所有学生皆能熟练操作计算机，为右利手，以前从未参加过此类实验，且知情同意。

（二）研究工具和材料

1. 动漫材料选择

同本章第一节。

2. 词汇判断任务（LDT）所需词汇

同本章第一节。

3. 攻击性特质水平量表

同本章第一节。

4. 设备选择

同本章第一节。

（三）实验设计

本实验采用2（参与者性别：男、女）×2（视频性别：男、女）×3（视频年龄：老年人、青少年、小学儿童）的组间实验设计。因为考虑到除了自变量之外，个体的攻击性特质水平也会影响到个体的攻击性，所以把个体的攻击性特质水平作为协变量控制起来，避免对研究结果的混淆。

（四）因变量的测量

同本章第一节。

（五）实验程序

同本章第一节。

（六）数据统计与处理

对词汇判断任务中亲社会词汇和攻击性词汇的反应时数据，首先剔除中学生反应错误的反应时，其次剔除每个中学生反应时加减三个标准差以外的数据，然后对中学生每组的反应时进行整理，采用 SPSS 18.0 进行方差分析；对当前情绪总分采用 SPSS 18.0 进行统计分析，剔除无效数据，最后得到有效数据171个，数据有效率为95%；对七巧板中亲社会行为和攻击行为的数量采用 SPSS 18.0 进行统计分析。

四 研究结果

(一) 受害者人物特点对青少年攻击认知的影响

对 12 组青少年的攻击性认知的数据进行描述统计，结果见表 4-10。从表 4-10 中可以看出，男生对攻击性的反应时短于女生，也就是说，男生对攻击性词汇的通达性更高，对攻击性词汇反应更快，说明攻击性词汇启动了男生更高的攻击性认知。为了进一步探讨三个变量对攻击性认知的共同影响，以攻击性认知的反应时测试结果为因变量，以参与者性别、视频性别以及视频年龄为自变量，以个体的攻击性特质水平的值作为协变量，对实验数据进行多因素方差分析。结果见表 4-11。

表 4-10　　　　　青少年攻击性认知基本情况统计　　　　　单位：ms

参与者性别	视频性别	视频年龄	n	M	SD
男	男	老年人	15	586.11	54.14
		青少年	11	594.55	196.54
		小学儿童	15	670.40	207.26
	女	老年人	14	480.15	78.15
		青少年	15	468.67	59.36
		小学儿童	15	451.64	69.98
女	男	老年人	15	587.59	118.13
		青少年	15	540.14	57.89
		小学儿童	15	549.15	88.20
	女	老年人	14	511.47	75.58
		青少年	12	473.09	64.45
		小学儿童	15	454.84	105.63

表4-11　　参与者性别、视频性别以及视频年龄段对中学生攻击性认知的影响

变异来源	SS	df	MS	F
攻击性特质	43082.54	1	43082.54	2.981
参与者性别 A	32885.20	1	32885.20	2.276
视频性别 B	460843.37	1	460843.37	31.889***
视频年龄 C	142447.54	2	71223.77	4.929**
A×B	140268.48	1	140268.48	9.760**
A×C	172665.34	2	86332.67	5.974**
B×C	135193.40	2	67596.70	4.678*
A×B×C	77672.46	2	38836.23	2.687
误差项	2283308.40	158	14451.32	

如表4-11所示：视频性别的主效应显著；视频年龄段的主效应显著；参与者性别和视频性别的交互作用显著；参与者性别与视频年龄段的交互作用显著；视频性别和视频年龄段的交互作用显著；青少年攻击性特质水平的主效应不显著；参与者性别的主效应不显著；三者之间的交互作用不显著。

表4-12　　参与者性别和视频性别的交互作用简单效应分析

变异来源	SS	df	MS	F
视频性别男	173619.15	1	173619.15	8.77**
误差项	3325154.79	168	19792.59	
视频性别女	22980.30	1	22980.30	1.11
误差项	3475793.64	168	20689.25	

对参与者性别和视频性别进行简单效应分析，结果（见表4-12）可以发现，当视频性别为男时，不同性别的青少年表现出来的攻击性认知反应时差异显著。事后检验发现：与女生相比，男生观看男性视频中人物形象表现出了更长的攻击性认知的反应时，也就是说，与女生相比，男生观看男性受害者场面时，表现出了更低的攻击性认知。而视频性别

女对不同性别青少年的攻击性认知反应时影响不显著。

对参与者性别和视频年龄段进行简单效应分析,结果(见表4-13)可以发现,小学儿童人物形象特点对不同性别青少年攻击性认知的反应时影响显著。事后检验发现:与女生相比,男生观看视频中小学儿童形象表现出了更长的攻击性认知反应时,也就是说,与女生相比,男生观看小学儿童受害者场面时,表现出了更低的攻击性认知(如图4-5所示)。而视频中青少年人物形象和老年人人物形象对不同性别青少年攻击性认知反应时的影响差异不显著。

表4-13　参与者性别和视频年龄段的交互作用简单效应分析

变异来源	SS	df	MS	F
老年人	22307.84	1	22307.84	1.08
误差项	3476466.10	168	20693.25	
青少年	1533.47	1	1533.47	0.07
误差项	3497240.47	168	20816.91	
小学儿童	185426.25	1	185426.25	9.40**
误差项	3313347.69	168	19722.31	

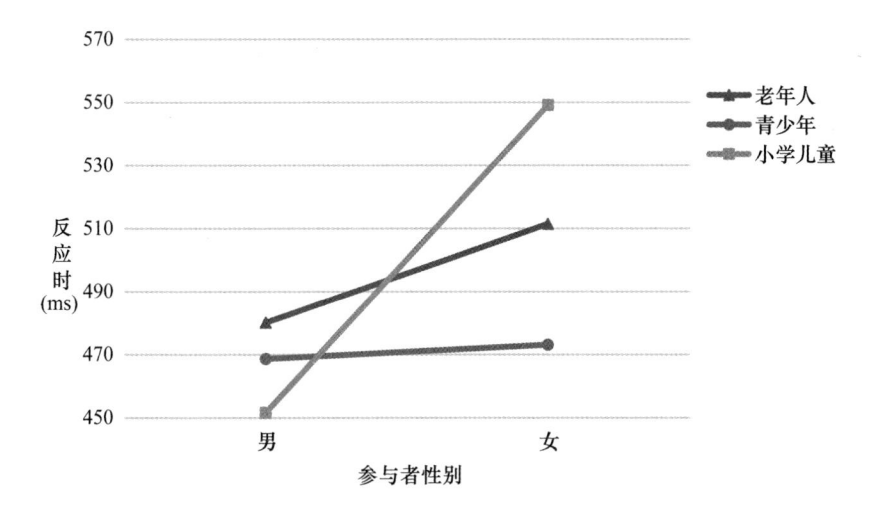

图4-5　参与者性别与视频年龄段交互作用简单效应

表 4-14　　参与者性别和视频年龄段的交互作用简单效应分析

变异来源	SS	df	MS	F
老年人	97190.62	1	97190.62	4.80*
误差项	3401583.33	168	20247.52	
青少年	32258.73	1	32258.73	1.56
误差项	3466515.21	168	20634.02	
小学儿童	499377.19	1	499377.19	29.97***
误差项	2999396.75	168	17853.55	

对视频性别和视频年龄段进行简单效应分析，结果（见表 4-14）发现，当视频中受害者人物形象是老年人和小学儿童时，观看不同性别受害者的中学生表现出来的攻击性认知的反应时差异显著。事后检验发现：中学生观看男性老年人视频人物形象的攻击性认知反应时长于观看女性老年人视频人物形象的攻击性认知反应时，也就是说，与女性老年受害者相比，观看男性老年受害者的中学生表现出了更低的攻击性认知；中学生观看男性小学儿童视频人物形象的攻击性认知反应时长于观看女性小学儿童视频人物形象的中学生的攻击性认知反应时，也就是说，与女性小学受害者相比，观看男性小学受害者的中学生表现出了更低的攻击性认知（如图 4-6 所示）。而青少年人物形象特点与视频中人物性别对中学生的攻击性认知的影响不显著。

（二）受害者人物特点对青少年攻击性情绪的影响

对 12 组青少年的攻击性情绪的数据进行描述统计，结果见表 4-15。从表 4-15 中可以看出，男生观看男性青少年受害者的攻击性情绪最高；另外，男生对攻击性情绪的值明显大于女生对攻击性情绪的值。为了进一步探讨三个变量对攻击性情绪的共同影响，以攻击性情绪的测试结果为因变量，以参与者性别、视频性别以及视频年龄段为自变量，以学生的攻击性特质水平的值作为协变量，对实验数据进行多因素方差分析。结果见表 4-16。

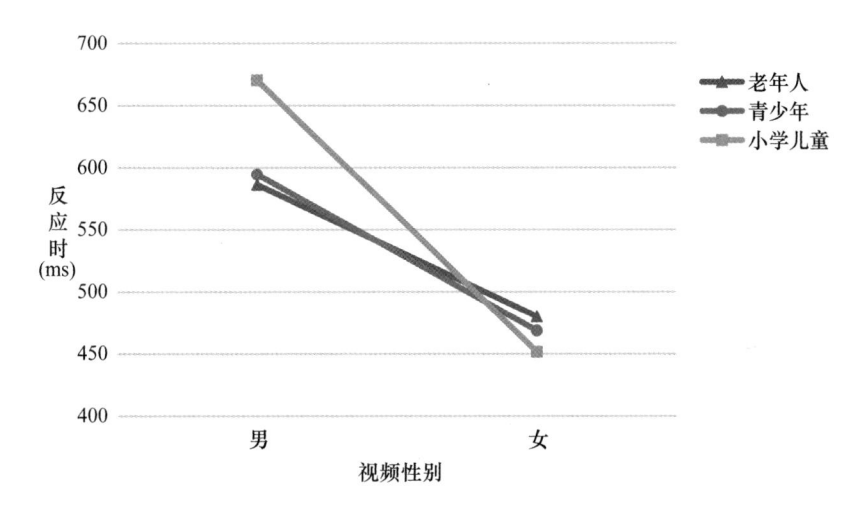

第四章 动漫暴力的展现特点对中学生攻击性影响的实证研究 / 69

图 4-6　视频性别与视频年龄段交互作用简单效应

表 4-15　　　　　青少年攻击性情绪基本情况统计

参与者性别	视频性别	视频年龄段	n	M	SD
男	男	老年人	15	1.89	0.62
男	男	青少年	11	3.56	0.83
男	男	小学儿童	15	2.23	0.18
男	女	老年人	14	2.32	0.39
男	女	青少年	15	2.77	0.55
男	女	小学儿童	15	2.80	0.58
女	男	老年人	15	1.47	0.49
女	男	青少年	15	3.36	0.78
女	男	小学儿童	15	2.32	0.22
女	女	老年人	14	2.37	0.73
女	女	青少年	12	2.36	0.69
女	女	小学儿童	15	2.67	0.56

表4-16　参与者性别、视频性别以及视频年龄段对青少年攻击性情绪的影响

变异来源	SS	df	MS	F
攻击性特质	0.22	1	0.22	0.671
参与者性别 A	1.35	1	1.35	4.060*
视频性别 B	0.25	1	0.25	0.742
视频年龄 C	27.05	2	13.52	40.642***
A×B	0.00	1	0.00	0.001
A×C	0.53	2	0.27	0.800
B×C	19.41	2	9.71	29.173***
A×B×C	1.11	2	0.55	1.662
误差项	52.57	158	0.33	

如表4-16所示：参与者性别的主效应显著；视频年龄段的主效应显著；视频性别和视频年龄段的交互作用显著；学生的攻击性特质水平主效应不显著；视频性别的主效应不显著；参与者性别和视频性别的交互作用不显著；参与者性别与视频年龄段的交互作用不显著；三者之间的交互作用不显著。

参与者性别的主效应显著，具体表现为：男生的攻击性情绪高于女生。

表4-17　视频性别和视频年龄段的交互作用简单效应分析

变异来源	SS	df	MS	F
老年人	8.37	1	8.37	13.56***
误差项	103.69	168	0.62	
青少年	9.57	1	9.57	15.68***
误差项	102.49	168	0.61	
小学儿童	4.01	1	4.01	6.24*
误差项	108.05	168	0.64	

图表标题

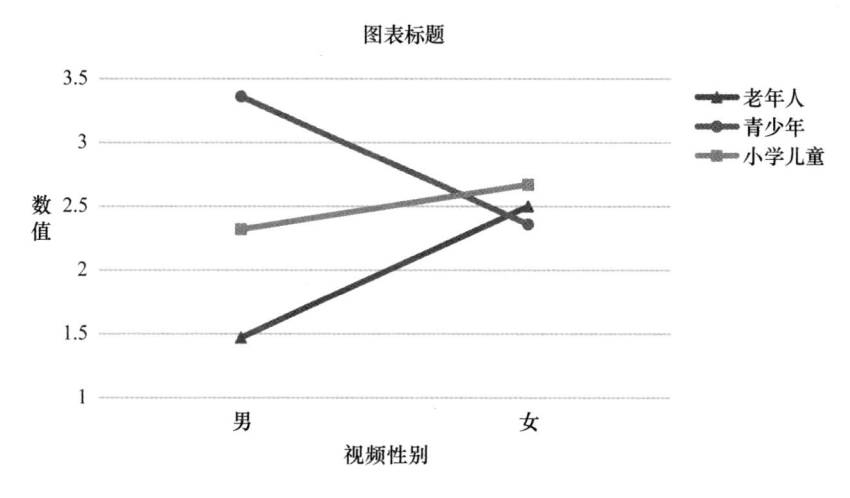

图 4-7 视频性别与视频年龄段交互作用简单效应分析

对视频性别和视频年龄段进行简单效应分析，结果（见表4-17）可以发现，视频中老年人人物形象、青少年人物形象和小学儿童人物形象特点与视频中人物性别对青少年攻击性情绪的影响均显著。事后检验发现：中学生观看男性青少年视频人物的攻击性情绪高于其观看女性青少年视频人物的攻击性情绪；中学生观看男性老年人和男性小学生视频人物的攻击性情绪低于观看女性老年人和女性小学生视频形象的中学生的攻击性情绪（如图4-7所示）。

（三）受害者人物特点对青少年攻击性行为的影响

对12组青少年的攻击性行为的数据进行描述统计，结果见表4-18。从表4-18中可以看出，女生观看女性小学受害者的攻击性行为最低；另外，男生对攻击性行为明显大于女生的。为了进一步探讨三个变量对攻击性行为的共同影响，以攻击性行为的测试结果为因变量，以参与者性别、视频性别以及视频年龄段为自变量，以个体的攻击性特质水平的值作为协变量，对实验数据进行多因素方差分析。结果见表4-19。

如表4-19所示：仅视频年龄段的主效应显著；其他的主效应和交互效应均交互效应均不显著。

表4-18　　　　　　　青少年攻击性行为基本情况统计

参与者性别	视频性别	视频年龄	n	M	SD
男	男	老年人	15	1.87	1.13
		青少年	11	2.73	1.79
		小学儿童	15	0.87	1.06
	女	老年人	14	1.64	0.93
		青少年	15	2.73	2.15
		小学儿童	15	1.13	1.46
女	男	老年人	15	1.93	1.39
		青少年	15	2.53	2.62
		小学儿童	15	1.33	1.11
	女	老年人	14	1.50	1.09
		青少年	12	1.67	1.16
		小学儿童	15	0.73	0.59

表4-19　参与者性别、视频性别以及视频年龄段对青少年攻击性行为的影响

变异来源	SS	df	MS	F
攻击性特质	0.51	1	0.51	0.234
参与者性别 A	1.68	1	1.68	0.769
视频性别 B	4.18	1	4.18	1.909
视频年龄 C	53.99	2	2627.00	12.324***
A×B	4.13614	1	4.13614	1.888
A×C	3.81	2	1.90791	0.870
B×C	0.55	2	0.27628	0.126
A×B×C	1.07	2	0.53654	0.245
误差项	346.11612	158	2.19	

视频年龄段的主效应显著，对视频年龄段主效应进行事后比较发现：三个年龄段两两间的差异均显著。具体表现为：观看受害者为青少年的暴力动画会引发学生最强的攻击行为，其次是老年人，受害者为暴力动画引发学生最弱的攻击行为。

五 讨论

（一）受害者人物特点对青少年攻击认知的影响

动漫暴力受害者人物特点启动了青少年的攻击认知。具体表现为，男生对攻击性词汇的反应时长于女生，也就是说，看过受害者视频以后，女生对攻击性词汇的反应更快，可能造成以上结果的原因有：青少年观看的虽然是关注受害者的动漫，但是在一定程度上还属于动漫暴力，里面对暴力进行了一定程度的描写；女性在日常生活中相对于男性来说处于弱势地位，并且女性也总是与"善良"这一类词联系在一起；此外，有研究发现女性对痛苦面孔的疼痛共情能力显著高于男性（周高文，2021）。女生看到视频中受害者的场面，一定程度上有一种想与施暴者搏斗进而帮助受害者的想法，而男性在日常生活中接触到的动漫暴力较多，对受害者的帮助愿望可能没有女性强烈，因此造成女性攻击性认知的激发。

（二）受害者人物特点对青少年敌意情绪的影响

本研究证实了受害者人物特点对青少年敌意情绪存在影响。具体表现为，男生攻击性情绪低于女生。这与我们传统的经验不太一致，造成以上结果的原因可能与造成女生攻击性认知高于男生攻击性认知的原因是一致的。一般学习模型理论（GLM）认为，短时间内，任何刺激都会对个体当前内部状态（情感、唤醒或认知）产生影响，攻击性情绪的结果是与攻击性认知的结果相呼应的，女生由于上一节中我们探讨的两种原因激发了较大的攻击性认知，较高的攻击性认知进而激发了较大的攻击性情绪，所以女生的攻击性情绪大于男生的攻击性情绪。

（三）受害者人物特点对青少年攻击行为的影响

本研究证实了受害者人物特点对青少年攻击行为存在影响。结果表明：在攻击性行为上，视频受害者年龄的主效应显著。主要表现在中学生对青少年人物特点的攻击性行为最高，对老年人物特点的攻击性行为居中,对小学儿童人物特点的攻击性行为最低。这与研究者的预期是一致的。在日常生活中,老年人和小学儿童是弱势群体,"尊老爱幼"是我们中华民族的传统美德,在这一传统美德的熏陶下,我们一代代成长起来的年轻人,无一不受它的影响,青少年看到老年人和小学儿童受到伤害,不免会削弱其攻击性行为。在暴力游戏对传统欺凌及网络欺凌的影响研究中,Zhao等人(2019)研究得出个体的道德认同能够对该影响起到一定的调节作用,即个体的道德认同越低,暴力游戏的暴露程度越能够正向预测个体的欺凌水平。在日常校园生活中,青少年见到了较多同龄人的暴力行为,所以看到视频中同龄人的受害不会造成很大的冲击,所以相比于青少年视频人物形象,小学儿童和老年人人物形象组的青少年攻击性行为比较低。

六 小结

从上述结果分析中,我们可以得出如下结论:

1. 受害者年龄特点对青少年社会性产生影响,具体表现在:当青少年观看的动漫中受害者为老年人和小学儿童时,青少年表现出更弱的攻击性认知、情绪和行为。

2. 受害者年龄特点对不同性别青少年攻击性产生影响,具体表现在:当青少年观看的动漫中受害者为老年人时,女性青少年比男性青少年表现出了更低的攻击性认知、情绪和行为。

第三节 动漫暴力场景特征对中学生攻击性的影响

一 研究目的

采用实验的方式,探测不同暴力特写程度、血腥程度是否对不同性别的青少年攻击性认知、敌意情绪和攻击性行为有影响。

二 研究假设

假设1:不同暴力特写程度影响青少年的攻击性。具体表现在观看暴力高度特写的青少年比观看暴力模糊处理的青少年产生了更强的攻击性认知、敌意情绪和攻击性行为，且男生高于女生。

假设2：不同暴力血腥程度影响青少年的攻击性。具体表现在观看血腥多的暴力动漫比观看血腥少的暴力动漫更抑制青少年的攻击性认知、敌意情绪和攻击性行为，且女生高于男生。

假设3：暴力特写程度、血腥程度及性别三者交互作用显著。具体表现在男生观看高度特写且血腥少的暴力动漫会比女生表现出更强的攻击性认知、敌意情绪和攻击性行为。

三 研究方法

（一）研究对象

本研究选取某市一所普通中学。为了防止研究对象先前观看过实验材料中的动漫影响实验结果，实验前要求学生报告过去3个月内最经常观看的动漫和每天观看的时间，选取没有观看实验材料中动漫的青少年作为本实验研究对象，并且过去3个月平均每天观看暴力动漫的时间不超过1个小时。共抽取普通班高一、高二年级126名作为正式实验的研究对象，其中男生62名，女生64名，年龄范围为14—16岁。所有参与学生皆能熟练操作计算机，均为右利手，以前从未参加过类似实验，且知情同意。剔除在竞争反应时任务中正确率在80%以下的男生3名，女生3名，有效参与者为120名。

表4-20　　　　　　　　不同实验水平研究对象的分布

	模糊处理		高度特写	
	血腥多	血腥少	血腥多	血腥少
男	15	16	15	16
女	16	17	16	15

另外，从高一、高二年级抽取70名学生筛选单词命名任务所需词汇；抽取40名学生对视频片段进行评分（三个研究的视频材料均由这40名学生评分）；抽取120名学生完成动漫收视问卷，参与实验材料选取的这230名学生不再参与正式实验。

(二) 实验材料

1. 单词命名任务所需词汇

根据测量攻击性认知——单词命名任务的需要，查阅《常用词频统计表》，按照词频和笔画的指标从中选取50个攻击词汇和50个非攻击词汇，运用方差分析，两类词汇在词频和笔画上差异均不显著说明其同质 $[F_{词频(89,100)} = 0.12，p_{词频} = 1.00 > 0.05；F_{笔画(95,100)} = 0.03，p_{笔画} = 1.00 > 0.05]$。然后让70名高中生（男生和女生各35人）按照词汇的攻击性（具备鲜明的攻击性色彩）程度和非攻击性（不含任何攻击性色彩）程度进行5点计分，根据调查问卷的结果，最终选出符合本研究要求的25个攻击词汇和25个非攻击词汇。所选出的攻击词汇和非攻击词汇随机呈现，词语图片以1/3屏呈现在计算机屏幕中央。

2. 视频材料选取

特写：电影艺术的一种手法，拍摄人或物的某一部分，使特别放大（多为人的面部表情）（现代汉语词典，2021）。参照特写的含义，结合动漫暴力的展现特征，暴力高度特写的操作性定义为：在暴力双方打斗过程中，运用"夸张处理""静态或慢动作"技术处理，双方打斗持续时间占所选该段视频的2/3。暴力模糊处理的操作性定义为：暴力双方在打斗过程中，没有运用"夸张处理""静态或慢动作"技术处理，双方打斗持续时间仅占所选该段视频的1/3。

血腥：血液的腥味。比喻屠杀的残酷（新华词典，2002）。根据以往研究，结合动漫暴力的展现特征，血腥程度以血量的多少来衡量，血量出现多：鲜血从伤口喷出，迅速形成血泊；血量出现少：鲜血从伤口缓慢流出，只沾湿了衣物。

选取视频片段的程序。第一步：本研究选取动漫的方案为：（1）向河南省某市某中学发放120份问卷，请学生写下过去三个月内经常观看的5部动漫。(2)统计问卷中动漫的名称、数量、频次，剔除本次数据收集过程中青少年经常观看的暴力动漫。(3)选取青少年不经常观看和从未观看的暴力动漫三部，其中从未观看的暴力动漫从2009年龙耘对500多部动漫的普查结果中选取。(4)分别从所选取的暴力动漫中等距抽取集数，抽取数量符合10%显著性水平最低样本量（袁亚愚，1993）。

第二步：由看过这三部动漫并对动漫中的情节和人物较为熟悉的三

名研究生同时观看并从中抽取4种类型的暴力场景：（1）暴力高度特写、血量出现多片段；（2）暴力高度特写、血量出现少片段；（3）暴力模糊处理、血量出现多片段；（4）暴力模糊处理、血量出现少片段。抽取片段的前提有，其一，无关变量：色彩、背景、人物性别、人物年龄上取值保持一致；其二，相关变量：根据操作定义，确保暴力高度特写与暴力模糊处理、血量出现多与血量出现少之间差异显著；时长：选取暴力特征场面描述在两分钟以及两分钟以上、片段情节完整的材料（龙耘、张国良，2003）。

第三步：从高一、高二年级分别抽取40名学生（该部分学生从未观看过实验中的动漫），男女各半，这部分学生不再参与以后的正式实验。考虑年级和性别因素，将他们随机分为4组，每组观看一种类型的视频片段。学生每看过一个片段，对动漫片段的暴力特写程度、血腥程度进行评估。从"程度非常低"到"程度非常高"分别记为1—5。

第四步：根据动漫片段评估问卷的方差分析结果，筛选出符合实验要求的20个视频片段，每种类型的片段5个。片段时长在2—3分钟。

3. 攻击性特质量表

攻击性特质量表AQ，该量表共29个题项，分为躯体攻击、言语攻击、愤怒和敌意四个因子，采用Likert五点评分（Buss & Perry, 1992）。其内部一致性系数为0.55—0.94，重测信度为0.81。因考虑到个体的攻击性特质可能对结果变量有影响，故研究对象需完成该量表并将其得分作为协变量进入方差分析。

（三）实验工具

台式电脑、耳机。电脑为19英寸显示器，Windows XP系统，屏幕分辨率为1024 × 768，刷新率为60Hz。

（四）实验设计

本研究采用2（暴力特写程度：暴力高度特写片段、暴力模糊处理片段）×2（血腥程度：血量出现多的场景片段、血量出现少的场景片段）×2（性别：男、女）的组间实验设计。协变量为个体的攻击性特质水平。

（五）因变量的测量

攻击性认知：本研究使用修正过的单词命名任务（Word Naming Task）（Anderson, 1997; Anderson & Carnagey, 2009; 刘桂芹, 2010）。词

汇在电脑屏幕上呈现,学生在看到词汇时以最快的速度判断所呈现的词汇,用 E-prime 记录从单词呈现到中学生判断出单词的时间为反应时。认知启动范式假设:如果启动刺激启动了中学生的攻击性认知,那么对攻击词汇的命名时间要短于对非攻击词汇的命名时间。

敌意情绪:采用 SHS(State Hostility Scale)量表测量,该量表是由 Anderson 等人于 1995 年编制,主要用于测量个体的敌意情绪。量表分为不与人亲近感、愤怒、积极感缺失(消极情绪)、攻击性情绪四个因子,共有 35 个题项(11 个反向题),采用 5 点记分。其常被用于量化观看暴力片段结束后个体的敌意情绪,具有较好的信效度(Aderson & Dill, 2000; Carnagey & Anderson, 2005; Aderson & Anderson, 2008;吴萍娜、叶一舵, 2009;刘桂芹、张大均、刘衍玲, 2010),本次研究中的 α 系数为 0.87。

攻击性行为:本研究使用竞争反应时任务(Competitive Reaction Time Task, CRT),该范式被研究者在实验研究中广泛使用(Anderson & Bushman, 1997; Carlson, Marcus-Newhall & Miller, 1990;李婧洁、张卫等, 2008;张学民等, 2009),采用 E-prime 对实验过程进行控制。中学生的反应时和给出惩罚强度数据的方差分析结果为攻击性行为的指标。竞争反应时动机程度问卷(Reaction Time Task Questions)是在中学生完成竞争反应时任务后作答的,它包括 7 个题项"我想削弱对手使自己赢得更多""我想控制对手的反应水平""我想用噪声等级来伤害对手"等,该问卷具有良好的信效度,主要用于量化研究对象的动机程度(Anderson & Murphy, 2003; Anderson, Carnagey & Flanagan et al., 2004;吴萍娜, 2009),本次研究中的 α 系数为 0.93。

(六)实验程序

实验使用 E-prime 程序,在学校的微机教室采用集体施测,所有学生单独在电脑上完成实验,一次 30 名学生随机分配到不同实验组,由四名主试同时对学生进行施测。整个实验大约持续 40 分钟。

第一步:实验开始前学生完成攻击性特质问卷。随后,主试告知学生,这是一个测试动漫收视效果的实验,并指导学生实验操作规程及问卷填写,确保每名学生都掌握了实验程序操作之后,开始实验。

第二步:首先观看第一段视频,大约 3 分钟。视频播放结束后完成

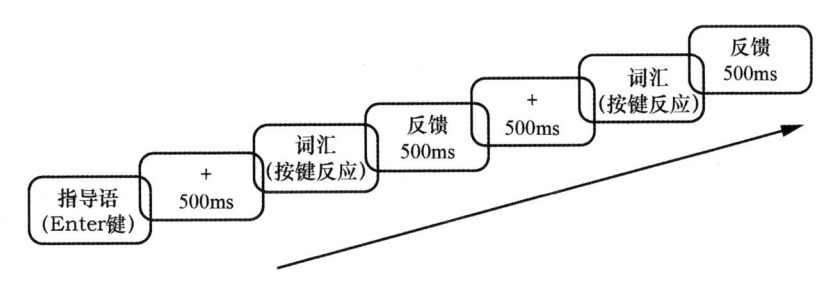

图4-8 单词命名任务流程

修正过的单词命名任务。该程序采用 E-Prime 软件编程，整个程序分为两个阶段：练习阶段和正式实验阶段，两阶段的程序是一样的。屏幕上先呈现指导语："本实验是关于阅读速度和准确性的实验。下面将会依次呈现攻击词汇和非攻击词汇，攻击词汇用右手食指按 B 键，非攻击词汇用右手中指按 N 键，请您以最快的速度判断所呈现词语的类别。反应尽量既快又准确。按键后开始下一个词汇。"指导语呈现之后，屏幕中央会呈现"＋"，呈现时间为 500ms，接着在屏幕中央呈现词汇，呈现时间无限，学生报告词汇类别后程序给予"正确"或"错误"反馈，呈现时间为 500ms，然后进入下一个 trial，目标词汇是 48 号加黑楷体，按随机顺序呈现在屏幕中央，系统自动记录学生的反应时和正确率。

（1）练习阶段。指导语呈现之后进入练习模块。5 个攻击词汇和 5 个非攻击词汇分别呈现，共 20 个 trials，练习阶段所用词汇在正式阶段均不再出现。如果学生在练习阶段不理解实验程序按 Q 键返回继续练习，若理解按 P 键进入正式实验，这样做的目的是让学生充分熟悉实验程序和相应的键盘位置。在练习过程中，主试可以随时回答学生遇到的问题。

（2）正式阶段。在正式阶段，共有 80 个 trials，20 个攻击词汇和 20 个非攻击词汇随机呈现。

第三步：学生短暂休息后，开始播放第二段视频，视频类型与第一段相同，起到再启动作用。

第四步：视频播放结束后，随即进入情绪反应问卷评定。

第五步：问卷完成后，进入最后一个程序——竞争反应时任务。实验中采用声音作为对学生的反馈，在声音的选择上，由于人耳日常接触的声音强度大约为 80db 到 90db，100db 会使人感到轻微的耳痛和头痛，为了不引起学生强烈的疼痛感和生理反应，将最大强度控制在 110db，因此实验中使用的声音刺激由弱到强分别为 0db、90db、100db 和 110db 四个等级。实验过程中要求学生始终戴着耳机，实验前准备好同样型号的耳机，音量事先调试好，且对所有学生在实验的全过程保持恒定。该任务分为两个阶段：练习阶段和正式阶段。

（1）练习阶段。屏幕上呈现指导语："本实验是关于反应速度和准确性的实验。屏幕将会出现数字或字母，数字用右手食指按 B 键，字母用右手中指按 N 键。若 500ms 内未作反应，会随机呈现 0db、90db、100db 和 110db 四个等级的声音惩罚，若 500ms 内做出反应，会随机呈现输赢。"该部分共 20 个 trials，目的是让学生熟悉实验操作，感受四种不同强度的声音，因此设计了 4 个假随机，保证每个学生都能听到 4 种不同强度的声音。

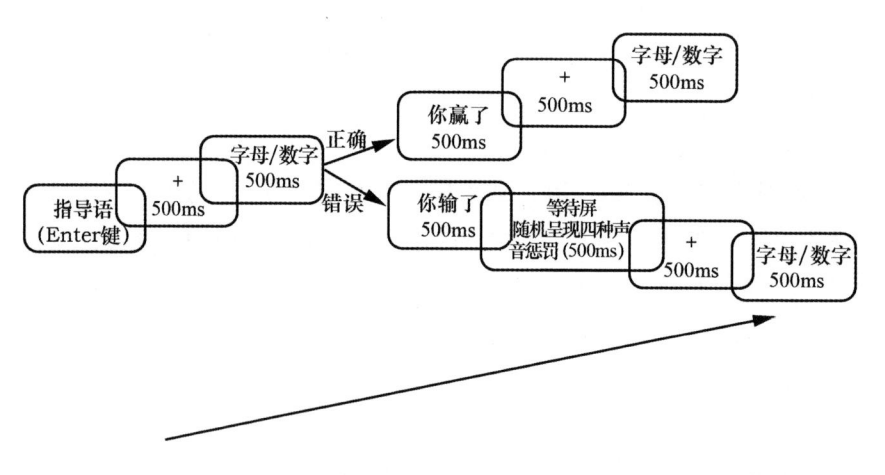

图 4-9　竞争反应时任务（练习阶段）流程

（2）正式阶段。屏幕上呈现指导语："下面进入第二环节，实验仍是关于反应速度和准确性，但你要和另一名学生比赛。屏幕将会出现数字和字母，数字用右手食指按 B 键，字母用右手中指按 N 键。如果赢了，你可以从 80db、90db、100db 和 110db 四种等级的声音中选择一个去惩罚对手，按相应的数字键（1—4）做选择；如果输了，对手也可以有同样的选择。"该阶段有共有 40 个 trials 输赢的判定同样遵循第一部分的 500ms 原则，若判定学生输了，呈现等待屏，程序随机给出惩罚声音。程序记录该阶段学生的反应时和给出惩罚强度的选择结果。

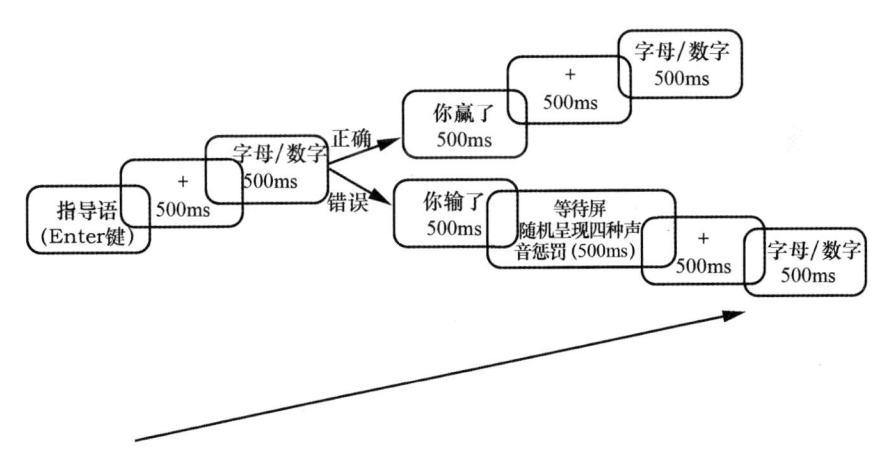

图 4-10　竞争反应时任务（正式阶段）流程

第六步：竞争反应时任务结束，立即做一份竞争反应时动机程度量表。

第七步：实验结束后，向学生讲解实验目的，询问学生是否出现不良感受，如果有，由主试为学生进行简单疏导和简短的放松训练。

（七）统计处理

采用 SPSS 16.0 对收集的实验数据进行统计分析。

攻击性认知。第一步：删除在单词命名任务中正确率低于 80% 的中学生数据。第二步：删除学生错误反应和漏反应的数据。第三步：对于攻击词汇和非攻击词汇均删除三个标准差以外的数据，剩余数据参与统计分析。最后，非攻击词汇的平均反应时减去攻击词汇的平均反应时所得差值，再比较各组在该差值上是否有显著差异。所得差值越大，说明对攻击词汇的命名时间要快于对非攻击词汇的命名时间，即学生的攻击性认知被启动。

敌意情绪：先对敌意情绪量表的总分进行方差分析，再对各个维度上的均分进行方差分析。

攻击性行为：根据研究目的和竞争反应时任务范式的统计方法，只记录正式阶段学生的反应时和给出惩罚强度的选择结果。500ms 内未作反应视为反应错误，本实验关注攻击性行为，结合以往研究（Anderson & Dill, 2000），剔除正确率在 80% 以下的学生（Anderson & Bushman, 1997）。分别对反应时数据和惩罚强度数据进行两因素的多元方差分析。反应时数据主要是考察不同暴力成分对心理准备状态的影响，惩罚强度材料反映学生的攻击性行为倾向，是本实验关注的主要指标（张学民等，2009）。

四 研究结果

（一）动漫暴力场景特征对青少年攻击性认知的影响

对八组青少年的攻击性认知数据进行描述统计，结果见表 4-21。

表 4-21　　　　　不同组青少年攻击性认知的描述统计　　　单位：ms

source		gender	n	M	SD
模糊处理	血腥多	男	15	15.04	38.70
		女	15	14.10	76.63
	血腥少	男	15	69.24	53.44
		女	16	0.45	51.00
高度特写	血腥多	男	14	83.26	37.11
		女	15	26.77	57.64
	血腥少	男	15	41.67	73.72
		女	15	16.55	45.14

从表中可以看出，观看暴力高度特写且血腥多的男生，其得分最高；而观看暴力模糊处理且血腥少的女生，其得分最低。为了进一步探讨三个变量对攻击性认知的共同影响，以非攻击词汇的反应时减去攻击词汇的反应时所得的差值为因变量，以特写程度、血腥程度和性别为自变量，以攻击性特质量表得分为协变量进行多因素方差分析，见表4-22。

表4-22 特写程度、血腥程度和性别对攻击性认知影响的方差分析

source	SS	df	MS	F
特写程度	6482.92	1	6482.92	2.10
血腥程度	956.83	1	956.83	0.31
性别	35737.40	1	35737.40	11.592***
特写程度×血腥程度	19508.94	1	19508.94	6.33*
特写程度×性别	930.77	1	930.77	0.30
血腥程度×性别	1779.05	1	1779.05	0.58
特写程度×血腥程度×性别	18469.10	1	18469.10	5.99*
误差项	342198.35	111	3082.87	

结果如表4-22所示：性别主效应极其显著，具体表现为男生的攻击性认知显著高于女生；特写程度、血腥程度两者交互作用显著；特写程度、血腥程度、性别三者交互作用显著。

进一步对特写程度、血腥程度和性别的三重交互作用进行简单简单效应分析，如表4-23所示。

表4-23 特写程度、血腥程度和性别对攻击性认知的交互作用的简单简单效应分析

		source	SS	df	MS	F
特写程度	男生	血腥多	32633.52	1	32633.52	9.44**
			407941.27	118	3457.13	
		血腥少	5705.27	1	5705.27	1.55
			434869.53	118	3685.33	
	女生	血腥多	1212.16	1	1212.16	0.33
			439362.64	118	3723.41	
		血腥少	2418.40	1	2418.40	0.65
			438156.39	118	3713.19	

结果如表4-23所示：当性别为男生，血腥程度为多时，观看暴力高度特写的学生与观看暴力模糊处理的学生在攻击性认知上差异显著，即男生在观看血腥多的动漫时，高度特写的暴力场景更易启动其攻击性认知。如图4-11所示。

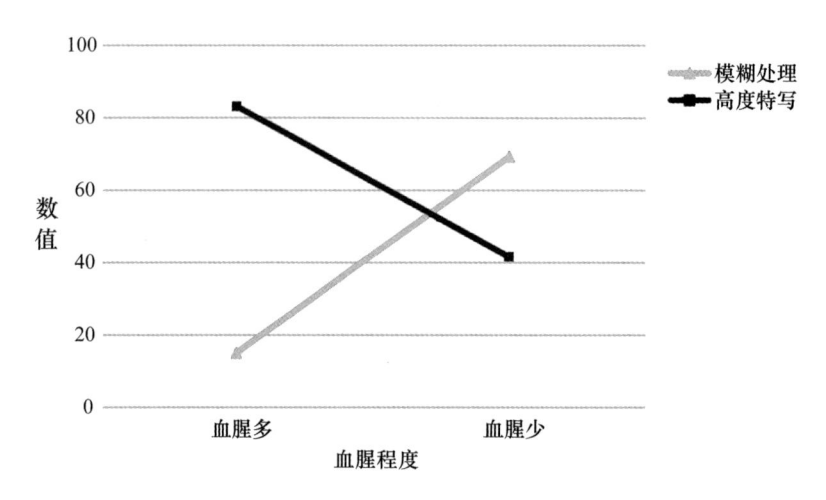

图4-11 特写程度、血腥程度在男生攻击性认知上的简单效应分析

（二）动漫暴力场景特征对青少年敌意情绪的影响

1. 动漫暴力场景特征对青少年敌意情绪总分的影响

对八组青少年的敌意情绪总分数据进行描述，结果见表4-24。

表4-24　　　　　不同组青少年的敌意情绪描述统计

source		gender	n	M	SD
模糊处理	血腥多	男	15	73.80	23.73
		女	15	87.07	12.28
	血腥少	男	15	75.47	16.86
		女	16	68.13	14.37

续表

source	gender		n	M	SD
高度特写	血腥多	男	14	102.71	22.30
		女	15	90.47	22.73
	血腥少	男	15	92.33	23.39
		女	15	71.40	14.38

从表 4-24 可以看出,观看暴力高度特写的学生,其敌意情绪总分显著高于观看暴力模糊处理的青少年;观看血腥多暴力的青少年,其敌意情绪总分显著高于观看血腥少的青少年。为了进一步探讨三个变量对敌意情绪的共同影响,以敌意情绪总分为因变量,以特写程度、性别、血腥程度为自变量,以攻击性特质量表得分为协变量进行多因素方差分析,见表 4-25。

表 4-25 特写程度、血腥程度和性别在敌意情绪总分上的方差分析

source	SS	df	MS	F
特写程度	4390.09	1	4390.09	11.78***
血腥程度	4733.23	1	4733.23	12.70***
性别	977.41	1	977.41	2.62
特写程度×血腥程度	469.39	1	469.39	1.26
特写程度×性别	3381.42	1	3381.42	9.08**
血腥程度×性别	1390.61	1	1390.61	3.73(0.056)
特写程度×血腥程度×性别	268.10	1	268.10	0.72
误差项	41360.59	111	372.62	

由表 4-25 可知,特写程度主效应极其显著,具体表现为观看高度特写暴力动漫的学生,其敌意情绪显著高于观看模糊处理暴力动漫的学生;

血腥程度主效应极其显著，具体表现为观看血腥多暴力动漫的学生，其敌意情绪显著高于观看血腥少暴力动漫的学生；特写程度与研究对象性别两者交互作用较显著；血腥程度与性别两者交互作用边缘显著。

进一步对特写程度与性别、血腥程度与研究对象性别的两重交互作用分别进行简单效应分析，如表4-26所示。

表4-26　特写程度与性别、血腥程度与性别在敌意情绪上的简单效应分析

source		SS	df	MS	F
特写程度	男	7527.62	1	7527.62	17.55***
		50622.75	118	429.01	
	女	214.51	1	214.51	0.44
		57935.85	118	490.98	
血腥程度	男	206.55	1	206.55	0.42
		57943.82	118	491.05	
	女	5599.19	1	5599.19	12.57**
		52551.18	118	445.35	

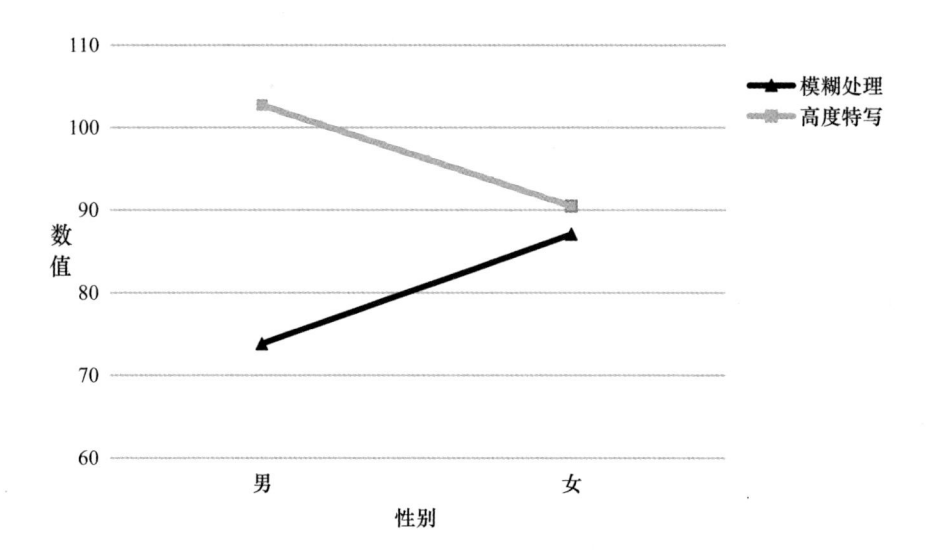

图4-12　特写程度和研究对象性别在敌意情绪上的简单效应

图 4-13　血腥程度和研究对象性别在敌意情绪上的简单效应

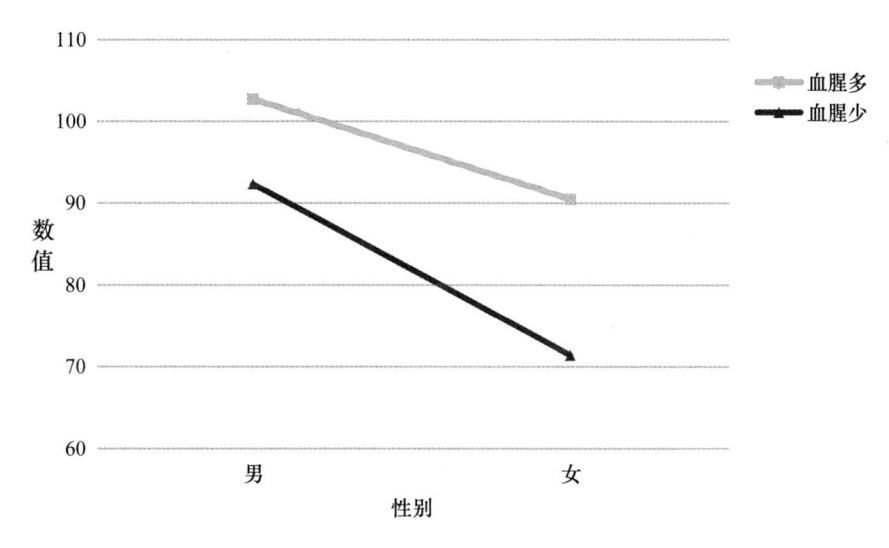

结果如表 4-26 所示：当性别为男生时，观看暴力高度特写的学生其敌意情绪显著高于观看暴力模糊处理的学生，即观看暴力高度特写的动漫启动了男生的敌意情绪；当性别为女生时，观看血腥多暴力的学生其敌意情绪显著高于观看血腥少暴力的学生，即血腥多的暴力动漫启动了女生的敌意情绪（图 4-13）。

（三）动漫暴力场景特征对青少年攻击性行为的影响

根据研究目的和竞争反应时任务范式的统计方法，只记录实验第二部分学生的反应时和给出惩罚强度的选择结果。500ms 内未作反应视为反应错误，剔除正确率在 80% 以下的男生 3 名，女生 3 名，本实验有效学生为 120 名。分别对反应时数据和惩罚强度数据进行两因素的多元方差分析，具体分析结果如下。

1. 反应时数据

反应时数据主要是考察不同暴力特征对设置噪声等级前心理准备状态的影响，学生所用反应时越多说明其准备状态越弱，反之则越强。结果见表 4-27。

表 4-27　　　　　　　研究对象基本情况统计　　　　　　单位：ms

source		gender	n	M	SD
模糊处理	血腥多	男	15	388.81	41.81
		女	15	406.58	23.04
	血腥少	男	15	388.17	25.94
		女	16	395.95	30.02
高度特写	血腥多	男	14	328.95	20.98
		女	15	332.71	24.51
	血腥少	男	15	389.23	24.84
		女	15	392.16	19.89

从表中可以看出，观看暴力高度特写且血腥多的男生所用反应时最少，而观看暴力模糊处理且血腥多的女生所用反应时最多。为了进一步探讨三个变量对攻击性行为的共同影响，以反应时为因变量，以特写程度、血腥程度、性别为自变量，以攻击性特质量表得分为协变量进行多因素方差分析。

表 4-28　　特写程度、性别、血腥程度在反应时上的方差分析

source	SS	df	MS	F
特写程度	35595.07	1	35595.07	47.93***
血腥程度	20299.17	1	20299.17	27.33***
性别	2277.52	1	277.52	3.07
特写程度×血腥程度	30150.24	1	30150.24	40.59***
特写程度×性别	862.86	1	862.86	1.16
血腥程度×性别	163.60	1	163.60	0.22
幽默程度×现实程度×性别	158.12	1	158.12	0.21
误差项	82442.24	111	742.72	

结果如表 4-28 所示：特写程度主效应极其显著，具体表现为观看暴力模糊处理的中学生，其反应时显著高于观看暴力高度特写的中学生，

说明观看暴力高度特写的中学生具备更强的准备状态；血腥程度主效应极其显著，具体表现为观看血腥多暴力的中学生，其反应时显著高于观看血腥少暴力的中学生，说明观看血腥少暴力的中学生具备更强的准备状态；特写程度、血腥程度两者交互作用极其显著。

进一步对特写程度、血腥程度两者交互作用进行简单效应分析，如表4-29所示。

表4-29　特写程度、血腥程度在反应时上的简单效应分析

source		SS	df	MS	F
特写程度	血腥多	64891.71	1	64891.71	70.69 ***
		108314.80	118	917.92	
	血腥少	56.00	1	56.00	0.04
		173150.51	118	1467.38	

由表4-29可知，当血腥程度为多时，观看暴力模糊处理的中学生其反应时显著高于观看暴力高度特写的中学生，即观看暴力高度特写且血腥多的中学生具备更强的准备状态（图4-14）。

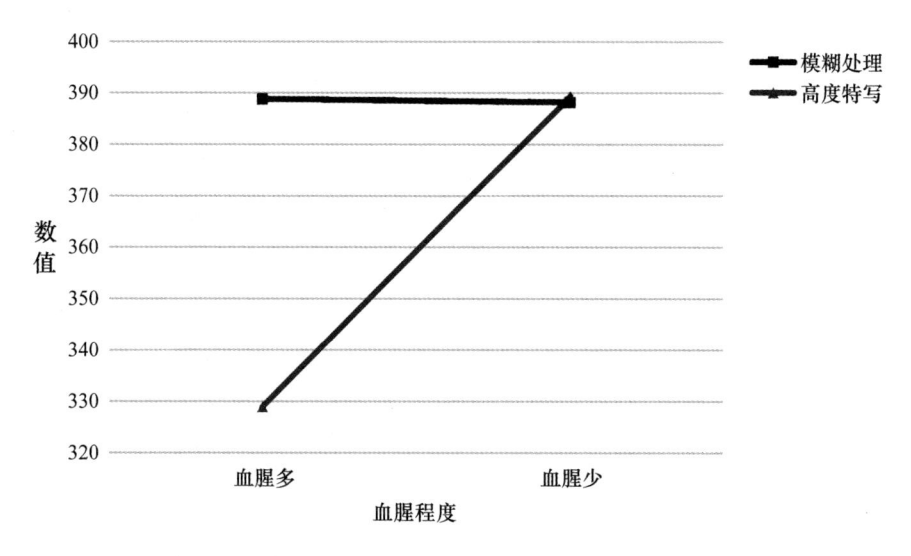

图4-14　特写程度、血腥程度在反应时上的简单效应分析

2. 惩罚强度数据

惩罚强度材料反映中学生的攻击性行为倾向,是本实验关注的主要指标。惩罚强度得分从1到4,分值越高,表明中学生选择的惩罚强度更高,表现的攻击性行为更强。描述统计结果见表4-30。

表4-30　　　　　　　　研究对象基本情况统计

source		gender	n	M	SD
模糊处理	血腥多	男	15	2.11	0.72
		女	15	1.58	0.39
	血腥少	男	15	2.34	0.84
		女	16	1.53	0.53
高度特写	血腥多	男	14	3.21	0.31
		女	15	1.97	0.58
	血腥少	男	15	2.38	0.85
		女	15	1.48	0.57

从表中可以看出,观看暴力高度特写且血腥多的男生设置的噪声等级最高。为了进一步探讨三个变量对攻击性行为的共同影响,以惩罚强度为因变量,以特写程度、血腥程度、性别为自变量,以攻击性特质量表得分为协变量进行多因素方差分析。

表4-31　　特写程度、性别、血腥程度在惩罚强度上的方差分析

source	SS	df	MS	F
特写程度	3.27	1	3.27	8.49**
血腥程度	2.75	1	2.75	7.13**
性别	20.142	1	20.14	52.29***
特写程度×血腥程度	5.11	1	15.11	13.27***
特写程度×性别	1.62	1	1.62	4.20*

续表

source	SS	df	MS	F
血腥程度×性别	0.04	1	0.04	0.11
血腥程度×特写程度×性别	0.60	1	0.60	1.57
误差项	42.75	111	0.39	

结果如表4-31所示：特写程度、血腥程度主效应均显著；性别极其显著，具体表现为男生的攻击性行为显著高于女生；特写程度、血腥程度两者交互作用极其显著；特写程度、性别两者交互作用显著。

进一步对特写程度和血腥程度、特写程度与性别两重交互作用分别进行简单效应分析，如表4-32所示。

表4-32 特写程度与血腥程度、特写程度与性别在惩罚强度上的简单效应分析

	source	SS	df	MS	F
特写程度	血腥多	7.70	1	7.70	12.97***
		70.10	118	0.59	
	血腥少	0.01	1	0.01	0.01
		77.80	118	0.66	
特写程度	男	4.26	1	4.26	6.84***
		73.54	118	0.62	
	女	0.43	1	0.43	0.66
		77.37	118	0.66	

由表4-32可知，当血腥程度为多时，观看暴力高度特写的中学生其攻击性行为显著高于观看暴力模糊处理的中学生，即观看暴力高度特写且血腥多的中学生产生了更强的攻击性行为；当性别为男时，观看暴力高度特写的中学生其攻击性行为显著高于观看暴力模糊处理的中学生，即男生观看暴力高度特写时比女生表现出更强的攻击性行为（图4-15、图4-16）。

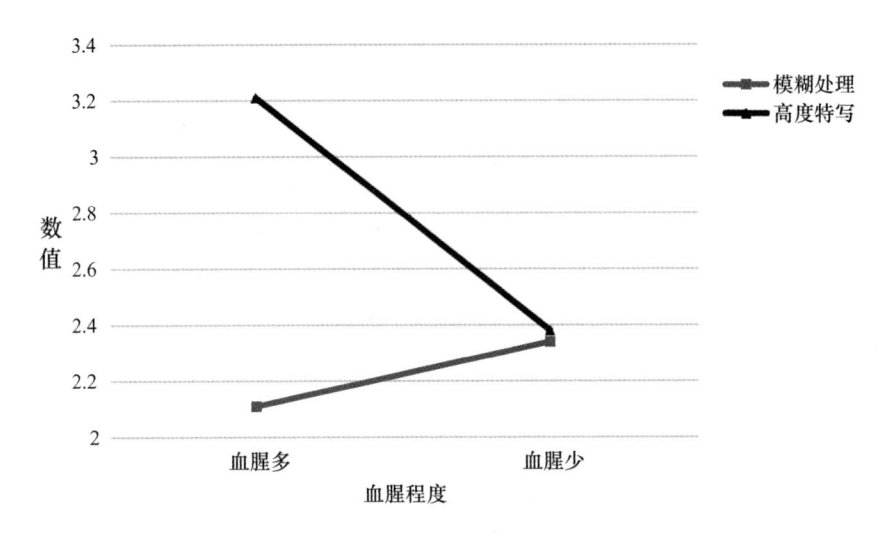

图 4-15 特写程度和血腥程度在惩罚强度上的简单效应

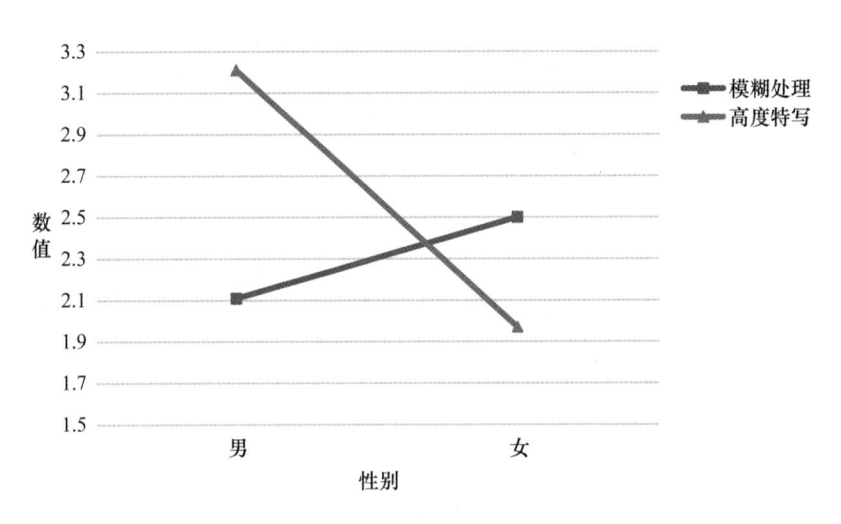

图 4-16 特写程度与研究对象性别在惩罚强度上的简单效应

(四) 动机程度数据

为了深入了解竞争反应时任务（攻击性行为）的动机，并为验证暴力动漫对青少年攻击性的影响，分别对竞争反应时动机程度问卷 7 道题（我感到不时生气、我想削弱对手使自己赢得更多、我想控制对手的反应水平、我想伤害对手、我想使对手疯狂、我想挑战对手、我想偿还对手）进行分析，描述统计结果见表 4-33。

表 4-33　　　　　　　研究对象在动机程度上的基本情况统计

source			生气		削弱对手		控制对手		使对手疯狂		偿还对手		挑战对手		伤害对手	
			M	SD	M	SD	M	SD	M	SD	M	SD	M	SD	M	SD
模糊处理	血腥多	男	1.73	0.88	2.07	1.44	1.73	1.39	3.13	1.55	1.80	1.42	2.13	0.74	1.27	0.59
		女	1.53	0.64	2.27	1.39	1.47	0.92	1.67	0.72	1.67	1.11	1.87	0.83	1.20	0.41
	血腥少	男	2.20	0.86	2.87	1.64	2.47	1.51	3.20	1.66	2.13	1.46	2.07	0.70	1.33	0.62
		女	2.19	1.05	2.75	1.34	1.69	0.87	1.69	0.87	2.19	1.22	1.69	0.70	1.19	0.40
高度特写	血腥多	男	3.29	1.20	3.00	1.04	2.79	1.37	2.93	1.54	2.93	1.49	2.00	0.78	1.14	0.36
		女	3.13	1.13	2.87	1.60	2.47	0.99	1.53	0.64	2.60	1.40	1.67	0.82	1.27	0.46
	血腥少	男	2.20	1.21	2.67	1.45	2.87	1.41	3.07	1.53	2.00	1.00	1.87	0.52	1.20	0.56
		女	2.47	1.60	2.53	1.41	2.53	1.25	1.47	0.74	2.07	1.28	1.47	0.52	1.13	0.35

从表 4-34 可以看出，(1)在生气上，观看暴力高度特写且血腥多的男生得分最高；(2)在削弱对手赢得更多的动机上，观看暴力高度特写且血腥多的男生，此动机最强；(3)在控制对手动机上，观看暴力高度特写且血腥少的青少年，此动机最强；(4)在使对手疯狂动机上，男生整体上比女生强；(5)在偿还对手设置噪声等级的动机上，观看暴力高度特写的中学生比观看暴力模糊处理的中学生更强；(6)在挑战对手动机上，男生整体上比女生强。为了进一步探讨三个变量对上述动机的影响，以动机程度得分为因变量，以特写程度、血腥程度和研究对象性别为自变量，以攻击性特质量表得分为协变量进行多因素方差分析。

表 4-34　　　特写程度、血腥程度及性别在动机程度上的方差分析

	source	SS	df	MS	F
生气	特写程度	21.95	1	21.95	17.89***
	特写程度×血腥程度	14.89	1	14.89	12.14**
	误差项	136.17	111	1.23	

续表

source		SS	df	MS	F
削弱对手	特写程度×血腥程度	8.99	1	8.99	4.51*
	误差项	221.14	111	1.99	
控制对手	特写程度	17.81	1	17.81	11.92**
	误差项	165.85	111	1.49	
使对手疯狂	性别	62.37	1	62.37	40.06***
	误差项	172.84	111	1.56	
偿还噪声等级	特写程度×血腥程度	12.18	1	12.18	7.30**
	误差项	185.21	111	1.67	
挑战对手	血腥程度	6.10	1	6.10	4.78*
	性别	10.73	1	0.73	8.41**
	血腥程度×性别	9.27	1	9.27	7.26**
	误差项	141.70	111	1.28	

注：由于篇幅所限，仅列出方差分析显著部分。

由表4-34可知，青少年攻击性特质的结果仅在伤害对手上显著$F_{(1,111)} = 4.35$，$p = 0.04 < 0.05$，我们已把它作为协变量进行控制；其他题项均不显著，说明青少年间的攻击性特质水平是同质的，研究结果没有受中学生攻击性特质的影响。（1）在生气上，特写程度主效应极其显著，具体表现为观看暴力高度特写的中学生比观看暴力模糊处理的中学生更易感到生气；特写程度、血腥程度交互作用极其显著，进一步简单效应分析发现，当血腥程度为多时，观看暴力高度特写的中学生与观看暴力模糊处理的中学生差异显著，$F_{(1,118)} = 31.06$，$p < 0.001$，即观看暴力高度特写且血腥多的中学生在竞争反应时任务时感到生气。（2）在削弱对手赢得更多的动机上，特写程度、血腥程度交互作用显著，进一步简单效应分析发现，当血腥程度为多时，观看暴力高度特写的中学生与观看暴力模糊处理的中学生差异显著，$F_{(1,118)} = 4.46$，$p < 0.05$，即观看暴力高度特写且血腥多的中学生表现出更强的削弱对手赢得更多的动机。

(3) 在控制对手动机上，特写程度主效应较显著，具体表现为观看暴力高度特写的中学生比观看暴力模糊处理的中学生产生了更强的控制对手的动机。(4) 在使对手疯狂动机上，性别主效应极其显著，具体表现为男生比女生产生了更强的使对手疯狂的动机。(5) 在偿还对手设置噪声等级动机上，特写程度、血腥程度交互作用较显著，进一步简单效应分析发现，当血腥程度为多时，观看暴力高度特写的中学生与观看暴力模糊处理的中学生差异显著，$F_{(1, 118)} = 9.42$，$p < 0.01$，即观看暴力高度特写且血腥多的中学生表现出更强的偿还对手设置噪声等级的动机。(6) 在挑战对手动机上，性别主效应显著，具体表现为男生比女生产生更强的挑战对手的动机。

五 讨论

（一）动漫暴力的特写程度、血腥程度对不同性别青少年攻击性认知的影响

本研究发现动漫暴力的特写程度、血腥程度、性别三者交互作用显著，进一步简单效应分析发现高度特写、血腥多的暴力动漫增加了男生的攻击性认知。

观看高度特写且血腥多的暴力动漫增加了青少年的攻击性认知。产生这一结果的原因可能是：娱乐方式的多样化，传统的审美给现代的人们带来了疲劳，而有一些刺激的娱乐却备受关注。制作商运用各种动漫技术把暴力的场面渲染得逼真而宏大，搏斗的动作也进行了静态处理，观看时给人一种震撼的感觉。基于动漫的特点和青少年的发展特征，动漫暴力着实为他们提供了攻击性榜样。在班杜拉的理论（1952）中，首先注意的就是榜样的行为，动漫中高度特写的暴力、逼真的格斗吸引了青少年的注意，推动他们进行学习。这与魏华等人（2010）的研究结果较一致。可能由于动漫暴力所带来的刺激和兴奋的感觉，使得动漫中的暴力画面很容易进入他们的记忆系统，记忆系统中暴力画面经过加工又转换成攻击性概念，这些概念与自我概念联结从而导致了内隐攻击性的加强。另外，由于中国动漫分级制还未出台，青少年就提早享受了成年观众的待遇，在大量血腥的暴力场景中获得单纯的感官刺激，追求的是一种视听感官上的娱乐与刺激。张学民等人（2009）的研究发现，血腥

成分对青少年的攻击性认知产生了较强的影响。血腥程度描述越详细，暴力场景中就会知觉到越高的暴力水平。当暴力内容知觉为侵犯时，它就会被评估为更多的暴力。动漫对于儿童这样的受众来说很少知觉到侵犯，而对于青少年这一群体则不然，他们的逻辑推理能力逐渐形成，暴力水平与知觉到的侵犯能建立连接，易产生使用暴力去处理现实问题的观念。牛晶晶（2009）的研究结果也表明暴力动漫场景对青少年的攻击性认知产生了明显的启动作用。

观看高度特写且血腥多的暴力动漫对男生的攻击性认知影响较大，而对女生则不显著。这与 Markovits 等人（2013）的研究结果较一致。产生这一结果的原因可能在于除了科学已证明的生物原因，即男性体内的确存在一种"男性荷尔蒙"的化学物质使人产生暴力倾向和攻击性外，主要还因为在男权文化主导的传统社会里，暴力彰显着男性的"强悍"与"力量"，他们好斗、好胜的心理作为集体无意识被传承下来。另外，本研究中的动机程度数据也验证了性别差异，即男生观看高度特写且血腥多的暴力动漫后在完成竞争反应时任务过程中表现出了更强的挑战对手、使对手疯狂的动机。可以说挑战性和控制感使男生观看这类高度特写且血腥多的暴力动漫时体验到的是感官的紧张与刺激，激烈的场面激起了他们内心的攻击欲。也许正是因为这类动漫带来了视觉和感官的刺激，这种兴奋的感觉强化了他们观看此类动漫的行为。

由此可见，既高度特写又包含血腥较多的暴力动漫应引起广泛关注，尤其是对男生的负面影响更是不容忽视。因为长期暴露在这类动漫下，可能会使他们越来越麻木，缺乏基本的同情心，逐渐形成一种"暴力价值观"。

（二）动漫暴力的特写程度、血腥程度对不同性别青少年敌意情绪的影响

在早期关于攻击性的挫折——攻击理论中，愤怒被认为是攻击性的情绪准备状态（Dollard et al., 1939），而敌意情绪则常常被视为是当攻击行为不能实现时的一种代偿性的情绪状态（Berkowitz, 1993）。目前已有不少研究发现，观看媒体暴力内容导致了愤怒、敌意等不良情绪（Anderson, 1997; Anderson & Bushman, 2001; Carnagey, 2004; Kevin, 2005; 刘桂芹, 2010）。本研究结果与以往研究结果较一致，即观看高度特写的暴

力动漫增加了男生的敌意情绪，具体表现在愤怒、积极感缺失和攻击性等情绪维度；观看血腥多的暴力动漫增加了女生的敌意情绪，具体表现在积极感缺失情绪维度。

高度特写的暴力动漫增加了男生的敌意情绪。这一结果与研究假设1是一致的，也与李茂（2009）的研究结果较一致。产生这一结果的原因可能在于高中生喜爱的不再是幼儿式传统意义上的动漫，而是以成人化很强的日本动漫为主，这些作品中的打闹不再是博人一笑的噱头，而具有了大量电视电影式的暴力元素。本研究选取的实验材料来源于《杀戮都市》《进击的巨人》《黑冢》，这些动漫作品中的暴力场景普遍都是正义与邪恶的较量，故事中的正义方往往在开始时隐而不发，在经历了百般欺凌以后，在忍无可忍的情况下才大打出手。同时为了达到刺激、震撼的视觉效果，动漫创作者设计了紧张刺激而又有趣的动作特技，运用慢动作摄影和蒙太奇技术，形成了比实际更猛的暴力效果，紧紧吸引着观众的眼球。事后访谈发现，在这些高度特写的暴力动作写照中，男生比女生产生了更强烈的认同感，对动漫中的暴力行为也更易接受，并会随着角色人物的悲伤而悲伤、愤怒而愤怒。这也许和现实生活的情境相关，即男生对暴力动作特技较感兴趣，投入度和卷入度也相对较高（杨依卓，2010），愤怒情绪、攻击性情绪也较易被唤醒。本研究中的动机程度数据也验证了这一性别差异，即男生在完成竞争反应时任务过程中比女生更易愤怒。

血腥多的暴力动漫增加了女生的敌意情绪，具体表现在积极感缺失情绪维度。这一结果与研究假设2一致。Farrar等人（2006）发现个体玩血腥游戏和非血腥游戏之后攻击性倾向存在差异，即前者比后者表现出更强的攻击性倾向。Barlett等人（2008）把同一个游戏按照血量程度分为无血量、低血量、中血量、高血量四个等级，结果发现研究对象在玩不同等级血量的游戏所表现出的敌意情绪不同，即玩中血量和大血量游戏的研究对象表现出明显的敌意情绪，而玩低血量和无血量游戏的研究对象敌意情绪没有被唤醒。张学民等人（2009）的研究也发现，血腥程度的增高增强了研究对象的敌意情绪。根据GAM模型（Anderson et al.，2002），个体内部的认知、情感和唤醒是交互作用的，敌意情绪的唤起影响个体的认知和情感体验，使个体对他人和外界产生了敌意。本研究选取鲜血从受伤者伤口喷出,并迅速形成血泊为血量多的场景;鲜血从受伤者伤口缓慢流出,只沾湿了衣物为血量少的场景。在血量多的条件下,可能由于女生对暴力的容忍度较低,面对淋漓的鲜血、血肉模糊的暴力场景使女生产生对邪恶方的敌意情绪,继而转向消极无力。而男生在日常生活中接触暴力电视、电影、电玩的机会较多,对这种血腥暴力场景会产生脱敏(郭晓丽,2009)。

(三)动漫暴力的特写程度、血腥程度对不同性别青少年攻击性行为的影响

本研究采用竞争反应时任务,较好地避免了青少年的社会期许效应,其中惩罚强度是测量个体攻击性行为的主要指标。研究结果表明,高度特写的暴力动漫使男生的攻击性行为增加。这与前人的研究结论基本一致(Anderson & Bushman,1997;Anderson et al.,1998;李婧洁、张卫,2008),他们认为暴力的电影、电游等媒体增加了青少年的攻击性行为。按照攻击线索理论,经常接触暴力动漫会提高个体对类似情景中性信息的敏感性和注意能力,而高度特写的暴力引起了个体更多的注意,使他们更容易注意到攻击性线索,这些攻击性线索进而诱发攻击性行为。段东园等人(2014)发现青少年在与暴力媒体接触程度方面男生显著高于女生,攻击行为方面,男生的攻击行为相较于女生更具有外显性。有研究认为男性本身就比女性更具攻击性,因此当他们接触媒体暴力后会表现出更多的攻击性行为(Winkel & Novak,1987)。研究中的动机程度数据也显示,观看高度特写暴力动漫的男生在完成竞争反应时任务过程中表现出了较强的控制对手、挑战对手、使对手疯狂的动机,而女生的动机则不显著。

研究结果还表明,观看高度特写且血腥多的暴力动漫使青少年的攻击性行为增强。这与研究假设较一致。根据挫折—攻击理论,个体可以通过高度特写、血腥多的攻击行为获得情绪的宣泄、压力的缓解,进而获得一种快感;反过来,这种快感又会强化个体的攻击性行为。越来越多的证据表明,观看暴力行为能让人们表现出更多的攻击性行为(梅传强,2003)。李茂(2009)研究发现,长期暴露在暴力媒体环境下的研究对象表现出明显的攻击性行为,他们倾向于给虚拟对手更高的惩罚,倾向于将他人知觉为攻击性的。青少年频繁观看暴力视频,从中获得的愉

悦感又强化了观看的频率，形成了不良循环，进而增加攻击性行为的发生频率，甚至形成攻击性人格。另外，研究中的动机程度数据验证了这一结果。观看高度特写、血腥多暴力动漫的青少年更倾向于通过设置噪声等级来削弱对手使自己赢得更多，更倾向于偿还对手设置的噪声等级，从一定意义上来讲这是他们攻击性行为的一种体现。

六 小结

研究获得以下结论：

1. 观看高度特写的暴力动漫增加了男生的敌意情绪和攻击性行为，其中在敌意情绪的具体维度上，观看高度特写的暴力动漫增加了男生的愤怒、积极感缺失和攻击性情绪，同时增加了青少年不与人亲近情绪；

2. 观看血腥多的暴力动漫增加了女生的敌意情绪，其中在敌意情绪的具体维度上，血腥多的暴力动漫增加了女生的消极情绪；

3. 观看高度特写、血腥多的暴力动漫增加了男生的攻击性认知，同时增加了青少年的攻击性行为。

第四节 动漫暴力本身特征对中学生攻击性的影响

一 研究目的

采用实验的方式，探测暴力的不同现实程度、幽默程度是否对不同性别的青少年攻击性认知、敌意情绪和攻击性行为有影响。

二 研究假设

假设1：暴力的不同现实程度影响青少年的攻击性，具体表现在观看现实暴力的青少年比观看非现实暴力的青少年产生了更强的攻击性认知、敌意情绪和攻击性行为，且男生的攻击性高于女生。

假设2：暴力的不同幽默程度影响青少年的攻击性，具体表现在观看缺乏幽默暴力的青少年比观看幽默暴力的青少年产生了更强的攻击性认知、敌意情绪和攻击性行为，且男生的攻击性高于女生。

假设3：暴力的现实程度、幽默程度及性别三者交互作用显著，具体表现在，男生观看现实且缺乏幽默的暴力动漫会比女生表现出更强的攻击性认知、敌意情绪和攻击性行为。

三 研究方法

（一）研究对象

本研究选取某市一所普通中学。首先为了防止青少年先前观看过实验材料中的动漫影响实验结果，实验前要求青少年报告过去3个月内最经常观看的动漫和每天观看的时间，选取没有观看过实验材料中动漫的青少年作为本实验的研究对象，并且过去3个月平均每天观看暴力动漫的时间不超过1个小时。共抽取普通班高一、高二年级123名学生（这部分青少年不属于研究一正式实验中126名和选取实验材料中230名）作为研究二正式实验的参与者，其中男生60名，女生63名，年龄范围为14—16岁。所有学生皆能熟练操作计算机，均为右利手，以前从未参加过类似实验，且知情同意。剔除在竞争反应时任务中正确率在80%以下的男生1名，女生2名，有效参与者为120名。

表4-35　　　　　　　　不同组研究对象的分布　　　　　　　单位：人

	非现实		现实	
	缺乏幽默	幽默	缺乏幽默	幽默
男	16	15	14	15
女	17	15	16	15

（二）实验材料

1. 单词命名任务所需词汇

同本章第三节。

2. 视频材料选取

根据以往研究，并结合动漫中的展现方式，非现实：暴力双方或一方角色是"非人"且具有超能力，暴力使用的武器在社会生活中不可能存在。现实：暴力双方角色都是人类且不具有超能力，暴力使用的武器为枪支、刀剑、棍棒。

幽默：有趣或可笑而意味深长（新华词典，2002）。结合以往研究，并结合动漫中的展现方式，动漫暴力中包含幽默：在所选的视频片段中滑稽、搞笑的动作次数为5次以上，伴随的笑声次数为4次以上。动漫暴力中缺乏幽默：在所选的视频片段中滑稽、搞笑的动作次数、伴随的笑声次数均为1次以下。

选取视频片段的程序。第一步：本研究选取动漫的方案同本章第三节。第二步：由看过这三部动漫并对动漫中的情节和人物较为熟悉的三名研究生同时观看并从中抽取4种类型的暴力场景：（1）暴力是现实的、幽默的片段；（2）暴力是现实的、缺乏幽默片段；（3）暴力是非现实的、幽默的片段；（4）暴力是非现实的、缺乏幽默的片段。抽取片段的前提为：其一，无关变量，色彩、背景、人物性别、人物年龄上取值保持一致；其二，相关变量：根据操作定义，确保现实和非现实的暴力、幽默与缺乏幽默的暴力之间差异显著。时长：选取暴力特征场面描述在两分钟以及两分钟以上、片段情节完整的材料（龙耘、张国良，2003）。第三步：视频评分的40名青少年同本章第三节，视频片段与之不同。学生每看过一个片段，对动漫片段的现实程度、幽默程度进行评估。从"程度非常低"到"程度非常高"分别记为1-5。

第四步：根据动漫片段评估问卷的方差分析结果，筛选出符合实验要求的材料20个片段，每种类型的片段5个。片段时长为2—3分钟。

3. 攻击性特质量表

攻击性特质量表AQ，该量表共29个题项，分为躯体攻击、言语攻击、愤怒和敌意四个因子，采用Likert五点评分（Buss & Perry，1992）。修订后其内部一致性系数为0.55—0.94，重测信度为0.81。因考虑到中学生的攻击性特质可能对结果变量有影响，故学生需完成该量表并将其得分作为协变量进入方差分析。

（三）研究工具

台式电脑、耳机。电脑为19英寸显示器，Windows XP系统，屏幕分辨率为1024 × 768，刷新率为60Hz。

（四）实验设计

本研究采用2（暴力描述的现实程度：暴力现实片段、暴力非现实片段）× 2（幽默程度：幽默片段、缺乏幽默片段）× 2（性别：男、女）

的组间实验设计。协变量为学生个体的攻击性特质水平。

(五) 因变量的测量

同本章第三节。

(六) 实验程序

同本章第三节。

(七) 统计处理

同本章第三节。

四 研究结果

(一) 动漫暴力本身特征对青少年攻击性认知的影响

对八组青少年的攻击性认知数据进行描述统计,结果见表4-36。

表4-36　　　　　　　研究对象基本情况统计　　　　　单位:ms

source		gender	n	M	SD
非现实	缺乏幽默	男	16	39.50	64.93
		女	17	42.07	73.00
	幽默	男	15	34.00	54.06
		女	15	33.58	73.01
现实	缺乏幽默	男	13	127.53	155.75
		女	15	22.82	41.24
	幽默	男	15	74.39	74.38
		女	14	48.61	48.61

从表中可以看出,观看暴力现实且缺乏幽默的男生,其得分最高;而观看暴力非现实且幽默的女生,其得分最低。为了进一步探讨三个变量对攻击性认知的共同影响,以非攻击性词汇的反应时减去攻击性词汇的反应时所得的差值为因变量,以幽默程度、性别、现实程度为自变量,以攻击性特质量表得分为协变量进行多因素方差分析,见表4-37。

表 4-37　现实程度、幽默程度和性别对攻击性认知影响的方差分析

source	SS	df	MS	F
现实程度	9579.66	1	9579.66	1.55
幽默程度	15086.87	1	15086.87	2.44
性别	16060.34	1	16060.34	2.60
现实程度×幽默程度	7784.16	1	7784.16	1.26
现实程度×性别	17473.70	1	17473.70	2.82
幽默程度×性别	23106.20	1	23106.20	3.74*
幽默程度×现实程度×性别	25569.11	1	25569.11	4.13*
误差项	686704.73	111	6186.53	

结果如表4-37所示：幽默程度和性别两者交互作用显著；性别、幽默程度和现实程度三者之间的交互作用显著。

表 4-38　性别、幽默程度和现实程度对攻击性认知的交互作用的简单简单效应分析

source			SS	df	MS	F
现实程度	男生	缺乏幽默	46626.41	1	46626.41	7.40**
			743606.30	118	6301.75	
		幽默	34.97	1	34.97	0.01
			790197.74	118	6696.59	
	女生	缺乏幽默	2499.87	1	2499.87	0.37
			787732.85	118	6675.70	
		幽默	466.79	1	466.79	0.07
			789765.93	118	6692.93	

进一步对性别、幽默程度和现实程度的三重交互作用进行简单简单效应分析，结果如表4-38所示：当性别为男生，幽默程度为缺乏幽默时，观看现实暴力动漫的青少年与观看非现实暴力动漫的青少年差异显著，即男生在观看缺乏幽默的动漫时，现实的暴力动漫更易启动其攻击性认知（图4-17）。

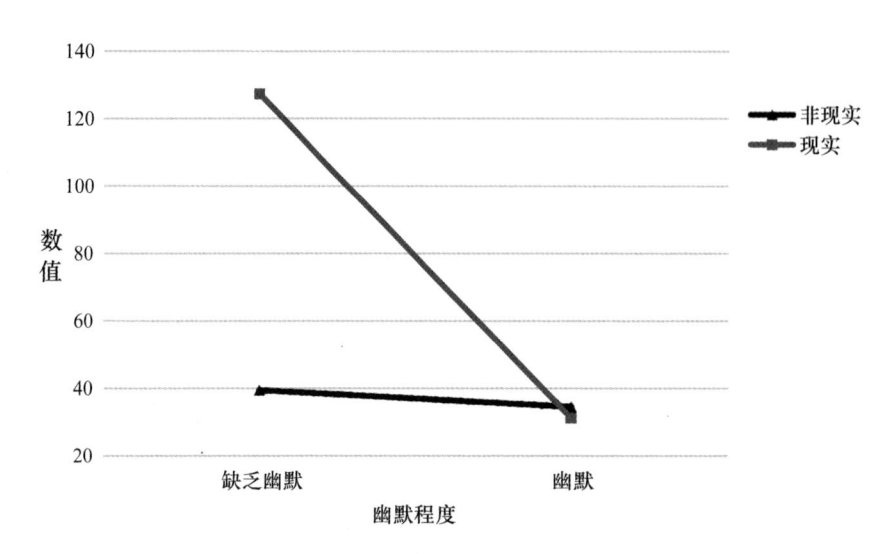

图 4-17　现实程度、幽默程度在男生攻击性认知上的
简单简单效应分析

（二）动漫暴力本身特征对青少年敌意情绪的影响

1. 动漫暴力本身特征对青少年敌意情绪总分的影响

对八组青少年的敌意情绪总分数据进行描述统计，结果见表 4-39。

表 4-39　　　　　不同组青少年的敌意情绪基本情况统计

source		gender	n	M	SD
非现实	缺乏幽默	男	16	71.50	19.64
		女	17	82.71	19.41
	幽默	男	15	69.87	23.45
		女	15	72.27	26.81
现实	缺乏幽默	男	13	85.62	19.94
		女	15	86.67	18.38
	幽默	男	15	70.00	14.62
		女	14	76.14	16.28

从表 4-39 可以看出，观看缺乏幽默暴力动漫的青少年，其敌意情绪得分整体高于观看幽默暴力动漫的青少年。为了进一步探讨三个变量对敌意情绪的共同影响，以敌意情绪问卷总分为因变量，以现实程度、性别、幽默程度为自变量，以攻击性特质量表得分为协变量进行多因素方差分析，见表 4-40。

表 4-40　现实程度、幽默程度和性别在敌意情绪总分上的方差分析

source	SS	df	MS	F
现实程度	1281.23	1	1281.23	3.27
幽默程度	3123.03	1	3123.03	7.98**
性别	725.06	1	725.06	1.85
现实程度×幽默程度	199.02	1	199.02	0.51
现实程度×性别	122.10	1	122.10	0.31
幽默程度×性别	41.01	1	41.01	0.11
现实程度×幽默程度×性别	337.83	1	337.83	0.86
误差项	43438.32	111	391.34	

由表 4-40 可知，幽默程度主效应较显著，具体表现为观看缺乏幽默暴力动漫的青少年，其敌意情绪显著高于观看幽默暴力动漫的青少年。

（三）动漫暴力本身特征青少年对攻击性行为的影响

根据研究目的和竞争反应时任务范式的统计方法，只记录实验第二部分青少年的反应时和给出惩罚强度的选择结果。500ms 内未作反应视为反应错误，剔除正确率在 80% 以下的男生 1 名，女生 2 名，本实验有效参与者为 120 名。分别对反应时数据和惩罚强度数据进行两因素的多元方差分析，具体分析结果如下。

1. 反应时数据

反应时数据主要是考察不同暴力特征对设置噪声等级前心理准备状态的影响，青少年所用反应时越多说明其准备状态越弱，反之则越强。结果见表 4-41。

表4-41　　　　　不同组青少年的反应时基本情况统计　　　　　单位：ms

source		gender	n	M	SD
非现实	缺乏幽默	男	16	400.29	24.67
		女	17	393.93	26.06
	幽默	男	15	393.98	22.62
		女	15	390.15	23.21
现实	缺乏幽默	男	13	385.85	17.30
		女	15	384.12	20.60
	幽默	男	15	367.49	47.13
		女	14	392.86	19.12

从表中可以看出，观看非现实暴力动漫的青少年，其反应时整体高于观看现实暴力动漫的青少年；观看非现实且缺乏幽默暴力动漫的男生所用反应时最多。为了进一步探讨三个变量对攻击性行为的共同影响，以平均反应时为因变量，以现实程度、性别、幽默程度为自变量，以攻击性特质量表得分为协变量进行多因素方差分析，见表4-42。

表4-42　　　现实程度、幽默程度和性别对反应时影响的方差分析

source	SS	df	MS	F
现实程度	3759.35	1	3759.35	5.27*
幽默程度	857.60	1	857.60	1.20
性别	303.89	1	303.89	0.43
现实程度×幽默程度	14.21	1	14.21	0.02
现实程度×性别	1994.82	1	1994.82	2.79
幽默程度×性别	1567.94	1	1567.94	2.20
幽默程度×现实程度×性别	1099.89	1	1099.89	1.54
误差项	79258.49	111	714.04	

结果如表4-42所示：现实程度主效应显著，具体表现为观看非现实暴力动漫的青少年，其反应时显著高于观看现实暴力动漫的青少年，说明观看非现实暴力动漫的青少年具备较弱的准备状态。

2. 惩罚强度数据

惩罚强度材料反映青少年的攻击性行为倾向，是本实验关注的主要指标。惩罚强度得分从 1 到 4，分值越高，表明青少年选择的惩罚强度越高，表现的攻击性行为越强。描述统计结果见表 4-43。

表 4-43　　　　不同组青少年的惩罚强度基本情况统计

source		gender	n	M	SD
非现实	缺乏幽默	男	16	1.73	0.69
		女	17	1.20	0.31
	幽默	男	15	2.03	0.82
		女	15	1.41	0.45
现实	缺乏幽默	男	13	2.21	0.54
		女	15	1.68	0.63
	幽默	男	15	2.11	0.75
		女	14	1.39	0.31

从表 4-43 中可以看出，观看现实且缺乏幽默暴力动漫的男生设置的噪声等级最高。为了进一步探讨三个变量对攻击性行为的共同影响，以惩罚强度为因变量，以现实程度、性别、幽默程度为自变量，以攻击性特质量表得分为协变量进行多因素方差分析，见表 4-44。

表 4-44　　　现实程度、幽默程度和性别在惩罚强度上的方差分析

source	SS	df	MS	F
现实程度	2.00	1	2.00	5.53*
幽默程度	0.02	1	0.02	0.06
性别	10.81	1	10.81	30.56***
现实程度×幽默程度	1.43	1	1.43	4.04*
现实程度×性别	0.02	1	0.02	0.05
幽默程度×性别	0.17	1	0.17	0.50
幽默程度×现实程度×性别	0.03	1	0.03	0.07
误差项	39.27	111	0.35	

结果如表4-44所示：现实程度主效应显著；性别主效应极其显著，即男生的攻击性行为显著高于女生；现实程度、幽默程度两者交互作用显著。

进一步对现实程度和幽默程度的两重交互作用进行简单效应分析，如表4-45所示。

表4-45　现实程度和幽默程度在惩罚强度上的简单效应分析

source		SS	df	MS	F
现实程度	缺乏幽默	3.38	1	3.38	7.91**
		50.38	118	0.43	
	幽默	0.03	1	0.03	0.07
		53.73	118	0.46	

结果如表4-45所示：当幽默程度为缺乏幽默时，观看现实暴力动漫的青少年与观看非现实暴力动漫的青少年差异显著，即观看现实且缺乏幽默的暴力动漫时青少年产生了更强的攻击性行为（图4-18）。

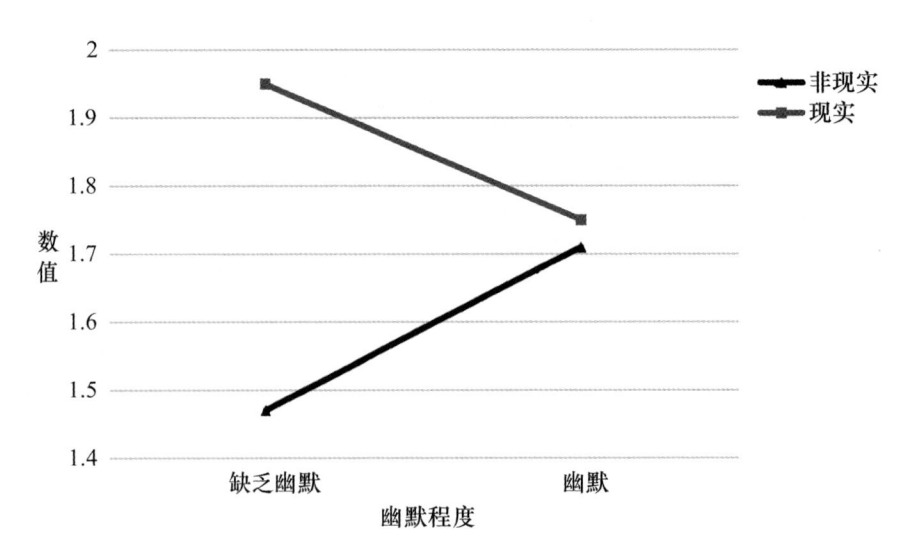

图4-18　现实程度、幽默程度在惩罚强度上的简单效应分析

第四章 动漫暴力的展现特点对中学生攻击性影响的实证研究 / 109

（四）动机程度数据

为了深入了解竞争反应时任务（攻击性行为）的动机，并为验证暴力动漫对青少年攻击性的影响，分别对竞争反应时动机程度问卷 7 道题（我感到不时生气、我想削弱对手使自己赢得更多、我想控制对手的反应水平、我想伤害对手、我想使对手疯狂、我想挑战对手、我想偿还对手）进行分析，描述统计结果见表 4-46。

表 4-46　　　　　不同组青少年动机程度的基本情况统计

source			生气		削弱对手		控制对手		使对手疯狂		偿还对手		挑战对手		伤害对手	
			M	SD	M	SD	M	SD	M	SD	M	SD	M	SD	M	SD
非现实	缺乏幽默	男	2.25	1.07	2.69	1.20	3.69	1.08	3.25	0.78	2.06	1.18	3.19	1.11	1.25	0.78
		女	1.82	1.02	2.71	1.11	1.88	1.05	1.35	0.61	2.00	1.32	1.94	0.83	1.00	0.01
	幽默	男	2.27	0.96	2.00	1.13	3.20	1.61	2.80	0.86	2.73	1.58	3.40	1.06	1.40	0.91
		女	2.40	0.99	2.20	1.42	2.27	1.49	1.53	0.83	2.47	1.51	2.07	1.03	1.27	0.70
现实	缺乏幽默	男	2.85	0.80	4.08	1.12	3.23	0.73	3.08	1.04	2.62	0.87	3.85	0.90	1.00	0.01
		女	2.40	0.51	3.13	1.30	2.40	0.99	1.40	0.63	2.47	0.83	2.40	1.06	1.13	0.35
	幽默	男	2.20	0.41	1.53	0.52	2.73	1.10	2.93	1.10	2.80	0.94	3.33	1.05	1.00	0.01
		女	2.29	0.61	1.64	0.75	1.79	0.89	1.50	0.65	2.43	0.85	2.21	0.89	1.29	0.83

由表 4-46 可知，(1) 在生气上，现实程度、幽默程度两者交互作用显著，进一步简单效应分析发现，当幽默程度为缺乏幽默时，观看非现实暴力动漫的青少年与观看现实暴力动漫的青少年差异显著，$F_{(1, 118)} = 7.23$，$p < 0.01$，即观看现实且缺乏幽默暴力动漫的青少年在完成竞争反应时任务过程中会不时生气。(2) 在削弱对手赢得更多动机上，幽默程度主效应极其显著，具体表现为观看缺乏幽默暴力动漫的青少年比观看幽默暴力动漫的青少年削弱对手赢得更多的动机更强；现实程度、幽默程度两者交互作用显著，进一步简单效应分析发现，当幽默程度为缺乏幽默时，观看非现实暴力动漫的青少年与观看现实暴力动漫的青少年差异显著，$F_{(1, 118)} = 5.40$，$p < 0.05$，即观看现实且缺乏幽默暴力动漫的青少年削弱

对手赢得更多的动机更强。(3)在控制对手动机上,性别主效应极其显著,具体表现为男生控制对手的动机显著高于女生。(4)在使对手疯狂动机上,性别主效应极其显著,具体表现为男生使对手疯狂的动机显著高于女生。(5)在挑战对手动机上,性别主效应显著,具体表现为男生挑战对手的动机显著高于女生。

五 讨论

(一)动漫暴力的现实程度、幽默程度对不同性别青少年的攻击性认知影响

目前有关动漫暴力中的幽默因素对受众攻击性影响的研究较多,但结论并不一致。一些学者认为含有幽默元素的暴力动漫对学前儿童、学龄期儿童及青少年的攻击性产生影响,因为他们认为暴力是件很好玩的事情,进而加以模仿(Hapkiewicz, 1979; Silvern & Williamson, 1987; Potter, 1998; Nathanson & Cantor, 2000; Kirsh, 2006)。而另一部分学者认为幽默元素淡化了动漫中的暴力,它使动漫暴力行为的严肃性降低,缺乏幽默的动漫暴力使受众的攻击性增强(Aluja-Fabregat & Torrubia-Beltri, 1998; Cantor & Wilson, 2003; Dehart et al., 2004; Grimes et al., 2004)。本研究支持了后者的观点,本研究表明,幽默程度、现实程度和性别三者交互作用显著,进一步简单效应分析发现缺乏幽默、现实的暴力动漫启动了男生的攻击性认知。这与我们的研究假设相符合。

认知转换理论认为动漫中的幽默元素是使严肃性事件或行为降低的标志,人们发生了认知转移,越多的幽默元素存在,动漫中的暴力行为越不会被受众当真,这样,幽默减弱了动漫中的暴力情节对个体攻击性的影响。另外动漫中包含太多幽默的暴力描述会削弱叙事的严密性,处于高中阶段的青少年,他们的逻辑思维能力增强,能够推导整个故事的情节,能够对故事的因果关系进行加工,喜欢紧凑、能唤起人紧张兴奋的情节。在范丽恒教授对初中生最喜爱的动漫调查中也发现,初中生喜爱的动漫中幽默的暴力有限,即幽默的动漫对初中生的攻击性影响较小(范丽恒等,2012)。另外,研究中动机程度数据也验证了这一结果,即观看现实、缺乏幽默的暴力动漫的青少年产生削弱对手赢得更多的攻击性观念更强。

已有研究者证明动漫中现实的暴力场景比非现实的暴力场景更易启动受众的攻击性（Berkowitz，1993；Huesmann et al.，1984）。高中生已能够很好地区分现实与虚幻，他们在现实的暴力动漫中能够知觉到这种暴力行为发生在现实生活中的可能性较高，他们会注意、记忆、模仿相似的攻击行为。另外，青少年的生活与现实的暴力动漫越相似时，则他们知觉的相似水平越高，高知觉相似的动漫比低知觉相似的动漫对青少年的攻击性影响更大。当知觉相似性增加，与攻击性相关的认知启动增加（Potter，2003）。知觉真实性和知觉相似性越大，则知觉到的现实性越多，这类动漫的暴力增加了青少年直接模仿和认同的可能性。这样当他们实际遇到事情，会自觉不自觉地将动漫世界中的规则和思维模式挪用到现实生活中来，容易激发争端，甚至酿成惨祸。

缺乏幽默、现实的暴力动漫更易启动男生的攻击性认知。研究中动机程度数据验证了这一性别差异，即男生的攻击性观念显著高于女生，具体表现在男生控制对手、挑战对手、使对手疯狂的动机更强。原因可能是性别喜好上的差异，女生通常喜欢幻想、喜欢单纯美好的感受和唯美幸运的情节与结局，在其中她们能体会一种充实感和喜感，更倾向于以幽默的语言和动作来诠释；而男生的好奇心、控制欲、挑战欲较强，他们追求的是紧凑、明快的节奏，感官的刺激和酣畅的宣泄，而现实的、缺乏幽默的暴力动漫恰好迎合了男生的需求，他们在这一过程中通过观察模仿与替代学习的方式建构暴力。

（二）动漫暴力的幽默程度对青少年敌意情绪的影响

本研究结果表明，观看缺乏幽默的暴力动漫增加了青少年的敌意情绪。这与研究假设相一致。

缺乏幽默的暴力动漫增加了青少年的敌意情绪。这与Aluja-Fabregat等人（1998）的研究结果较一致，Aluja-Fabregat等人（1998）表明青少年对缺乏幽默元素的动漫能知觉到更多的暴力。也许是因为在动漫中幽默元素削弱了叙事的严密性、情节的紧凑感，降低了动漫暴力的严肃性，观看者往往会不把暴力当真；而缺乏幽默的暴力动漫中打斗场景和谋杀情节，能增加一种真实感和紧张度，而这种真实感和紧张度，同时能增加观看者对动漫的投入度，投入度越高越能被动漫中的情节牵引，越能对动漫中的某个角色产生认同，其实也是观看者自己潜在愿望的苏醒与认可，当被认同的角色受到攻击，观看者的敌意情绪也会被牵动。

（三）动漫暴力的现实程度、幽默程度对不同性别青少年攻击性行为的影响

本研究采用竞争反应时任务，较好地避免了社会期许效应，其中惩罚强度是测量个体攻击性行为的主要指标。研究结果显示，现实程度与幽默程度两者交互作用显著，即现实、缺乏幽默的暴力动漫增加了青少年的攻击性行为；性别主效应显著，具体表现为男生的攻击性行为显著高于女生的攻击性行为。

现实、缺乏幽默的暴力动漫增加了青少年的攻击性行为。动机程度数据表明，观看现实、缺乏幽默的暴力动漫青少年的攻击性行为增强。这一结果可以运用涵化理论中的"共振"假说来解释，当动漫里呈现出的事实、传播的信息内容和个人某些现实生活经验出现相同情境的时候，媒体对其受众的涵化影响就会变得更加明显和突出。另外，动漫为其受众营造的观念现实如果被个人现实生活经历、对某一问题的预期假想等验证，动漫对其受众的涵化影响还会进一步增强。相反，个体信赖的消息或个体在社会现实生活中的经验经历与动漫传播观念现实不一致时，动漫的涵化影响也会随之受到不同程度的削弱。媒体行为对青少年行为和认知层面之间存在涵化影响（Gerbner，1969），因为青少年群体的社会生活经验与其他信息来源渠道都比较少，对社会现实的相关认知和理解还处于不断变化发展阶段，所以他们很容易受到动漫的影响。

研究结果还表明，男生的攻击性行为显著高于女生。研究中动机程度数据验证了这一结果，即男生通过设置噪声等级来控制对手、挑战对手、使对手疯狂的攻击性行为更强，而女生差异则不显著。刘跃军（2009）的调查发现，在动漫角色的喜好上存在性别差异，即女生喜欢可爱型及自我型的动漫角色，男生则喜欢力量型的动漫角色。这从某种意义上解释了男生控制对手、挑战对手、使对手疯狂的动机更强这一结果。在一般攻击模型 GAM 中，接触暴力媒体后受众的行为表现不但受到外界环境影响，还同时受到来自观看者情绪和认知变量上的调节，虽然动漫中的各种暴力行为均激活、提高了男女观看者

的攻击性情绪和攻击性认知，但社会文化对女性攻击行为的否定甚至斥责评价，可能使得女性更多地抑制了自己在现实中以直接方式表达攻击性的行为。

六 小结

1. 观看缺乏幽默的暴力动漫增加了青少年的敌意情绪。

2. 观看现实、缺乏幽默的暴力动漫增加了男生的攻击性认知，同时增加了青少年的攻击性情绪和攻击性行为。

第 五 章

动漫暴力对大学生攻击性信息注意偏向影响的 ERP 研究

第一节 相关研究

一 注意偏向

（一）注意偏向的定义

注意偏向（attentional bias, AB）是指个体在特定时间内对特定刺激的选择性注意，这种注意避开或抑制无关刺激的干扰，是有意义的且符合当前活动的需要。注意偏向包括三种成分：(1)注意警觉（attentional vigilance），指个体在最初的注意定向阶段，注意很快被某种刺激物所吸引；(2)注意解除困难（difficulty in disengagement），指当个体的注意力被某种刺激物吸引后，注意在该刺激上停留较长时间，并且较难从中转移；(3)注意回避（attentional avoidance），指个体倾向于将注意转移到与某种刺激相反的线索上，例如，同时呈现负性和中性刺激，个体会倾向于将注意力从负性刺激转移到中性刺激上（Cisler & Koster, 2010）。目前关于注意偏向的作用机制其争论大多集中在注意警觉和注意解除困难上。因此，本研究主要探讨产生注意偏向的作用机制是注意警觉还是注意解除困难。

（二）注意偏向的相关理论

目前，注意成分理论、注意资源理论和图式理论是解释个体对攻击性信息产生注意偏向的主要相关理论。

1. 注意成分理论

注意包含多种成分，如注意警觉、注意维持、注意解除和注意转移等（Posner & Petersen，1990）。这些成分反映注意至少有两种机制：其一，注意警觉、注意维持反映了对相关信息的选择；其二，注意解除和注意转移反映了对无关信息的抑制。注意包括前注意、警觉和后注意三个系统，且这三个系统分工不同，前注意系统负责注意的选择定向，警觉系统使个体保持警觉的状态，而后注意系统用于指导搜索。比如，在空间线索任务当中，当刺激呈现的时间 SOA 设定在 100ms 时，暴力游戏玩家对攻击性信息的注意偏向机制为注意警觉，而在 SOA 为 1250ms 时，则两组研究对象表现出对攻击性信息的注意警觉以及注意解除困难（甄霜菊等，2013）。

2. 注意资源理论

该理论认为，注意资源是有限的，当个体将更多的注意资源分配到某种刺激上，对其他刺激分配的注意资源就会减少。比如，当攻击性刺激和中性刺激一起出现时，如果研究对象很容易将大量的注意资源分配到攻击性刺激上，就会表现出对攻击性刺激的注意偏向。在情绪 Stroop 任务中，具有高强迫的个体想要将强迫症相关的刺激抑制在意识阈限以下，其就需要为此消耗更多的注意资源，因此，用于完成实验任务的注意资源就会相对减少，即强迫症相关刺激对任务起到了干扰作用，个体对强迫症相关刺激出现了注意偏向（汪孟允等，2015）。

3. 图式理论

图式是指个体记忆中的某些知识的一种稳定的结构表征。根据 Beck 的图式理论，当个体的知识结构或内部图式与呈现的刺激一致，那么个体对该刺激的加工就更容易，加工速度也更快（彭晓哲、周晓林，2005）。图式理论可以用来解释一些具有心理障碍或者由于长期接触媒体暴力的个体对攻击性信息产生的注意偏向。如，抑郁者对相关的负性词产生了明显的注意偏向，因为抑郁患者总是偏向于优先注意和加工与其表征一致的负性情绪信息（韩冰雪等，2020）。张鑫（2015）的研究发现，反复接触暴力电子游戏容易增加个体的攻击性认知，并可能形成攻击性认知图式，此外，高暴力电子游戏玩家对攻击性信息存在明显的注意偏向。

(三) 注意偏向的研究范式

1. 情绪 Stroop 范式（Emotional stroop paradigm）

传统的 Stroop 范式要求研究对象在实验的过程中报告呈现的色词的颜色。如"蓝"这个字，可能呈现为红色，也可能呈现为蓝色。当研究对象在命名与词义不一致的色词上花费了更长的时间就表明实验中出现 Stroop 色词干扰效应。有学者对此做出了解释，阅读是一种自动化的加工技能，而对词语颜色的命名不是，个体在命名的过程中不仅会注意到词的颜色，也会注意到词的语义，而进行语义加工时对颜色命名加工产生的干扰即为 Stroop 色词干扰效应。

在传统 Stroop 范式的基础上，研究者们对其进行了一定的修改，用来研究注意偏向。情绪 Stroop 范式是注意偏向相关研究中最早、最常见的实验范式。例如，张林和吴晓燕等（2011）将中性和攻击性词语作为实验材料并采用改进后的情绪 Stroop 范式来进行研究，结果发现，高攻击组的研究对象对攻击性词语进行颜色命名的反应时显著长于对照组对攻击性词语进行颜色命名的反应时，表现出对攻击性词语明显的注意偏向。目前也有研究采用更富情绪信息的图片刺激进行研究，将图片镶上不同颜色的边框，实验中要求研究对象对图片的边框颜色进行命名，并且发现了图片对边框颜色命名的干扰效应（Hester et al., 2006；刘亚等, 2011）。

2. 点探测范式（Dot probe paradigm）

点探测范式最早由 Macleod 等人（1986）提出，最初被用于研究临床焦虑障碍患者对威胁性信息的注意偏向。此后，点探测任务范式又被广泛应用于网络成瘾、物质成瘾、媒体暴力等对个体注意偏向影响的研究中。点探测范式任务中同时呈现两种不同的刺激，通过研究对象在实验过程中的反应来判断哪一种刺激更能吸引其注意。该任务中，一般首先会在电脑屏幕上呈现一个注视点，其左右两侧同时出现两种类型的刺激（如攻击性刺激和非攻击性刺激）。刺激消失后，一个探测点（星号、圆或方形或者字母）随机呈现在两类刺激出现的位置，然后让研究对象对探测点做出相应的反应，当探测点呈现在攻击性刺激位置即为条件一致，当探测点呈现在非攻击性刺激位置即为条件不一致。当研究对象表现为反应时在一致条件下明显短于不一致条件下，则认为其对这种刺激存在明显的注意偏向（Posner et al., 1980）。

3. 视觉搜索范式（Visual search paradigm）

经典的视觉搜索范式一般要求研究对象在实验过程中从由分心刺激和目标刺激组成的矩阵中找出目标刺激（Miltner et al., 2004）。研究对象搜索目标刺激的反应时为判断是否存在注意偏向的重要指标。目标刺激和分心刺激同时呈现，当研究对象产生了注意偏向时，其作用机制可能是对目标刺激的注意警觉也可能是对分心刺激的注意解除困难（Yiend, 2010）。

4. 空间线索范式（spatial cueing paradigm）

空间线索范式最早由 Posner（1980）用于研究注意资源空间分配的特点。实验开始时，电脑屏幕中央首先会呈现一个注视点，注视点的左右两侧各有一个矩形，在这两个矩形中随机呈现一个线索刺激（攻击性或非攻击性），线索刺激消失后，目标刺激（星号或者黑色方块等）又会在这两个矩形中随机呈现，可能在线索刺激的位置呈现（有效线索，占总试次的2/3），也可能在线索刺激位置的另一侧呈现（无效线索，占总试次的1/3）。研究对象需要尽快判断靶刺激出现的位置，并做出反应。相对于非攻击性刺激，研究对象对攻击性刺激的判断反应更迅速则表现为对其产生了注意偏向；有效线索条件下，研究对象对攻击性刺激的反应时显著短于非攻击性刺激，则产生注意偏向的作用机制为注意警觉；而无效线索条件下研究对象对攻击性刺激的反应比对非攻击性刺激反应慢，则产生注意偏向的作用机制是注意解除困难。但如果两种现象同时存在，则表明注意警觉和注意解除困难同时导致了注意偏向（李海江等，2011）。空间线索范式可以研究注意资源的空间分布特征，并且能有效区分注意偏向的内在作用机制是空间线索范式的优势。

（四）注意偏向的相关研究

以往关于注意偏向的研究大多集中于各种物质成瘾（酗酒、毒品等）以及患有情绪障碍（抑郁症、焦虑症）的群体。Townshend 等人（2001）采用点探测范式考察了饮酒成瘾对个体注意偏向的影响，结果发现，较为严重的饮酒成瘾者对与酒有关的刺激信息表现出了明显的注意偏向。此外，大量研究验证了具有情绪障碍的个体的注意偏向存在一定的问题，如社交焦虑（蒋婧琪等，2019）、自闭症（李雄等，2020）等。临床研究认为，物质成瘾个体和情绪障碍群体都会对威胁性或攻击性信息刺激有较多的注意偏向，与之相应，研究发现这些群体存在较高的攻击性水平（Kring & Bachorowski, 1999），据此，研究者们开始关注攻击性水平较高的个体其注意偏向有怎样的特点。

攻击者比较偏向于注意一些敌意的刺激，进行有选择地加工。国外的研究者采用了多种范式对攻击者的注意偏向进行研究，结果主要表现为，相比于一般刺激，攻击者对攻击性或敌意性刺激存在明显的注意偏向（Eckhardt & Cohen, 1997）。国内学者对攻击者的注意偏向近几年增多，但还是处于比较前期的阶段。张林和吴晓燕（2011）分别使用攻击性问卷和冲动控制量表选取有效参与者78名，将攻击性词和中性词作为实验材料，采用情绪Stroop范式考察了中学生的注意偏向，结果发现攻击性水平高的学生命名攻击性词语颜色的反应时比较长，表现出了明显的注意偏向。彭程（2012）将暴力犯作为研究对象，采用情绪Stroop范式，结果发现他们对攻击性信息存在明显注意偏向，并获得行为数据和事件相关电位（Event-related potential, ERP）数据的支持。

二 动漫暴力与注意偏向的相关研究

研究者们在媒体暴力对青少年认知发展的影响这一问题上，一直以来都存在争议。一方面，有研究发现，媒体暴力在短期和长期环境中都增加了攻击性和暴力行为的可能性（Anderson et al., 2010; Greitemeyer & Mügge, 2014）；另一方面，一些研究人员认为，没有有效的证据来证实媒体暴力与攻击性之间的联系（Hilgard et al., 2017）。目前相关研究大多集中在暴力视频游戏和暴力电子游戏对青少年认知的影响上，而动漫暴力作为媒体暴力的一种形式，也开始逐渐引起广大研究者的关注。

（一）动漫暴力与注意偏向相关的行为研究

Kirsh等人（2005）是对游戏玩家的注意偏向关注最早的外国学者。其研究采用情绪Stroop范式考察了攻击性特质和暴力游戏对个体注意偏向的影响，结果发现，暴力游戏的短期接触者和高攻击性特质个体在Stroop任务中均表现出对消极词的注意偏向。此后，Kirsh（2007）和同事们又采用"动态人脸识别任务"范式对暴力电子游戏经验对个体注意偏向的影响进行探究。研究发现，与暴力电子游戏低经验者相比，暴力电子游戏高经验者在愤怒面孔上的反应时更短，而在快乐面孔上的反应时更长，这一结果进一步表明，长期接触暴力电子游戏的个体，对负性信息存在注意偏向（Kirsh & Mounts, 2007）。

在国内的研究中，最早是伍艳（2008）采用 Stroop 范式将暴力电子游戏和个体人格特质结合起来考察其对青少年注意偏向的影响，并以 Anderson 的"一般攻击模型"为理论基础。结果发现，相比于对照组，暴力电子游戏玩家组对攻击性词汇的反应时更长，即暴力电子游戏经验对个体的注意偏向存在显著影响，此外，暴力电子游戏组中，高攻击特质会使个体进一步增强其对攻击性词汇的注意偏向。但是相比攻击特质，暴力电子游戏会对个体的注意偏向产生更大的影响（伍艳，2008）。

李娟（2013）使用具有攻击性的词语和中性词语作为实验材料，采用情绪 Stroop 范式考察了高低暴力游戏经验组的注意偏向，结果发现研究对象较容易对攻击性词语产生注意偏向，且是高经验组对攻击性词语产生了明显的注意偏向，并且采用了空间线索范式进一步考察高经验组对攻击性词语产生注意偏向的作用机制，结果发现，研究对象在无效线索条件下对攻击性词语的反应时明显短于对中性词语的反应时，是一种注意解除困难。

甄霜菊等人（2013）在已有研究的基础上，将情绪面孔和身体攻击图片作为实验材料，并加入时间进程这一自变量，采用空间线索范式来考察暴力电子游戏玩家对攻击性信息产生注意偏向的作用机制，结果表明，暴力游戏经验对个体注意偏向的影响可能与加工时长和刺激类型有关。主要表现为：当线索呈现时间为 100ms 时，暴力游戏高经验组对攻击性图片表现出注意偏向且其作用机制为注意警觉；当线索呈现时间为 500ms 时，暴力游戏高经验组对两类图片均产生注意回避；而当线索呈现时间为 1250ms 时，表现出对攻击性图片存在注意偏向且其作用机制为注意警觉和注意解除困难（甄霜菊、谢晓东、胡丽萍、张卫，2013）。

丁道群等人（2014）采用情绪 Stroop 范式，探究暴力电子游戏对个体注意加工的影响。研究表明，暴力电子游戏玩家对攻击性信息的反应要比中性词慢，且其反应时显著短于无暴力电子游戏接触者；非暴力电子游戏组对两类词的反应时差异不显著，即暴力电子游戏组参与者对攻击性信息存在明显的注意偏向（丁道群、伍艳，2014）。

（二）动漫暴力与注意偏向相关的 ERP 研究

事件相关电位 ERP 是参与者在对具有信息意义的刺激进行认知加工时，从头皮记录到的脑诱发的电位。根据以往关于注意偏向的 ERP 研究中，N1、P2 与个体早期注意加工有关。N1 反映了个体对情绪刺激的早期加工，即对视觉刺激的情绪性内容的敏感性。N1 波幅的差异表明，在早期的注意阶段就出现了注意偏向（Jabr et al., 2018）。Delplanque 等人（2004）的研究发现消极刺激诱发的 P2 波幅比积极和中性刺激诱发的 P2 波幅更大；Kanske 等人（2011）使用消极词汇作为研究材料同样发现了负性刺激引发了更大的 P2 波幅，这表明 P2 成分是感知威胁相关刺激的神经指标（O'Toole & Dennis, 2012）。

P3 是与注意偏向相关的重要的 ERP 晚期成分，反映了注意和事件编码系统等与认知过程相关的神经活动（Hajcak et al., 2010; Sachs et al., 2004）。有研究发现，情绪性刺激所诱发的 P3 波幅比中性刺激更大（Macnamara et al., 2009），高唤醒的消极图片刺激所诱发 P3 波幅更大（Kaestner & Polich, 2011）。此外，P3 还可以反映攻击性或情绪性相关刺激加工过程中的评估以及分类的程度，其波幅与所投入的心理资源呈正相关（Schupp et al., 2000），潜伏期则随着分类任务难度和刺激的复杂程度增加而变长（Rawls et al., 2018）。有研究表明，暴力电子游戏玩家的 P3 波幅较小，潜伏期较长，反映了暴力电子游戏经验对个体的注意偏向产生影响（赵偲等，2014）。因此，本研究中将 N1、P2、P3 成分作为考察动漫暴力经验对个体注意偏向影响的 ERP 指标。

以往有关暴力电子游戏经验的相关研究中，张鑫（2015）的研究以 N1、P3 为主要的 ERP 指标，探究了暴力电子游戏经验对攻击性相关信息以及负性情绪面孔的注意偏向特点及其脑电特征。研究表明，高经验组由愤怒面孔诱发的 N1 潜伏期显著短于低经验组，此外，相比于中性和愤怒面孔，高经验组由快乐面孔诱发的 N1 潜伏期更长，表明高经验组对快乐面孔进行识别的要比中性和愤怒面孔都更慢一些；高经验组由愤怒面孔诱发的 P3 波幅比低经验组由愤怒面孔诱发的 P3 波幅小，P3 波幅的异常表明其在注意等方面存在一定的认知加工缺陷；此外，研究还发现高经验组由攻击性词汇诱发的 N1 波幅显著大于低经验组，表明个体对攻击性词语存在注意偏向，且其作用机制为注意警觉。而高经验组存在内隐的攻击性图式，其由攻击性词汇所诱发的 P3 波幅明显小于低经验组（张鑫，2015）。

Engelhardt 等人（2011）也考察了暴力电子游戏对个体攻击性信息注意偏向的影响，结果发现，暴力电子游戏经验组由攻击性图片诱发的 P3 平均波幅要比无暴力电子游戏经验组更小，表现出对攻击性信息的脱敏效应，竞争反应时任务的结果表明参与者的攻击性明显增强。也就是说，对于接触过暴力电子游戏的个体来说，玩暴力电子游戏会导致大脑对攻击性信息的反应减少，而这种减少同时也预示着其攻击性的增强（Engelhardt et al.，2011）。

Jabr 等人（2018）采用快速序列视觉呈现任务（rapid serial visual presentation task，RSVP）来探讨暴力电子游戏玩家和非暴力电子游戏玩家之间对攻击性信息的注意偏向是否存在差异，同时采用 ERP 设备记录脑电数据。研究发现，暴力电子游戏玩家和对照组的 N1 波幅存在一定的差异，暴力电子游戏玩家诱发的 N1 波幅比对照组的 N1 波幅更负，表明暴力电子游戏玩家对攻击性信息存在明显的注意偏向。此外，相比于对照组，暴力电子游戏玩家由攻击性信息刺激诱发的 P3 波幅更小，即暴力电子游戏玩家对攻击性信息存在脱敏现象。

综上所述，首先，媒体暴力接触者对攻击性信息确实存在明显的注意偏向，目前对产生注意偏向的作用机制的争论大多集中在注意警觉和注意解除困难；其次，在有关媒体暴力的认知神经机制的研究中，N1 和 P3 是与个体注意偏向相关的主要指标，经常接触媒体暴力的个体对攻击性信息会更加敏感，而长期反复接触媒体暴力的个体可能会对攻击性信息出现脱敏的现象，这些都会在一定程度上增强个体的攻击性。

第二节　问题提出与研究设计

一　问题提出

第一，在研究对象上，以往关于动漫暴力的研究忽略了大学生这一群体。但如今大学生也是动漫的重要观看群体之一。有研究曾指出，对于成人与儿童而言，媒体暴力对个体产生的短时与长时效应不尽相同，即短时效应在成人身上的表现会更明显，而长时效应则在儿童身上的表现更为明显（Busmman & Hues-mann，2006）。其中，短时效应是指短时间接触媒体暴力会使个体表现出攻击性行为与内部心理状态的短期变化。大学生作为祖国的未来、民族的希望，又是新时代的接班人，因此选择这一群体展开动漫暴力的研究十分有必要。

第二，在研究内容上，随着动漫的不断发展，动漫在人们的休闲娱乐中占据着越发重要的地位。但长期以来关于动漫暴力在国内外的研究却不多。查阅文献发现，人们对动漫暴力的危害认识不足，仍停留在动漫仅是儿童娱乐游戏的玩物这一层面。有研究表明，动漫暴力会影响人们的攻击性（马方璐、范丽恒，2013；范丽恒、林秀娟，2014），同时结合近几年来社会生活中的不少事例、新闻，发现观看动漫暴力对儿童、青少年甚至成人造成伤害的事件越来越多。而注意偏向在个体进行认知加工过程中较为关键。既然动漫暴力会影响人们的攻击性，那么动漫暴力对人们的注意偏向会造成影响吗？如果会，那么造成这种注意偏向影响的具体机制是什么？因此，有必要选择动漫暴力与注意偏向这一领域展开研究，从而丰富动漫暴力与注意偏向的理论内容，同时对其影响机制进行深入的探讨也便于以后对其进行科学有效的干预。

第三，在研究方法上，以往研究中大多采用了行为实验的方式，仅从研究对象对刺激材料做出判断的反应时与正确率进行探讨，为了进一步深入探究媒体暴力与个体注意偏向之间的关系，本研究利用对时间具有高分辨率的脑电测量技术探讨注意偏向的认知神经机制，以便更准确地把握动漫暴力对大学生注意偏向影响的具体原因。

第四，在实验范式上，就注意偏向的实验研究来说，之前研究大都选取 Stroop 范式。Ehmran 等人（2002）指出，Stroop 任务存在两点缺陷：一是 Stroop 任务要求研究对象仅注意一个词或一张图片，然而就现实环境而言，个体经常会处于多种视觉注意资源相互竞争的环境之中，采用这一范式不能较好地模拟现实世界的情景；二是在 Stroop 任务中，对颜色进行判断命名的干扰不是注意的转移造成的，而可能是注意的加工造成的。相比之下，有研究指出点探测范式能更为灵敏地对注意的定向与保持进行考察。此外，采用该范式进行研究的实验结果也更易被人理解，探测点与攻击性刺激图片所出现位置一致时，研究对象的按键反应表现得更为迅速，也说明了研究对象对负性刺激存在注意上的偏好选择。故本研究在实验一中采用了点探测任务进行考察。

有研究指出，关于注意偏向的产生原因，主要分为两种：一种是发生在注意的早期定向阶段，在该阶段，与其他刺激信息相比，个体在对某一刺激信息反应较快，能进行快速的捕捉，属于注意警觉；另一种发生在注意的解除阶段，在这一阶段中的个体会表现出对某一刺激信息的持续性注意，以至于将注意很难从这一刺激信息中撤回，属于注意的解脱困难。而研究发现，使用空间线索任务能较好地区分两种注意机制（高鹏程、黄敏儿，2008；Cisler et al.，2009）。故实验二中将采用空间线索任务对注意偏向的影响机制问题展开了深入探究。

基于此，本章将大学生作为研究对象，采用高分辨率的 ERP 技术，就动漫暴力对大学生注意偏向的影响展开研究，同时考虑到图片比文字更为形象、直观，且能够较好地吸引观察者的注意。而面孔是人类社交活动的基础，具有良好的生态效度。因此，本文选取了不同面孔图片作为实验过程中的刺激材料。将重点考察短时间观看动漫暴力对大学生注意偏向的影响及影响机制问题。

本研究分两个实验，实验一采用点探测范式以验证不同动漫类型对大学生注意偏向的影响；实验二使用空间线索任务以进一步确定造成这种注意偏向出现的影响机制，即具体原因。

二 研究目的

本文采用 ERP 技术，选取大学生为研究对象。首先，在点探测范式下，通过研究对象对图片所出现探测位置的判断情况，对比攻击性面孔图片与中性面孔图片出现时不同动漫类型观看组的反应情况，考察不同动漫类型对攻击性图片注意偏向的影响。其次，在空间线索范式下，以攻击性面孔图片与中性面孔图片作为提示线索，进一步考察动漫类型对攻击性图片注意偏向的影响机制情况，以探讨在动漫类型的刺激作用下，大学生对攻击性图片可能存在的注意偏向机制，以便于为动漫暴力观看者进行有效的干预提供实证性的科学依据。

三 研究意义

（一）理论意义

首先，从以往文献资料来看，传统的动漫暴力相关研究中多选取了儿童与中学生作为考察对象，将大学生作为考察对象的研究较少。然而研究发现，如今大学生已成为动漫的重要受众群体之一，大学生群体中喜爱看动漫的不占少数。因此，选取大学生进行考察，可以丰富并拓展动漫暴力群体的研究成果，揭示动漫暴力对大学生注意偏向的影响。

其次，可以深化动漫暴力对个体注意偏向影响这一领域的研究。一般攻击模型的短时效应认为，短期接触媒体暴力会使个体的攻击性认知激活，攻击性情绪被激起，还会影响其生理唤醒水平。而注意在个体认知加工进程中较为重要，它在个体对外部信息加工的过程中占据首要地位，所以关注动漫暴力对攻击性图片注意偏向的影响，有利于深入了解其对认知加工进程的影响机制，同时还对丰富一般攻击模型有重要的理论价值，也为动漫暴力会促使个体的攻击性增加提供了更深层次的理论依据。

最后，目前关于媒体暴力与攻击性的研究，主要围绕暴力电子游戏对攻击性的影响展开，而关于动漫暴力与攻击性的研究结果却相对较少。动漫暴力对人们的影响是潜移默化的，过于热血而暴力的动漫情节吸引了不少大学生的竞相模仿，而含有暴力内容的动漫中过于血腥的场面会在人们心底埋下暴力的种子，严重危害个体的身心健康，制约其人格发展。本研究试图通过考察动漫暴力对攻击性图片注意偏向的影响，以丰富并完善动漫暴力与个体心理健康之间关系的内容。

（二）实践意义

首先，动漫不断出现在人们的生活中，并深受大家喜爱。但不乏一些带有血腥场面的暴力动漫，而作为正处于人生发展重要阶段的大学生群体，观看这些暴力动漫是否会受其影响？会产生怎样的影响？本章选取普通大学生作为研究对象，使研究结果更具推广性与现实性。

然后，以往关于暴力游戏与注意偏向的大量研究表明，长时间接触媒体暴力会使个体表现出对攻击性信息的明显注意偏好，这种偏好容易造成个体的攻击性心理与行为。而动漫暴力作为媒体暴力形式的一种，对于观看动漫暴力的大学生而言，如果长期接触，除了会危害他们自身的身心健康，阻碍其人格的发展，影响学业进步以及社会交往，还会对周围人的身心安全及学校和谐环境的建设造成一定的威胁。本章的研究为未来对动漫暴力观看者进行干预提供了参考依据，以更好地促使观看者积极健康的价值观的确立。

最后，由于大学生尚未离开校园，正处于人际交往的关键时期，在动漫暴力的观看过程中如果长期受到攻击性情绪的熏陶，这将会极大地影响他们在现实社会中的人际交往，使其看待问题、处理事情的认知倾向与评价受到影响，甚至还会影响他们的行为决策。深入研究动漫暴力对攻击性注意偏向的影响，可以为动漫管理者提供相关参考，便于对动漫的暴力程度做出量化的限定、提供具体方案，以此减少负性情绪偏差，也为大学生建立良好人际交往提供努力的方向。

四 研究假设

结合本章的研究目的，同时借鉴媒体暴力中一种常见的表现形式——游戏暴力——对个体注意偏向影响的相关研究成果，以及关于媒体暴力的理论，在此基础上提出了以下假设。

假设1：相比于非暴力动漫观看组，暴力动漫观看组存在对攻击性图片的注意偏向，表现为暴力动漫观看组在探测类型与攻击性面孔图片一致时的反应显著快于不一致时的反应。

假设2：暴力动漫观看组在无效线索提示条件下对攻击性面孔图片的反应明显慢于对中性面孔图片的反应，表现出注意的解脱困难。非暴力动漫观看组则没有此表现。

假设3：暴力动漫观看组与非暴力动漫观看组在探测点位置与攻击性面孔图片出现位置一致条件下，N100、P200、P300波幅差异显著。相比于非暴力动漫观看组，暴力动漫观看组所诱发的三种脑电成分的潜伏期变短，N100、P200波幅变大，P300波幅变小。

假设4：暴力动漫观看组与非暴力动漫观看组在不同线索类型、面孔图片类型上，所诱发的N100、P200、P300波幅差异显著。相比于非暴力动漫观看组，暴力动漫观看组诱发的三种脑电成分的潜伏期变短，N100、P200波幅变大，P300波幅变小。

五 研究框架

本研究考察了大学生短时间观看动漫暴力对攻击性图片注意偏向的影响及其具体的影响机制问题。研究共包括三个实验,其中实验一与实验二均为混合实验设计,具体框架见表 5-1。

表 5-1 研究总框架

研究	方法	实验目的
预实验	调查法	为正式实验筛选材料,确保实验材料的有效性
实验一:动漫暴力对攻击性图片注意偏向的影响研究	ERP 实验法	通过采用点探测范式,考察动漫暴力对攻击性图片注意偏向的影响及对应脑区的变化特点
实验二:动漫暴力对攻击性图片注意偏向的影响机制探讨	ERP 实验法	通过采用空间线索范式,进一步考察动漫暴力对攻击性图片注意偏向的影响机制及对应脑区的变化特点

六 核心概念界定

动漫暴力:在动漫中存在的所有暴力现象统称为动漫暴力,包括动漫中不同的暴力表现形式及语言暴力等。

注意偏向:个体在注意过程中对某些信息进行有选择地加工,相应地较少关注甚至忽略另外一些信息,这种现象被称为注意偏向(安献丽、郑希耕,2008)。

第三节 实证研究之预实验

一 研究目的

筛选正式实验的图片材料、动漫片段材料,确保实验材料的有效性。

二 研究工具

暴力动漫经验水平问卷：该问卷由（Anderson & Dill，2000）编制的暴力游戏经验问卷改编而来，要求研究对象写出自己过去半年最经常接触的三部动漫。该问卷通过让研究对象进行七点量表评分（1代表"从来不看"，7代表"大量看"）以了解研究对象观看动漫的频率，以及七点量表评分（1代表"无暴力"，7代表"非常暴力"）以了解动漫的暴力程度。动漫暴力的经验得分＝［（动漫内容的暴力程度＋动漫画面的暴力程度）×观看动漫的频率］÷3。修改后的问卷内部一致性系数为0.78。

攻击性特质问卷：采用攻击性特质问卷（Aggression Questionnaire，AQ），该问卷由李献云等（2011）改编而来。信效度良好，其中内部一致性系数为0.94，重测信度为0.81。该问卷采用了五点量表评分（1代表"非常不符合"，5代表"非常符合"）。得分越高，表明个体的攻击性特质越强。

动漫评价问卷：该问卷根据游戏评价问卷（Video Game Rating sheet）（Anderson & Dill，2000）改编而来，主要测量了研究对象对实验中所观看动漫的暴力程度（画面与内容的暴力程度）、血腥程度（画面）及其他特性（即熟悉度、理解度、愉悦度与场景转换节奏等）。该问卷采用七点量表评分（1代表"最低"，7代表"最高"），各维度得分分别反映了研究对象对其所观看的动漫在暴力程度、血腥程度以及其他特性上的主观感知，从而控制动漫内容以外的其他特性对实验结果可能造成的影响。

三 图片材料的选取

为了排除情绪面孔识别可能存在的文化差异，实验中所用到的所有面孔图片均选自中科院心理研究所制作的中国化面孔情绪图片系统（Chinese facial affective picture system，CFAPS）（龚栩等，2011），实验所需面孔图片的选取过程如下。

首先，根据该图库系统中关于面孔图片的愉悦度与唤醒度已有的等级评定结果，结合戴琴、冯正直（2009）对攻击性面孔图片与中性面孔图片的评定标准：攻击性面孔图片要求愉悦度得分不高于2分，唤醒度得分在 3 分以上；中性面孔图片要求愉悦度得分在 3—5 分，唤醒度得分不高于 3 分。其次，筛选符合评定标准的面孔图片 120 张，其中攻击性面孔图片与中性面孔图片各 60 张（男女各半）；由 20 名非心理学研究生对所选取图片的攻击性进行七点评分（1 代表"几乎没有攻击性"，4 代表"中等攻击"，7 代表"攻击性极强"）。参考以往研究关于攻击性评定的等级标准，得分介于 5—7 分，表明这部分图片的攻击性较强；得分介于 1—2 分，则表明攻击性较弱。我们将结果中攻击性平均得分为 5.73—6.40 分的前 56 张图片作为攻击性面孔图片，而攻击性平均得分为 1.02—1.86 分的后 56 张图片作为中性面孔图片。同时对两组面孔图片的攻击性进行了独立样本 t 检验，结果显示，攻击性面孔图片（$M=5.73$，$SD=0.24$）与中性面孔图片（$M=1.86$，$SD=0.15$）在攻击性方面差异显著，$t(20)=21.14$，$p<0.001$，说明两组面孔图片在攻击性上存在差异。最后选取攻击性面孔图片与中性面孔图片各 56 张以作为正式实验的图片材料。所有图片均采用 bmp 格式，长 440mm，宽 330mm，且图片的亮度与颜色对比度均保持一致。

四 动漫材料的选取

为了尽可能与国外的同类研究保持一致，根据以往对暴力电子游戏的短时效应的相关研究（Uhlmanna & Swan-sonb, 2004），进行动漫片段的截取，每个动漫片段时间定为 10 分钟左右。实验前，运用提名法对 30 名大学生（线上 18 名，线下 12 名）进行调查，发现所调查大学生中喜欢程度排名前三的暴力动漫依次为：《进击的巨人》《我的英雄学院》《东京食尸鬼》，进一步调查发现三部动漫的豆瓣评分均在 9.0 以上，最终选取大学生喜欢程度排中等的《我的英雄学院》进行视频截取，其中暴力动漫片段与非暴力动漫片段各 4 个。之后由 10 名具有一定暴力动漫观看经验的大学生对所截取片段的暴力程度与血腥程度进行七点评分（这部分大学生不参与后续实验），结合评分结果，最终选取了 4 个情节完整的动漫片段（两个暴力动漫片段与两个非暴力动漫片段的暴力程度与血腥程度得分，如表 5-2 所示）作为实验材料，其中暴力动漫片段与非暴力动漫片段各两个，时间均在 10 分钟左右。

表 5-2　　　　　　　不同动漫片段的入组资料（$M \pm SD$）

各维度	暴力动漫一 ($M \pm SD$)	暴力动漫二 ($M \pm SD$)	非暴力动漫一 ($M \pm SD$)	非暴力动漫二 ($M \pm SD$)
暴力程度	5.10 ± 0.74	5.40 ± 0.84	1.80 ± 0.79	1.90 ± 0.74
血腥程度	5.40 ± 0.97	5.20 ± 0.63	1.30 ± 0.48	1.70 ± 0.68

所选暴力动漫片段与非暴力动漫片段的具体情节如下：

暴力动漫片段：（1）面对敌人的大范围突袭，相泽老师为守护学生与敌人浴血奋战，被敌人神秘"个性"所压制，学生们面临巨大危机。就在相泽老师命悬一线之时，欧尔麦特老师出现并与敌人展开生死搏斗。（2）被仇恨蒙蔽双眼的饭田君不自量力与"英雄杀手"斯坦因孤军奋战，就在斯坦因打算给饭田君最后一击之时，出久与轰赶来相助，面对怀有执着信念的疯狂杀人犯，三人与敌人展开殊死搏斗。从暴力动漫的定义来看，这两个视频片段符合暴力动漫的标准。

非暴力动漫片段：（1）班上通过民主投票选取班长、副班长，落败的饭田君虽然后悔，但想到崇拜的哥哥心态变平和。随后，信息防御系统被破坏，大量媒体涌入校内，饭田君在同学们恐慌之时临危不乱，采取行动积极应对，得到大家的一致好评，被选为班长。（2）为提高学生的作战能力，欧尔麦特老师安排大家进行室内对战训练，学生抽签分为两人小组，不同小组分别扮演英雄与敌人的角色，并说明作战规则。抽完签后学生们依次展示自己的战服，准备迎战。从暴力动漫的定义来看，这两个视频片段没有出现暴力、血腥的场面，符合非暴力动漫的标准。

为了进一步确定所选动漫片段的有效性，由 20 名具有一定动漫暴力经验的非心理学专业学生（这部分大学生不参与正式实验）对所选动漫片段进行评价，要求他们在看完动漫片段后均需填写一份动漫评价问卷，主要是对所看的动漫片段进行熟悉度、理解度、愉悦度、场景转换节奏、暴力程度与血腥程度的评价。

现将 20 名大学生对不同动漫片段在各维度上的评分（见表 5-3）进行 4（动漫片段：暴力片段一，暴力片段二，非暴力片段一，非暴力片段二）×6（各维度：熟悉度，理解度，愉悦度，场景转换节奏，暴力程度，血腥程度）的重复测量方差分析。

表5-3　　　　　　　不同动漫片段在各维度上的得分

各维度	暴力动漫一 （M±SD）	暴力动漫二 （M±SD）	非暴力动漫一 （M±SD）	非暴力动漫二 （M±SD）
熟悉程度	3.43±1.94	3.41±2.03	3.53±2.18	3.77±2.10
理解度	4.57±1.25	4.13±0.97	5.07±1.17	5.43±0.94
愉悦度	3.93±1.23	4.13±1.31	4.23±1.14	4.77±1.19
场景转换节奏	4.53±0.90	4.00±1.23	4.26±0.77	4.20±0.81
暴力程度	5.57±0.93	5.20±1.07	1.43±1.34	1.65±1.03
血腥程度	5.63±1.05	5.67±0.88	1.70±1.16	1.63±0.85

表5-4　　　　　　不同动漫片段在各维度上得分的方差分析

项目	差异来源	df	MS	F	p	η^2
被试间	动漫片段	3.00	103.35	91.09	0.526	0.09
	误差	116.00	1.14			
被试内	各维度	4.39	28.88	24.92	0.237	0.12
	动漫片段×各维度	13.16	33.03	28.50	0.043	0.25
	误差	508.96	1.16			

结果（见表5-4）发现，组别的主效应不显著，[$F_{(1,3)}=91.09$, $p=0.526$, $\eta^2=0.09$]。各维度的主效应不显著[$F_{(1,3)}=24.92$, $p=0.237$, $\eta^2=0.12$]。动漫片段与各维度的交互作用显著[$F_{(1,3)}=28.50$, $p=0.043$, $\eta^2=0.25$]，简单效应分析发现，在熟悉度、理解度、愉悦度、场景转换节奏这四个维度上动漫片段的差异均不显著；但在暴力程度与血腥程度上动漫片段之间的差异显著，表现为在暴力程度上暴力片段一、暴力片段二与非暴力片段一、非暴力片段二之间差异显著，结果显示在暴力片段一（5.57±0.93）与暴力片段二（5.20±1.07）上的暴

力程度得分显著高于非暴力片段一（1.43±1.34）、非暴力片段二（1.65±1.03）；在血腥程度上暴力片段一、暴力片段二与非暴力片段一、非暴力片段二之间的差异显著，表现为在暴力片段一（5.63±1.05）与暴力片段二（5.67±0.88）上的血腥程度得分显著高于非暴力片段一（1.70±1.16）、非暴力片段二（1.63±0.85）。结果还显示在暴力程度上暴力片段一与暴力片段二（$p=0.491$）、非暴力片段一与非暴力片段二（$p=0.885$）之间的差异不显著，在血腥程度上暴力片段一与暴力片段二（$p=0.743$）、非暴力片段一与非暴力片段二（$p=0.465$）之间的差异也不显著。

从以上结果来看，不同类型的动漫片段仅在暴力程度、血腥程度上存在显著差异，说明两种动漫类型的选取是有效的；且同一种类型的两个动漫片段的各维度之间无显著性差异，即同一类型的动漫片段之间均保持了同质，因此我们所选取的动漫材料是有效的，不会对实验结果造成干扰。

第四节　点探测范式下不同动漫类型对攻击性图片注意偏向的影响

一　研究目的及假设

实验一采用点探测范式与 ERP 技术相结合，通过研究对象对探测点所在位置的判断情况，探讨不同动漫类型对攻击性图片注意偏向的影响。

假设1：相比非暴力动漫观看组，暴力动漫观看组对两种图片的反应时差异显著，表现为在一致条件下的反应快于不一致条件下的反应，即暴力动漫观看组存在攻击性的注意偏向。

假设2：相比非暴力动漫观看组，当攻击性图片位置与探测点位置一致时暴力动漫观看组诱发的 N100、P200 波幅变大，N100、P200 潜伏期变短。

假设3：暴力动漫观看组对攻击性图片位置上出现的探测点加工的 P300 波幅变小，潜伏期延长。

二 研究方法

（一）研究对象

向河南某大学招募具有一定动漫暴力观看经验的非心理学专业本科生65人（均为大一、大二学生，且均为理科生），分别发放暴力动漫经验问卷与攻击性特质问卷各65份，剔除无效问卷5份，回收整理得到有效问卷60份，回收率92.3%。

为了确保最终参与实验的大学生在暴力动漫经验水平、攻击性特质水平以及性别方面是无差异的。我们将大学生的这三个变量进行了匹配，匹配后的两组大学生的入组资料见表5-5，之后分别对两组大学生的年龄、暴力动漫经验水平以及攻击性特质水平进行独立样本 t 检验，结果显示在年龄、暴力动漫经验水平以及攻击性特质水平上两组大学生之间均无显著性差异 $[t_{(30)} = 0.49, p = 0.627; t_{(30)} = 0.01, p = 0.993; t_{(30)} = 0.13, p = 0.895]$，由此可知，两组大学生在这三个维度上是等组与等质的。

表5-5　　　　　　　两组大学生的入组资料（$M \pm SD$）

动漫类型观看组	人数	年龄	暴力动漫经验水平	攻击性特质水平
暴力动漫观看组	30	18.47（0.73）	32.42（10.88）	70.07（14.51）
非暴力动漫观看组	30	18.37（0.85）	32.06（10.59）	70.03（15.14）

（二）实验设计

采用2（动漫类型：暴力动漫，非暴力动漫）×2（探测类型，即图片与探测点位置：一致，不一致）的混合实验设计，其中动漫类型为被试间变量，探测类型为被试内变量，大学生的反应时长及相关的脑电指标为因变量。

（三）实验材料

取自预实验选出的攻击性图片、中性图片共112张，随机选择12张（攻击性图片、中性图片各半）作为练习材料。剩下的100张图片（攻击性图片、中性图片各50张）作为正式实验的材料。实验呈现的图片是由两张面孔图片组成的，匹配方式为：攻击性面孔图片—中性面孔图片或中性面孔图片—攻击性面孔图片，共配成50个图片对。

本研究参考 Jongen 等（2007）所采用的点探测范式，运用 Eprime 2.0 软件进行编制，它除了可以呈现刺激材料外，还负责记录研究对象的反应时及正确率。刺激材料为自制的面孔组图（见图5-1），刺激的背景为白色，探测点出现在中性面孔与攻击性面孔位置的概率相等。同时对图片呈现的先后次序进行了随机化处理（刘阳娥、冯正直，2009）。

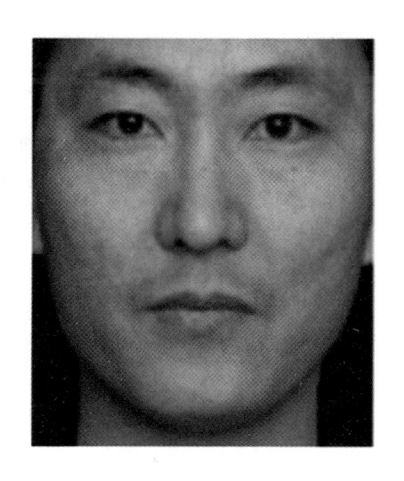

图5-1 中性图片—攻击性图片

（四）实验程序

实验进行个别施测，实验前由主试将实验流程与注意事项进行详细的解释。所有大学生均属于自愿参加实验，并填写知情同意书。实验在一间具有较好隔音、隔光，安静的实验室中进行，配有计算机、显示器与椅子。实验中要求大学生距电脑屏幕约80cm左右，与屏幕中央保持一致。所有反应均通过按键进行，所有刺激均在屏幕中呈现，背景为黑色，刺激通过14英寸显示器呈现，同时要求大学生在刺激呈现过程中尽量控制眨眼、乱动等动作。

首先，让大学生观看时长约10分钟的动漫片段，之后进行点探测任务的实验操作。具体的实验操作主要由练习与正式实验两部分构成，两部分实验任务所呈现的刺激材料不同。其中，练习实验任务包括了 12 个 trial，且要求大学生在练习过程中的正确率达到 95% 才可进入正式实验。正式的实验任务流程如下：实验开始时，屏幕中央会先呈现一个注视点"+"，时长为 800—1000ms，之后在屏幕中会出现一个图片配对组刺激，时长为 500ms，紧接着在其中一张面孔图片的位置会出现一个"●"，大学生需要对探测点出现的位置做出按键反应。若探测点出现在左侧按"F"键，出现在右侧则按"J"键。若大学生未对探测点做出反应，则探测点在 2000ms 后会自动消失。实验过程中要求大学生将注意力集中到电脑屏幕上，尽量少眨眼，且不要大幅度乱动。

正式实验包括 160 个 trial，由两个 block 组成，每个 block 有 80 个 trial，每个 trial 中呈现的图片对是分别从攻击性图片或中性图片中抽取一张进行了随机配对，两个 block 之间有 3 分钟的休息时间。整个实验包括练习与打脑电膏这些环节，用时约 50 分钟。实验中对图片类型（攻击性/中性）、探测点的呈现位置进行了随机匹配，对实验中动漫片段的呈现顺序也进行了随机化处理。

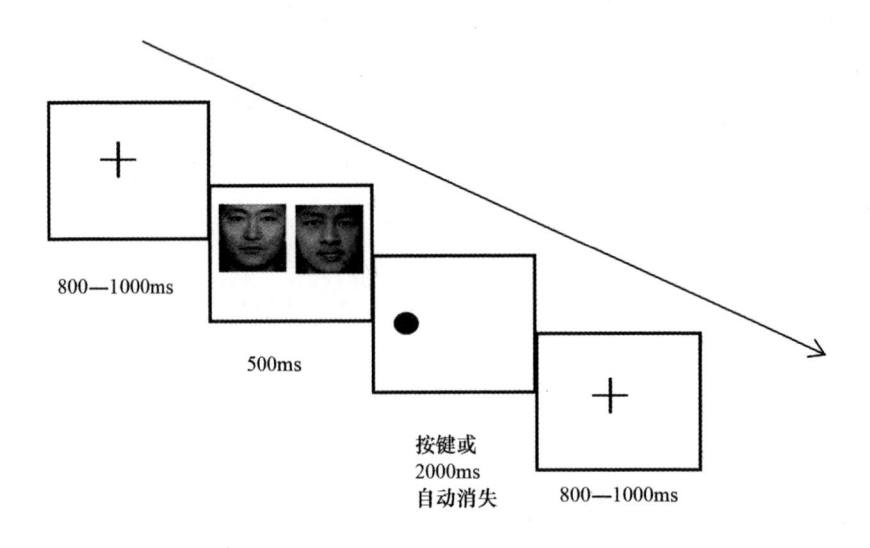

图 5-2　点探测范式下的实验流程

三 数据记录与分析

（一）数据记录

实验采用 E-prime 2.0 呈现实验材料，同时还收集了大学生的反应数据。其中，反应时通过大学生的实际反应时长，即毫秒（ms）来进行统计。脑电采集设备采用了德国 Brain Products（BP）公司生产的脑电记录分析系统。EEG 的记录是按照国际 10—20 扩展的 32 导 Ag/Ag CI 电极帽进行，眼电上有左右眼眶的两个电极记录，分别为水平眼电（HEOG）与垂直眼电（VEOG），将位于左右两侧的乳突（TP9、TP10），以及分别位于前额叶与额叶中间的连线中点处的 Grand 与 Reference 作为脑电实验过程中的参考电极。滤波带通的取值范围设置为：0.01—100Hz，同时利用了 500Hz/导的采样频率，保证大学生的头皮与电极之间的电阻在 10kΩ 以下。对 ±70μv 的脑电伪迹进行了手动剔除，且对肌电、眼电进行了自动化的矫正。在收录大学生脑电数据的过程中要求大学生集中注意力，尽量少眨眼睛，不要大幅度乱动。

（二）数据分析

实验过程中对 EEG 数据进行了连续记录，之后离线（off line）分析处理这些脑电数据，脑电数据采用了 Analyzer 2.0 软件进行分析，其中伴有眼动、眨眼、肌电等带有伪迹的实验数据均被剔除，排除标准为 ±70μV，将总平均波幅作为实验结果的最终参考。数据的统计分析结果采用了 SPSS 22.0 软件，对行为数据的反应时以及脑电数据 N100、P200、P300 成分的平均波幅与潜伏期进行了重复测量方差分析，同时采用 Greehouse-Geisser 进行 p 值的校正。根据以往前人的研究，将 ERP 的具体分析时程设置为：图片呈现之前的 200ms 至探测点呈现之后的 600ms，其中将图片呈现之前的 200ms 作为基线。选取的电极点为：Fz、Cz、P3、Pz、P4。结合本实验的地形图，将 ERP 的测量窗口设定为：N100（90—180ms）、P200（180—280ms）、P300（280—500ms）。

四 研究结果

（一）点探测范式下动漫类型观看组在不同探测类型上的行为结果

采用了SPSS22.0对实验结果的行为数据进行处理，根据李海江、贾磊（2013）等的研究，剔除了反应时在200ms以下与1200ms以上的反应时以及在±2.5个标准差之外的反应时试次，剔除正确率在95%以下的大学生。结果发现，所有大学生的正确率均在95%以上，剔除3名未完成实验任务的大学生，以及脑电实验中不符合标准的8名大学生，最终参与行为结果分析的大学生为49人（男23，女26）。不同动漫类型观看组在不同探测类型条件上的反应时（ms）的描述性统计结果见表5-6。

表5-6 不同动漫类型观看组在不同探测类型下的反应时（$M \pm SD$）（ms）

探测类型	暴力动漫观看组	非暴力动漫观看组
一致	389.48 ± 44.99	442.16 ± 80.90
不一致	396.36 ± 44.34	445.91 ± 83.33

结果显示，暴力动漫观看组与非暴力动漫观看组在一致条件下比在不一致条件下的平均反应时普遍较短。对于暴力动漫观看组而言，在一致与不一致条件下的平均反应时分别短于非暴力动漫观看组的一致、不一致条件下的平均反应时。

表5-7 不同动漫类型观看组在不同探测类型上的反应时方差分析

	变异来源	df	MS	F
被试间	组别	1.00	5043.11	0.56
	误差	47.00	8998.61	
被试内	探测类型	1.00	219.14	2.23
	探测类型×组别	1.00	712.08	7.25*
	误差	47.00	98.21	

对不同动漫类型观看组在探测类型条件下的反应时进行 2（动漫类型：暴力动漫，非暴力动漫）×2（探测类型：一致，不一致）的重复测量方差分析。见表 5-7，结果发现，组别的主效应不显著 [$F_{(1,47)} = 0.56$, $p = 0.458$, $\eta^2 = 0.01$]。探测类型的主效应不显著 [$F_{(1,47)} = 2.23$, $p = 0.143$, $\eta^2 = 0.05$]。探测类型与组别的交互作用显著 [$F_{(1,47)} = 7.25$, $p = 0.010$, $\eta^2 = 0.15$]，见图 5-3。进一步简单效应分析发现，暴力动漫观看组在探测类型上的差异显著 [$F_{(1,47)} = 7.42$, $p = 0.009$, $\eta^2 = 0.15$]，表现为暴力动漫观看组在一致条件下的反应时（389.48±44.99ms）显著快于不一致条件下的反应时（396.36±44.34ms），而非暴力动漫观看组在探测类型上的差异不显著（$p > 0.05$）。

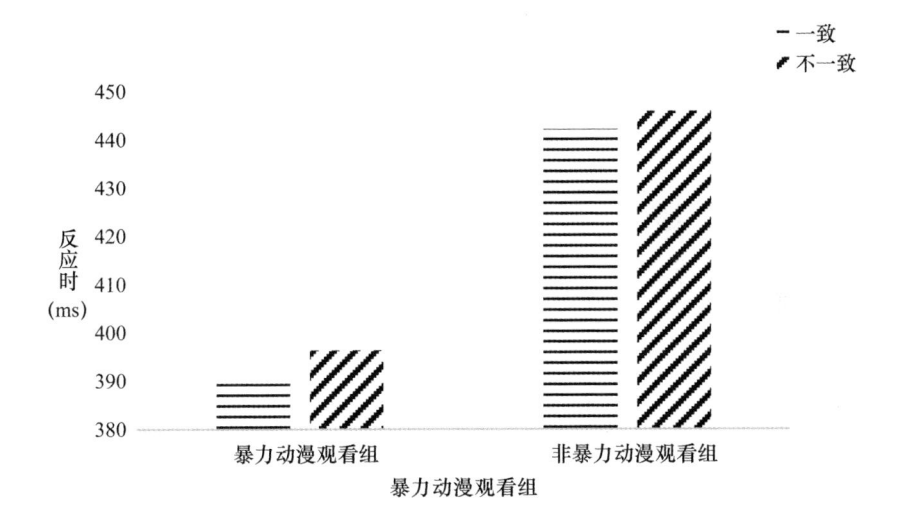

图 5-3 动漫类型观看组在不同探测类型上的反应时

（二）点探测范式下动漫类型观看组在不同探测类型上的 ERP 数据结果

实验中共剔除 11 名大学生（其中 3 人未完成实验任务，4 人的头皮与电极间的电阻过高，4 人在实验中脑电波过乱），最终参与 ERP 数据分析的大学生共 49 人（男 23 人，女 26 人）。因本实验的假设与 N100、P200 与 P300 关系密切，下面的脑电结果将依次报告这三个成分。

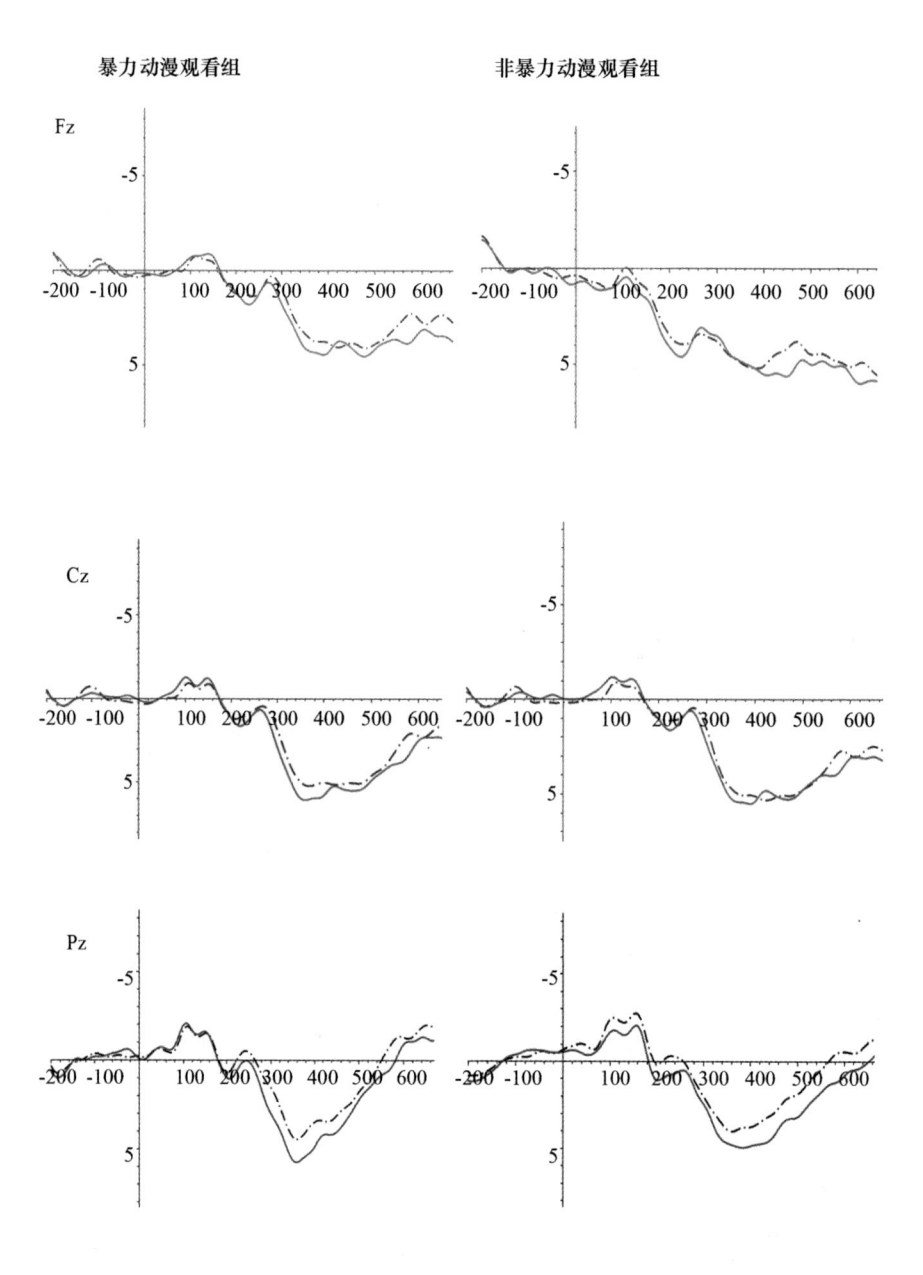

暴力动漫观看组　　　　　　　　非暴力动漫观看组

Fz

Cz

Pz

一致条件 ——— 不一致条件 -·-·-

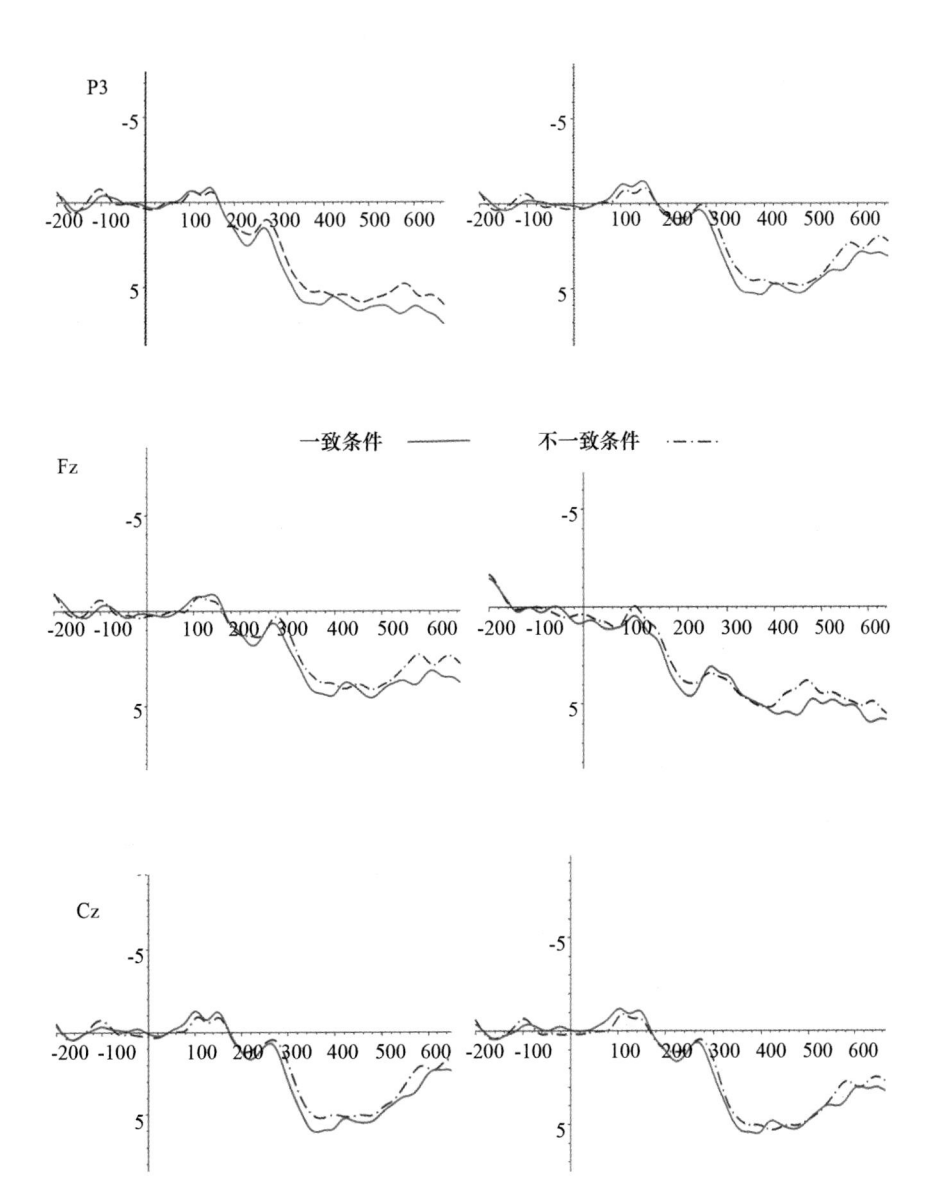

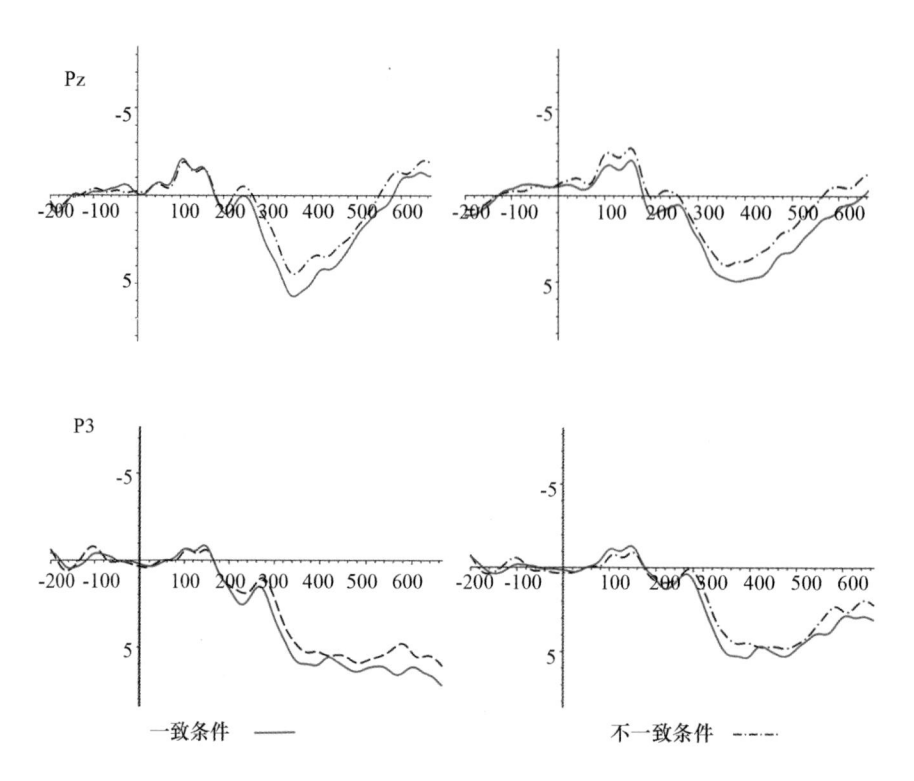

140 / 动漫暴力对青少年影响的实证研究

一致条件 ——　　　　　不一致条件 ----

图 5-4　实验一中两组研究对象在一致与不一致条件下的总平均波形图

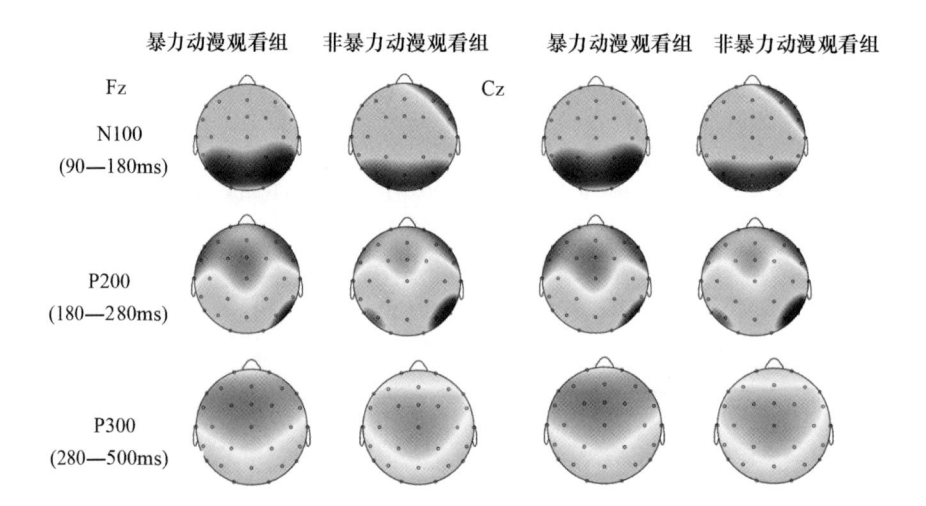

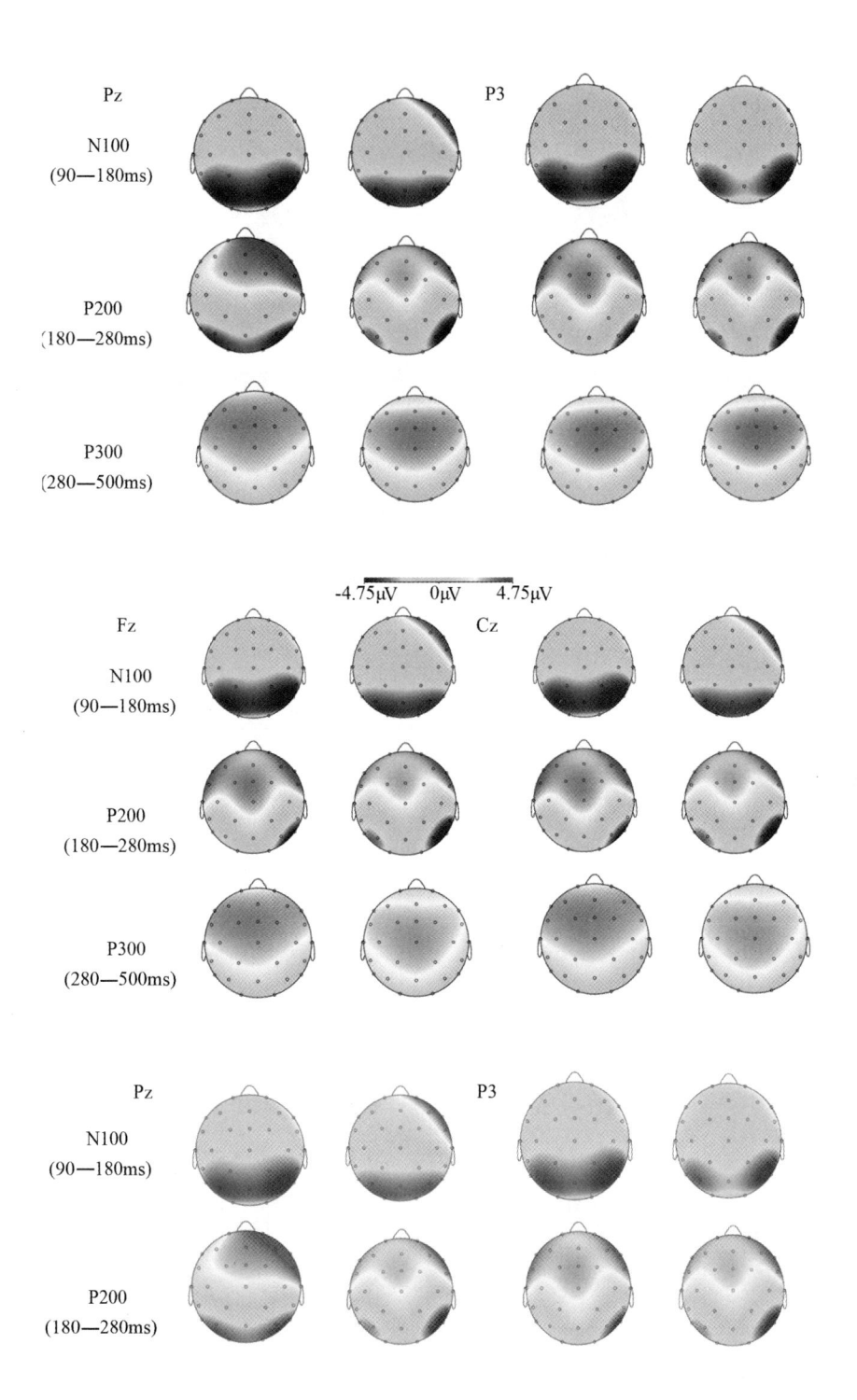

第五章　动漫暴力对大学生攻击性信息注意偏向影响的 ERP 研究　/　141

142 / 动漫暴力对青少年影响的实证研究

Pz　　　　　　　　　　　　P3

N100
(90—180ms)

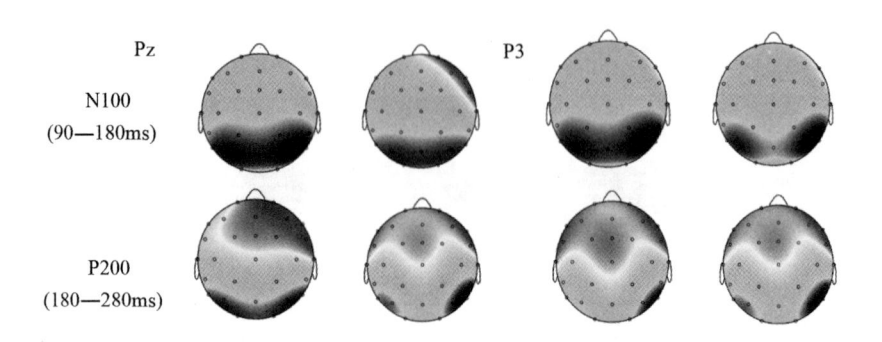

P200
(180—280ms)

图 5-5　实验一中，两组研究对象在各电极点上诱发的 N100、P200 与 P300 成分的地形图

表 5-8　　　　　　　N100 平均波幅的描述性统计（$M \pm SD$）　　　　　单位：μV

电极点	暴力动漫观看组		非暴力动漫观看组	
	一致	不一致	一致	不一致
Fz	-1.33 ± 0.44	-0.85 ± 0.42	-0.53 ± 0.40	-0.33 ± 0.41
Cz	-0.83 ± 0.44	-0.63 ± 0.42	-0.41 ± 0.46	-0.17 ± 0.48
Pz	-2.31 ± 0.48	-1.61 ± 0.46	-1.47 ± 0.42	-1.40 ± 0.44

表 5-9　　　　　　　N100 平均波幅的重复测量方差分析　　　　　　　　单位：μV

项目	差异来源	df	MS	F
被试间	组别	1.00	19.00	1.11
	误差	47.00	17.11	
被试内	电极点	1.41	130.20	32.53**
	电极点 × 组别	1.41	32.60	8.15**
	误差	59.14	4.00	
	探测类型	1.00	2.85	1.48
	探测类型 × 组别	1.00	9.18	4.77*
	误差	47.00	1.92	

续表

项目	差异来源	df	MS	F
	电极点×探测类型	1.38	0.29	0.46
	电极点×探测类型×组别	1.38	0.04	0.07
	误差	57.88	0.62	

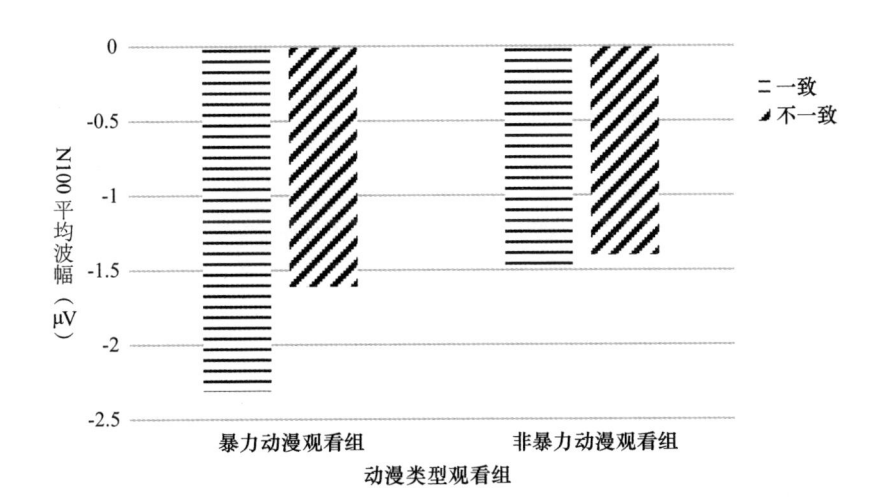

图 5-6　动漫类型观看组在不同探测类型上诱发的 N100 波幅

N100 波幅（90—180ms）：对 N100 的平均波幅（见表 5-8）进行 2（动漫类型：暴力动漫，非暴力动漫）×2（探测类型：一致，不一致）×3（电极点：Fz，Cz，Pz）的重复测量方差分析。结果（见表 5-9）发现，组别的主效应不显著 $[F_{(1,47)} = 1.11, p = 0.298, \eta^2 = 0.03]$。探测类型的主效应不显著 $[F_{(1,47)} = 1.48, p = 0.230, \eta^2 = 0.03]$。探测类型与组别的交互作用显著 $[F_{(1,47)} = 4.77, p = 0.035, \eta^2 = 0.10]$，见图 5-6。进一步简单效应分析发现，在探测类型上暴力动漫观看组诱发的 N100 波幅差异显著 $[F_{(1,47)} = 5.31, p = 0.026, \eta^2 = 0.11]$，表现为暴力动漫观看组在一致条件下诱发的 N100 波幅（-0.95±0.36μV）大于不一致条件下诱发的波幅（-0.79±0.36μV），而在非暴力动漫观看组上探测类型的差异不显著（$p > 0.05$）。电极点的主效应显著 $[F_{(1,47)} = 32.53, p < 0.001, \eta^2 = 0.44]$，表现为在 Pz 上诱发的 N100 波幅最大（-1.70±

0.31μV），在 Cz 上诱发的波幅最小（-0.33±0.28μV）。

表 5-10　　　　N100 潜伏期的描述性统计（$M \pm SD$）　　　单位：ms

电极点	暴力动漫观看组 一致	暴力动漫观看组 不一致	非暴力动漫观看组 一致	非暴力动漫观看组 不一致
Fz	147.73±6.41	151.81±6.56	159.80±6.72	156.50±6.88
Cz	144.18±6.89	149.09±6.70	157.30±7.23	157.70±7.03
Pz	141.09±7.90	148.36±7.40	136.60±8.29	144.60±7.76

表 5-11　　　　　N100 潜伏期的重复测量方差分析

项目	差异来源	df	MS	F
被试间	组别	1.00	4021.78	0.93
	误差	47.00	4305.61	
被试内	电极点	1.51	4185.52	2.97
	电极点×组别	1.51	2387.26	1.69
	误差	60.36	1410.34	
	探测类型	1.00	1265.84	0.92
	探测类型×组别	1.00	477.27	0.35
	误差	47.00	1374.14	
	电极点×探测类型	1.98	304.16	0.77
	电极点×探测类型×组别	1.98	124.65	0.31
	误差	79.12	397.41	

N100 潜伏期（90—180ms）：对 N100 的潜伏期（见表 5-10）进行 2（动漫类型：暴力动漫，非暴力动漫）×2（探测类型：一致，不一致）×3（电极点：Fz，Cz，Pz）的重复测量方差分析。结果（见表 5-11）发现，组别的主效应不显著 $[F_{(1,47)}=0.93, p=0.340, \eta^2=0.02]$，探测类型的主效应不显著 $[F_{(1,47)}=0.92, p=0.343, \eta^2=0.02]$，二者的

交互作用也不显著［$F_{(1,47)} = 0.35$，$p = 0.559$，$\eta^2 = 0.01$］。电极点的主效应边缘显著［$F_{(1,47)} = 2.97$，$p = 0.073$，$\eta^2 = 0.07$］，表现为在 Fz 上诱发的 N100 潜伏期最晚（153.78 ± 6.56ms），在 Pz 上诱发的 N100 潜伏期最早（143.26 ± 7.64ms）。

表 5-12　　　　　P200 平均波幅的描述性统计（$M \pm SD$）　　　　单位：μV

电极点	暴力动漫观看组 一致	暴力动漫观看组 不一致	非暴力动漫观看组 一致	非暴力动漫观看组 不一致
Fz	3.21 ± 0.66	2.62 ± 0.59	0.81 ± 0.54	0.70 ± 0.60
Cz	1.89 ± 0.70	1.24 ± 0.62	0.39 ± 0.57	0.34 ± 0.64
Pz	1.20 ± 0.71	0.38 ± 0.68	0.20 ± 0.62	0.19 ± 0.65

表 5-13　　　　　　　　P200 平均波幅的重复测量方差分析

项目	差异来源	df	MS	F
被试间	组别	1.00	52.27	1.38
	误差	47.00	37.97	
被试内	电极点	1.28	180.53	22.41**
	电极点 × 组别	1.28	71.42	8.87*
	误差	53.88	8.06	
	探测类型	1.00	7.80	2.64
	探测类型 × 组别	1.00	7.65	2.59
	误差	47.00	2.95	
	电极点 × 探测类型	1.49	0.53	0.66
	电极点 × 探测类型 × 组别	1.49	0.01	0.01
	误差	62.65	0.81	

P200 波幅（180—280ms）：对 P200 的平均波幅（见表 5-12）进行 2（动漫类型：暴力动漫，非暴力动漫）×2（探测类型：一致，不一致）×3（电极点：Fz, Cz, Pz）的重复测量方差分析。结果（见表 5-13）发现，组别的主效应不显著 [$F_{(1,47)} = 1.38$, $p = 0.247$, $\eta^2 = 0.03$]。探测类型的主效应不显著 [$F_{(1,47)} = 2.64$, $p = 0.112$, $\eta^2 = 0.06$]。电极点与组别的交互作用显著 [$F_{(1,47)} = 8.87$, $p = 0.002$, $\eta^2 = 0.17$]，进一步简单效应分析发现，暴力动漫观看组在三个电极点上的差异显著（p 值均小于 0.05），表现为在三个电极点上暴力动漫观看组诱发的 P200 波幅均大于非暴力动漫观看组诱发的波幅，而非暴力动漫观看组在三个电极点上的差异不显著（p 值均大于 0.05）。电极点主效应显著 [$F_{(1,47)} = 22.41$, $p < 0.001$, $\eta^2 = 0.35$]，表现为在 Fz 上诱发的 P200 波幅最大（$1.83 \pm 0.41\mu V$），Pz 上诱发的波幅最小（$0.45 \pm 0.46\mu V$）。

表 5-14　　P200 潜伏期的描述性统计（$M \pm SD$）　　单位：μV

电极点	暴力动漫观看组		非暴力动漫观看组	
	一致	不一致	一致	不一致
Fz	226.83 ± 6.34	224.00 ± 6.29	243.60 ± 8.28	241.00 ± 8.41
Cz	231.42 ± 7.44	232.08 ± 7.44	245.80 ± 8.33	240.30 ± 8.29
Pz	237.83 ± 7.91	237.08 ± 7.91	240.70 ± 8.15	232.60 ± 7.31

表 5-15　　P200 潜伏期的重复测量方差分析

项目	差异来源	df	MS	F
被试间	组别	1.00	605.89	0.10
	误差	47.00	5840.35	
被试内	电极点	2.69	4530.36	3.17*
	电极点 × 组别	2.69	696.06	0.49
	误差	112.84	1428.51	
	探测类型	1.00	857.31	0.50
	探测类型 × 组别	1.00	877.82	0.52
	误差	47.00	1699.60	
	电极点 × 探测类型	3.27	214.80	0.48
	电极点 × 探测类型 × 组别	3.27	223.09	0.50
	误差	137.40	446.24	

P200 潜伏期（180—280ms）：对 P200 的潜伏期（见表 5 – 14）进行 2（动漫类型：暴力动漫，非暴力动漫）×2（探测类型：一致，不一致）×3（电极点：Fz，Cz，Pz）的重复测量方差分析。结果（见表 5 – 15）发现，组别的主效应不显著 $[F_{(1,47)} = 0.10, p = 0.749, \eta^2 = 0.00]$。探测类型的主效应不显著 $[F_{(1,47)} = 0.50, p = 0.481, \eta^2 = 0.01]$。电极点的主效应显著 $[F_{(1,47)} = 3.17, p = 0.032, \eta^2 = 0.07]$，表现为在 Pz 上 P200 的潜伏期出现得最早（229.73 ± 3.76ms），在 Fz 上 P200 的潜伏期出现得最晚（244.11 ± 5.16ms）。

表 5 – 16　　　　P300 平均波幅的描述性统计（$M \pm SD$）　　　单位：μV

电极点	暴力动漫观看组 一致	暴力动漫观看组 不一致	非暴力动漫观看组 一致	非暴力动漫观看组 不一致
P3	3.20 ± 0.77	3.66 ± 0.65	4.45 ± 0.85	4.82 ± 0.71
Pz	4.70 ± 0.93	5.38 ± 0.81	5.71 ± 1.02	5.75 ± 0.89
P4	3.06 ± 0.82	4.14 ± 0.85	3.03 ± 0.90	4.03 ± 0.93

表 5 – 17　　　　　　　P300 平均波幅的重复测量方差分析

项目	差异来源	df	MS	F
被试间	组别	1.00	12.81	0.17
	误差	47.00	76.46	
被试内	电极点	1.55	131.50	24.43**
	电极点×组别	1.55	4.32	0.80
	误差	64.97	5.38	
	探测类型	1.00	40.38	15.06**
	探测类型×组别	1.00	0.04	0.02
	误差	47.00	2.68	
	电极点×探测类型	1.96	1.50	3.85*
	电极点×探测类型×组别	1.96	0.35	0.90
	误差	82.09	0.39	

P300 波幅（280—500ms）：对 P300 的平均波幅（见表 5 – 16）进行 2（动漫类型：暴力动漫，非暴力动漫）×2（探测类型：一致，不一致）×3（电极点：P3，Pz，P4）的重复测量方差分析。结果（见表 5 – 17）显示，组别的主效应不显著 $[F_{(1,47)} = 0.17，p = 0.684，\eta^2 = 0.00]$。探测类型的主效应显著 $[F_{(1,47)} = 15.06，p < 0.001，\eta^2 = 0.13]$，表现为一致条件下诱发的 P300 波幅（4.17 ± 0.55μV）小于不一致条件下诱发的波幅（4.76 ± 0.51μV）。电极点的主效应显著 $[F_{(1,47)} = 24.43，p < 0.001，\eta^2 = 0.36]$，表现为 Pz 上诱发的 P300 波幅最大（5.38 ± 0.63μV），P4 上诱发的波幅最小（3.56 ± 0.61μV）。电极点与探测类型的交互作用显著 $[F_{(1,47)} = 3.85，p = 0.026，\eta^2 = 0.08]$，进一步简单效应分析发现三个电极点上探测类型的差异显著（p 值均小于 0.05），表现为在三个电极点上一致条件下诱发的 P300 波幅均小于不一致条件下诱发的波幅。

表 5 – 18　　　　P300 潜伏期的描述性统计（$M \pm SD$）　　　　　单位：ms

电极点	暴力动漫观看组 一致	暴力动漫观看组 不一致	非暴力动漫观看组 一致	非暴力动漫观看组 不一致
P3	386.40 ± 11.37	379.10 ± 10.85	380.91 ± 10.84	389.27 ± 10.34
Pz	391.20 ± 12.34	370.50 ± 11.89	382.27 ± 11.34	389.18 ± 11.76
P4	382.36 ± 12.37	377.64 ± 11.84	366.40 ± 12.42	383.40 ± 12.97

表 5 – 19　　　　　　P300 潜伏期的重复测量方差分析

项目	差异来源	df	MS	F
被试间	组别	1.00	1090.29	0.05
被试间	误差	42.00	20249.33	
被试内	电极点	2.33	17323.38	7.33**
被试内	电极点 × 组别	2.33	2904.87	1.23
被试内	误差	93.18	2363.64	
被试内	探测类型	1.00	1264.36	0.36
被试内	探测类型 × 组别	1.00	3083.79	0.88
被试内	误差	42.00	3523.06	
被试内	电极点 × 探测类型	2.41	2147.63	1.88
被试内	电极点 × 探测类型 × 组别	2.41	260.28	0.23
被试内	误差	96.38	1144.14	

P300 潜伏期（280—500ms）：对 P300 的潜伏期（见表 5 - 18）进行 2（动漫类型：暴力动漫，非暴力动漫）×2（探测类型：一致，不一致）×3（电极点：P3，Pz，P4）的重复测量方差分析。结果（见表 5 - 19）发现，组别的主效应不显著 $[F_{(1,47)} = 0.05, p = 0.818, \eta^2 = 0.00]$。探测类型的主效应不显著 $[F_{(1,47)} = 0.36, p = 0.553, \eta^2 = 0.01]$。电极点的主效应显著 $[F_{(1,47)} = 7.33, p = 0.001, \eta^2 = 0.16]$，表现为在 P4 上 P300 的潜伏期出现的最早（377.45 ± 7.68ms），在 Pz 上 P300 的潜伏期出现的最晚（383.29 ± 7.11ms）。

五　讨论

为了更好地考察短时间观看动漫暴力的大学生对攻击性图片注意偏向的影响特点，本研究将经典的点探测范式与 ERP 技术相结合，通过让两组大学生分别观看暴力动漫片段或非暴力动漫片段，之后以呈现具有良好生态效度的情绪面孔图片（攻击性图片与中性图片）的方式以探讨大学生在两种情绪面孔图片下的行为特点及脑电特点。其中，大学生的动漫暴力经验水平、攻击性特质水平及性别为控制变量，动漫类型观看组为自变量。研究结果与实验假设比较符合：暴力动漫观看组在攻击性面孔图片与探测点位置一致时的反应显著快于不一致时的反应，表现出对攻击性面孔图片的注意偏向，而这一结果在行为结果与脑电结果中均得到了证实。

（一）点探测范式下不同动漫类型对攻击性图片注意偏向影响的行为特点分析

从行为结果来看，动漫类型与探测类型之间的交互作用比较明显，简单效应分析发现暴力动漫观看组在探测类型上差异显著，表现为暴力动漫观看组对攻击性面孔图片在同侧时的反应显著快于异侧，而非暴力动漫观看组在探测类型上的差异不显著。说明短时间观看暴力动漫使个体出现了对攻击性刺激的注意偏向。根据一般攻击模型理论，短期观看暴力动漫影响了个体的攻击性情绪，使其内部状态被激活，当需要对攻击性刺激与中性刺激进行评价与判断时，难免会表现出对攻击性相关的情境与情感体验的快速而无意识的自动评估。而非暴力动漫观看组因观看的是不含暴力内容的动漫，其内部心理状态未被激活，在对不同刺激进行评估、判断时也就没有出现明显差异。这与以往研究比较一致，Kirsh 等（2007）在探讨短时间接触暴力电子游戏个体的注意偏向特点及差异时发现，接触暴力电子游戏者对愤怒面孔识别更快，表现出对攻击性图片的选择性注意。

（二）点探测范式下不同动漫类型对攻击性图片注意偏向影响的脑电特点分析

结合 ERP 的波形图及以往的研究，结果显示实验一中诱发了三个明显的脑电成分：N100、P200 与 P300。

第一，对 N100 成分进行分析，结果发现在 N100 波幅上，动漫类型与探测类型之间的交互作用比较明显，简单效应分析发现，在不同探测类型上暴力动漫观看组的差异显著，表现为暴力动漫观看组在攻击性面孔图片与探测点位置一致时诱发的 N100 波幅显著高于不一致时的波幅。N100 成分反映了个体对刺激进行觉察的灵敏程度，是个体对视觉刺激进行自动评价的外源性成分，代表了对刺激的早期 ERP 注意效应。波幅有所增加表明了个体对刺激能更好地进行区分与识别。这一结果说明暴力动漫观看组对那些具有威胁性质的刺激更为敏感，也能进行较好地辨别，表明暴力动漫观看组产生了对攻击性图片的注意偏向。而非暴力动漫观看组中探测类型的差异不显著，这可能是非暴力动漫观看组没有受到暴力动漫的启动，攻击性情绪未被激活，也就没有表现出对两种刺激的区别性注意。

第二，对 P200 成分进行分析，发现在波幅与潜伏期上，动漫类型与图片类型的主效应不显著，二者的交互作用也不显著。但却发现电极点与组别的交互作用显著，进一步分析发现暴力动漫观看组在 Fz、Cz、Pz 三个电极点上的差异显著，表现为在三个电极点上暴力动漫观看组诱发的 P200 波幅均大于非暴力动漫观看组诱发的波幅。P200 反映了个体在早期信息加工的感知阶段与注意相关的脑活动，主要分布在头皮前部和枕—颞区，有研究指出 P200 与注意资源的分配息息相关，这一结果说明在大脑的中线区域，暴力动漫观看组给予了更多的注意资源分配。

第三，对 P300 成分进行分析，在波幅上，发现探测类型的主效应显著，表现为攻击性面孔图片与探测点位置一致时诱发的 P300 波幅小于不一致时的波幅。P300 是选择性注意研究中的重要指标之一，它参与认知的加工过程，在注意偏向的认知任务中，它反映了个体对情绪信息的加工能力，其波幅的大小与个体投入的注意资源有关，波幅大代表个体所投入的注意资源多。这一研究结果说明个体在一致与不一致条件下所投入的注意资源存在差异。在一致条件下，即攻击性面孔图片与探测点位置一致时，个体对攻击性面孔图片加工时更为顺畅，所投入的注意资源偏少；而在不一致条件下，即中性面孔图片与探测点位置一致时，个体对中性面孔图片加工的水平低，所投入的注意资源偏少。

综合行为结果与脑电结果来看：行为结果中，从动漫类型观看组与探测类型的交互作用，可看出暴力动漫观看组在攻击性面孔图片与探测点位置一致时的反应显著快于不一致时的反应。同时脑电结果的 N100 成分进一步印证了这一发现。可见，相比于非暴力动漫观看组而言，暴力动漫观看组给予攻击性面孔图片的注意不同于中性面孔图片，表明暴力动漫观看组存在对攻击性图片的注意偏向。

第五节　空间线索范式下不同动漫类型对攻击性图片注意偏向的影响机制探讨

一　研究目的及假设

实验二采用空间线索范式，以攻击性面孔图片与中性面孔图片为提示线索，通过让研究对象观看暴力动漫片段或非暴力动漫片段，以探讨其在注意偏向上的影响机制问题，即对攻击性图片是一种注意警觉还是注意的解脱困难。

假设1：相比于非暴力动漫观看组，暴力动漫观看组在无效线索条件下，对攻击性图片的按键反应要长于对中性图片的按键反应，表现出对攻击性图片的注意解脱困难。

假设2：暴力动漫观看组对攻击性图片后面探测目标所诱发的 N100 潜伏期比非暴力动漫观看组的更早。

假设3：相比非暴力动漫观看组，暴力动漫观看组诱发的 N100 波幅，P200 波幅增大，P300 波幅降低。

二　研究方法

（一）研究对象

同本章第四节。

（二）实验设计

采用2（动漫类型：暴力动漫，非暴力动漫）×2（图片类型：攻击性，中性）×2（线索类型：有效，无效）的混合实验设计。其中动漫类型为被试间变量，图片类型、线索类型为被试内变量，研究对象的反应时及相关的脑电指标为因变量。

（三）实验材料

取自预实验中的图片，分别从预实验中的攻击性图片或中性图片中随机选取一张进行呈现。

（四）实验程序

实验一与实验二的实验程序基本一样，也是先让大学生看一个动漫片段（暴力动漫或非暴力动漫），接着根据屏幕提示进行按键反应。区别在于所使用的实验范式不同，实验二中大学生进行的是空间线索范式的反应。具体实验流程如下：

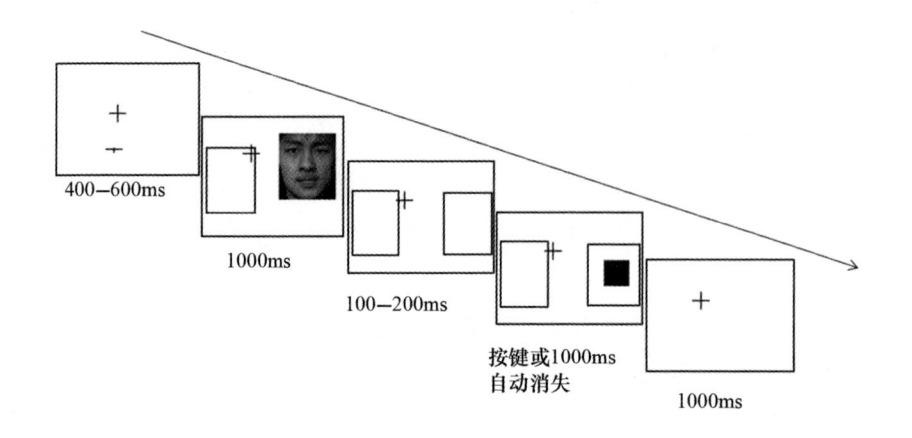

图5-7　空间线索范式下的实验流程

实验开始后，在屏幕中央会先出现一个注视点"+"，时长为400—600ms，紧接着在屏幕的两侧分别有一个白色矩形框，在其中一个白色框内会随机出现一张图片（攻击性图片或中性图片），时长为1000ms。图片消失以后将再次出现两个白色矩形框，持续时长为100—200ms。最后在其中一个矩形框内将出现一个黑色方块。大学生需要对所出现的黑色方块的位置进行按键反应，若黑色方块出现在左边就按"F"键，出现在右边则按"J"键。若大学生没有按键,则黑色方块会在 1000ms 以后自动消失。空屏 1000ms 后,将会自动开始下一个 trial。

正式实验包括 240 个 trial,由 3 个 block 组成,每个 block 有 80 个 trial,每个 trial 中呈现的图片是分别从攻击性图片或中性图片中抽取的一张进行呈现,两个 block 之间有 3 分钟的休息时间。整个实验包括练习与打脑电膏这些环节,用时约 1 个小时。实验中有效线索出现的次数占总次数的 2/3,无效线索出现次数占 1/3。实验过程中对图片类型(攻击性/中性)、线索类型(有效/无效)以及靶刺激的呈现位置均进行了匹配,同时对实验中动漫片段的呈现顺序也进行了随机化处理。

三 数据记录与分析

(一)数据记录

同本章第四节。

(二)数据分析

同本章第三节,但根据本实验 ERP 的总平均图,将 ERP 的测量窗口设置为:N100(110—220ms)、P200(180—280ms)以及 P300(220—420ms)。

四 研究结果

(一)空间线索范式下动漫类型观看组在不同图片类型与不同线索类型条件下的行为数据结果

采用了 SPSS 22.0 对实验结果的行为数据进行处理,根据以往李海江,贾磊(2013)等的研究,剔除了反应时在 200ms 以下与 1200ms 以上的反应时以及在 ±2.5 个标准差之外的反应时试次,剔除正确率在 95% 以下的大学生。结果发现,所有大学生正确率均在 95% 以上,剔除未完成实验任务的 2 人,以及脑电实验中不符合标准的 11 人,最终参与行为结果分析的大学生为 47 人(男 22 人,女 25 人),不同动漫类型观看组在不同线索类型下对不同图片类型的反应时结果,如表 5-20 所示。

表5-20　动漫类型观看组在图片类型与线索类型下的反应时（$M \pm SD$）

单位：ms

线索类型	图片类型	暴力动漫观看组	非暴力动漫观看组
有效线索	攻击性图片	334.98 ± 10.35	355.44 ± 12.04
	中性图片	333.31 ± 10.98	354.66 ± 14.71
无效线索	攻击性图片	376.84 ± 12.68	389.47 ± 14.71
	中性图片	375.11 ± 12.65	395.87 ± 14.74

结果显示，两个动漫观看组在有效线索条件下的反应均要快于在无效线索条件下的反应。对于暴力动漫观看组而言，有效线索条件下大学生对攻击性图片的反应略慢于对中性图片的反应；无效线索条件下大学生对攻击性图片的反应也慢于对中性图片的反应。而对于非暴力动漫观看组，有效线索条件下大学生对攻击性图片的反应慢于对中性图片的反应；而在无效线索条件下大学生对攻击性图片的反应快于对中性图片的反应。

表5-21　动漫类型观看组在图片类型与线索类型下的反应时方差分析

项目	差异来源	df	MS	F
被试间	组别	1.00	15326.44	1.30
	误差	45.00	11785.31	
被试内	图片类型	1.00	519.93	6.95*
	图片类型×组别	1.00	147.93	1.98
	误差	45.00	74.80	
	线索类型	1.00	58632.61	89.72**
	线索类型×组别	1.00	377.00	0.58
	误差	45.00	653.51	
	图片类型×线索类型	1.00	6.79	0.07
	图片类型×线索类型×组别	1.00	6.05	0.06
	误差	45.00	96.85	

进行2（动漫类型：暴力动漫，非暴力动漫）×2（图片类型：攻击性，中性）×2（线索类型：有效，无效）的重复测量方差分析，结果（见表5-21）显示，组别的主效应不显著 [$F_{(1,45)}=1.30$，$p=0.261$，$\eta^2=0.03$]。图片类型的主效应显著 [$F_{(1,45)}=6.95$，$p=0.012$，$\eta^2=0.15$]，表

现为攻击性图片下大学生的反应（363.14±8.77ms）要显著快于对中性图片下的反应（366.78±8.64ms）。线索类型的主效应显著 [$F_{(1,45)}=89.72$, $p<0.001$, $\eta^2=0.70$]，表现为有效线索条件下，大学生的反应（345.60±8.13ms）明显快于无效线索条件下的反应（384.32±9.64ms）。

（二）空间线索范式下动漫类型观看组在不同图片类型与不同线索类型条件下的 ERP 数据结果

实验中共剔除 13 名大学生（其中 2 人未完成实验任务，5 人的头皮与电极间的电阻过高，6 人在实验中脑电波过乱），最终参与 ERP 数据分析的大学生共 47 人（男 22 人，女 25 人）。因本实验的假设与 N100、P200 与 P300 关系密切，下面的脑电结果将依次报告这三个成分。

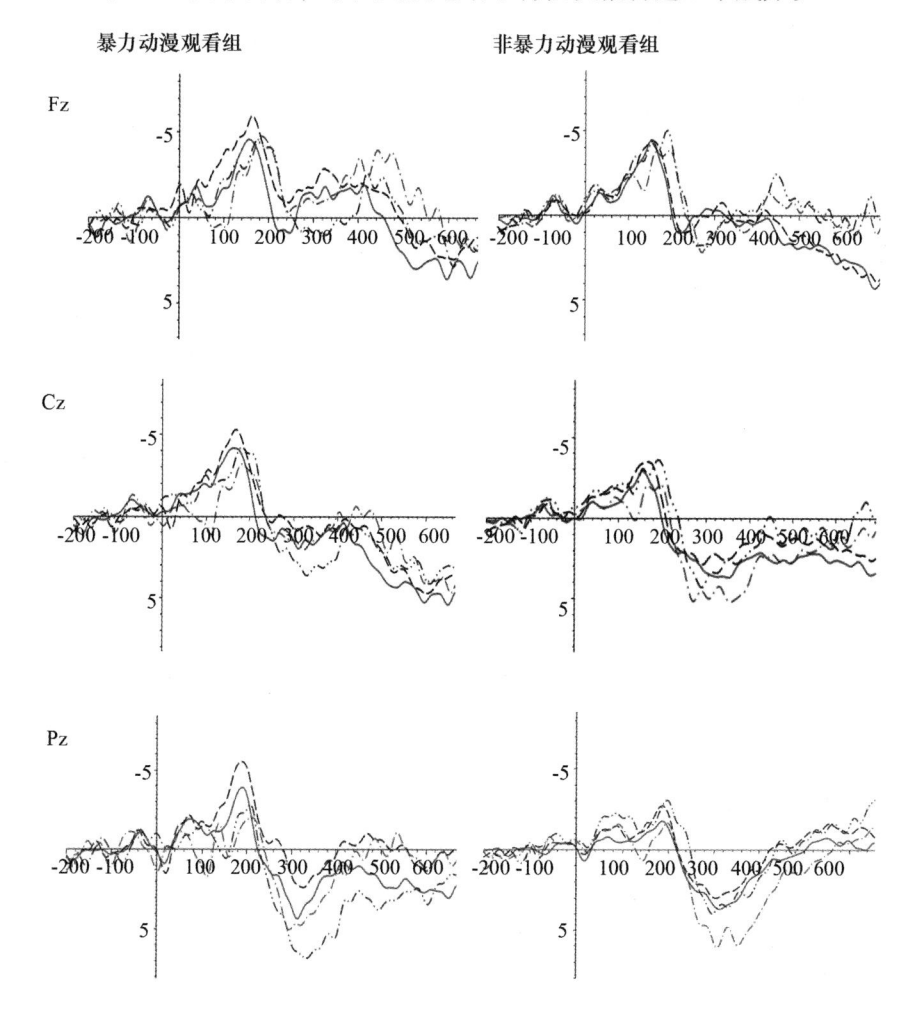

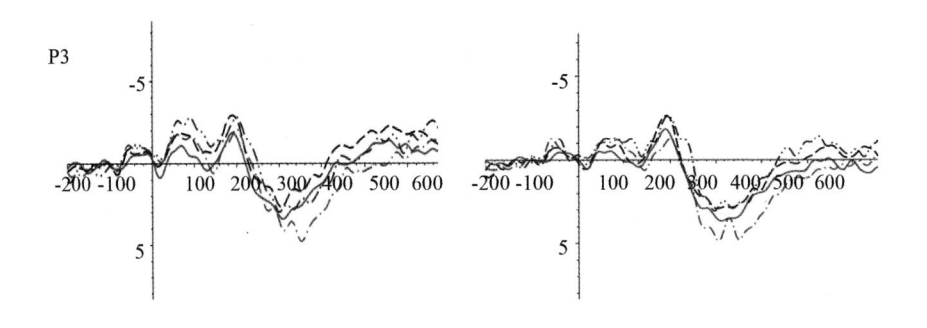

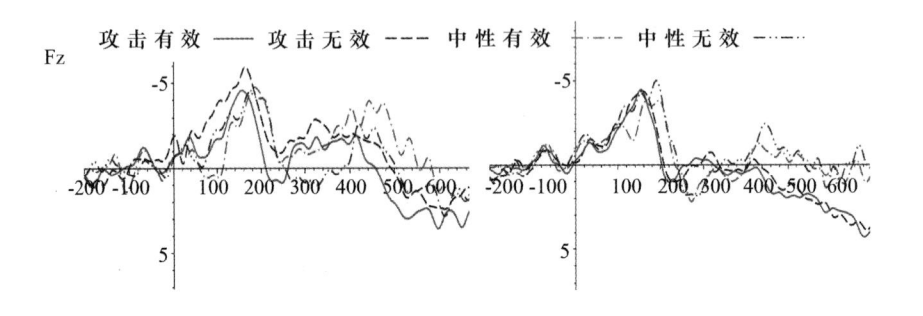

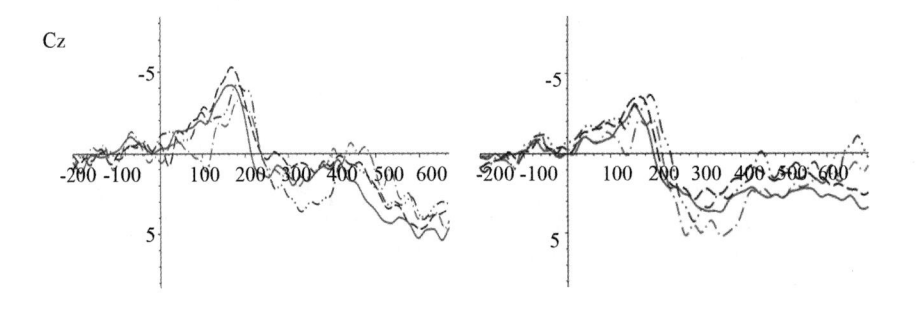

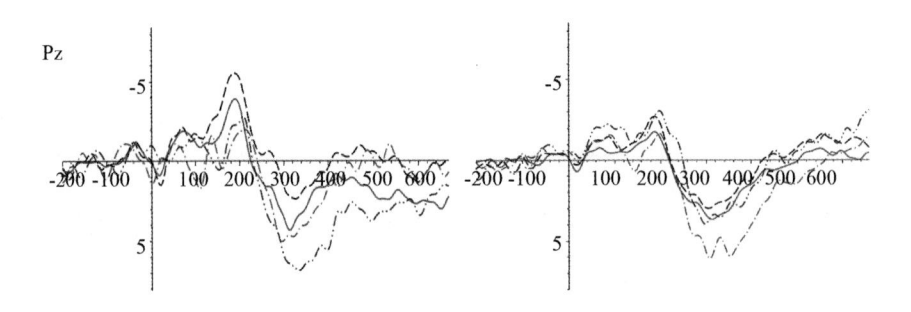

P3

攻击有效 ——　　攻击无效 ---　　中性有效 —·—　　中性无效 -·-

Fz

Cz

Pz

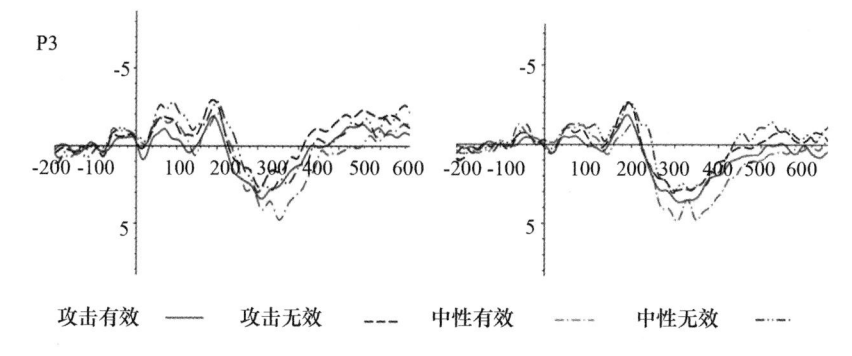

第五章 动漫暴力对大学生攻击性信息注意偏向影响的 ERP 研究 / 157

攻击有效 ——　　攻击无效 ---　　中性有效 -·-·-　　中性无效 -··-··-

图 5-8　实验中各电极点下两组研究对象在不同条件下的总平均波形图

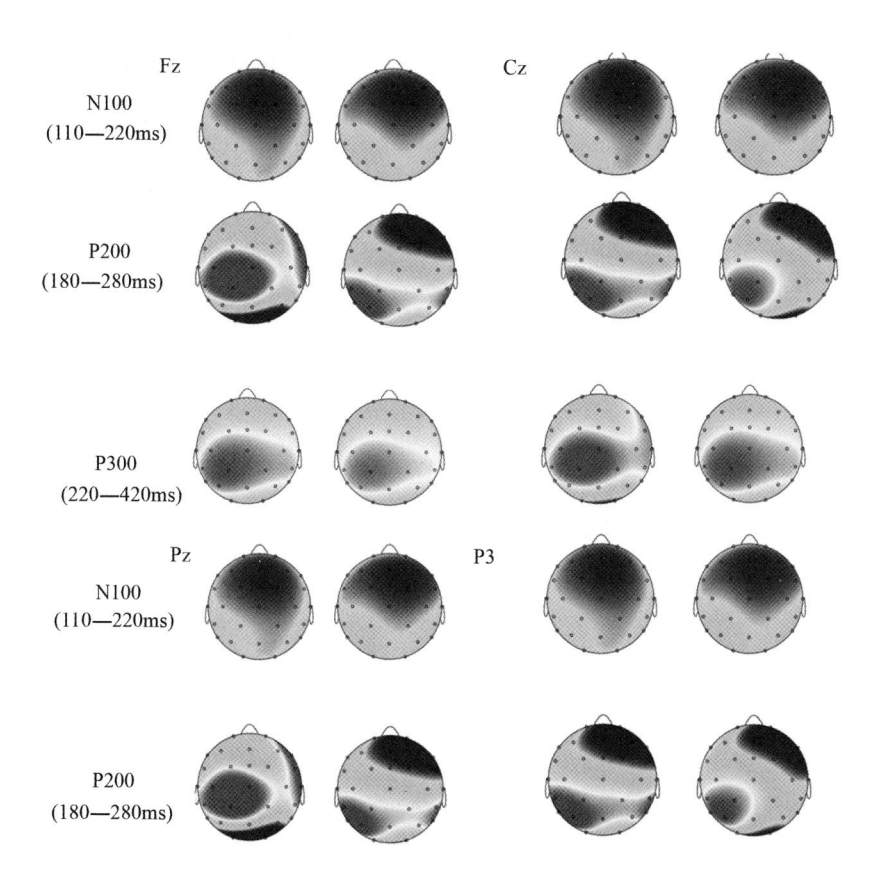

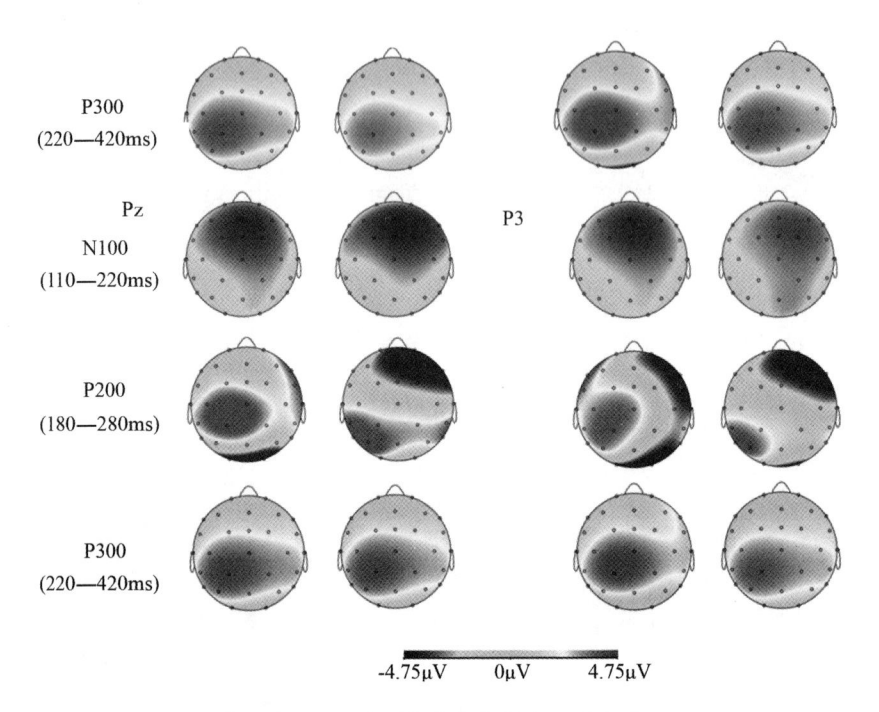

158 / 动漫暴力对青少年影响的实证研究

图 5-9 实验中两组研究对象在各电极点上诱发的 N100、P200 与 P300 成分的地形图

表 5-22　　　　　N100 平均波幅的描述性统计（$M \pm SD$）　　　　单位：μV

电极点	图片类型	暴力动漫观看组 有效线索	暴力动漫观看组 无效线索	非暴力动漫观看组 有效线索	非暴力动漫观看组 无效线索
Fz	攻击性图片	-3.13±0.46	-3.18±0.54	-2.56±0.41	-2.78±0.55
Fz	中性图片	-2.67±0.50	-2.03±0.62	-2.40±0.44	-2.36±0.47
Cz	攻击性图片	-2.65±0.59	-3.36±4.23	-2.19±0.43	-2.61±0.59
Cz	中性图片	-2.61±0.59	-2.92±0.54	-1.69±0.47	-2.17±0.52
Pz	攻击性图片	-1.49±0.64	-2.82±0.47	-0.92±0.41	-1.53±0.56
Pz	中性图片	-1.45±0.64	-2.34±0.51	-0.86±0.45	-1.17±0.56

表 5-23　　　　　　　N100 平均波幅的重复测量方差分析

项目	差异来源	df	MS	F
被试间	组别	1.00	69.90	2.24
	误差	45.00	31.21	
被试内	电极点	1.58	103.57	14.09**
	电极点×组别	1.58	11.51	1.57
	误差	58.56	7.35	
	图片类型	1.00	29.05	6.92
	图片类型×组别	1.00	11.82	2.82
	误差	45.00	6.15	
	线索类型	1.00	2.89	0.49
	线索类型×组别	1.00	12.15	2.07
	误差	45.00	5.88	
	电极点×图片类型	1.63	0.18	0.20
	电极点×图片类型×组别	1.63	0.28	0.31
	误差	60.26	0.89	
	电极点×线索类型	1.44	13.39	6.91**
	电极点×线索类型×组别	1.44	1.82	0.94
	误差	53.22	1.94	
	图片类型×线索类型	1.00	2.61	0.57
	图片类型×线索类型×组别	1.00	21.19	4.63*
	误差	45.00	4.57	
	电极点×图片类型×线索类型	1.61	0.11	0.09
	电极点×图片类型×线索类型×组别	1.61	0.14	0.11
	误差	59.41	1.26	

N100 波幅（110—220ms）：对 N100 的平均波幅（见表 5-22）进行 2（动漫类型：暴力动漫，非暴力动漫）×2（图片类型：攻击性，中性）×2（线索类型：有效，无效）×3（电极点：Fz，Cz，Pz）的重复测量方差分析。结果（见表 5-23）显示，组别的主效应不显著 [$F_{(1,45)}$ = 2.24，p = 0.143，η^2 = 0.06]，图片类型的主效应显著 [$F_{(1,45)}$ = 6.92，p = 0.102，η^2 = 0.07]，表现为攻击性图片诱发的 N100 波幅（-2.49 ± 0.29μV）显著大于中性图片诱发的波幅（-1.99 ± 0.27μV）。线索类型的主效应不显著 [$F_{(1,45)}$ = 0.49，p = 0.488，η^2 = 0.01]。图片类型、线索类型与组别三者之间的交互作用边缘显著 [$F_{(1,45)}$ = 4.63，p = 0.038，η^2 = 0.11]，进一步简单简单效应分析发现，固定组别与线索类型，结果显示暴力动漫观看组在无效线索条件下的差异边缘显著 [$F_{(1,45)}$ = 3.63，p = 0.065，η^2 = 0.89]，表现为在无效线索提示下，暴力动漫观看组在攻击性图片上诱发的 N100 波幅（-1.65 ± 0.40μV）大于对中性图片诱发的波幅（-1.03 ± 0.42μV），而非暴力动漫观看组在无效线索提示下的差异不显著 [$F_{(1,45)}$ = 0.20，p = 0.659，η^2 = 0.01]。电极点的主效应显著 [$F_{(1,45)}$ = 14.09，p < 0.001，η^2 = 0.28]，表现为 Fz 上诱发的 N100 波幅最大（-2.89 ± 0.29μV），Pz 上诱发的 N100 波幅最小（-1.45 ± 0.32μV）。

表 5-24　　　　　N100 潜伏期的描述性统计（$M \pm SD$）　　　　　单位：ms

电极点	图片类型	暴力动漫观看组		非暴力动漫观看组	
		有效线索	无效线索	有效线索	无效线索
Fz	攻击性图片	165.27 ± 9.34	192.00 ± 8.59	153.30 ± 11.07	188.24 ± 11.12
	中性图片	162.35 ± 10.62	203.06 ± 9.77	157.09 ± 9.73	181.00 ± 9.78
Cz	攻击性图片	165.65 ± 11.30	181.41 ± 11.68	167.18 ± 8.61	185.55 ± 9.81
	中性图片	156.94 ± 9.80	196.24 ± 11.16	173.46 ± 9.93	190.82 ± 10.27
Pz	攻击性图片	149.53 ± 11.04	152.59 ± 8.71	160.73 ± 7.66	168.73 ± 9.70
	中性图片	157.82 ± 7.07	169.00 ± 9.40	153.53 ± 8.05	175.53 ± 10.69

表 5-25　　　　　　　N100 潜伏期的重复测量方差分析

项目	差异来源	df	MS	F
被试间	组别	1.00	1501.93	0.16
	误差	45.00	9228.88	
被试内	电极点	2.36	18845.60	15.89**
	电极点×组别	2.36	543.61	0.46
	误差	87.20	1185.80	
	图片类型	1.00	626.74	0.36
	图片类型×组别	1.00	9130.89	5.20*
	误差	45.00	1756.13	
	线索类型	1.00	72243.86	8.42**
	线索类型×组别	1.00	1672.07	0.20
	误差	45.00	8582.08	
	电极点×图片类型	2.70	612.71	0.92
	电极点×图片类型×组别	2.70	348.39	0.52
	误差	100.05	667.71	
	电极点×线索类型	2.28	3285.00	3.52*
	电极点×线索类型×组别	2.28	963.84	1.03
	误差	84.25	933.67	
	图片类型×线索类型	1.00	4277.14	1.77
	图片类型×线索类型×组别	1.00	1505.14	0.62
	误差	45.00	2423.60	
	电极点×图片类型×线索类型	2.45	58.83	0.09
	电极点×图片类型×线索类型×组别	2.45	630.97	0.94
	误差	90.48	671.63	

N100 潜伏期（110—220ms）：对 N100 的潜伏期（见表 5-24）进行

2（动漫类型：暴力动漫，非暴力动漫）×2（图片类型：攻击性，中性）×2（线索类型：有效，无效）×3（电极点：Fz, Cz, Pz）的重复测量方差分析。结果（见表 5-25）发现，组别的主效应不显著 [$F_{(1,45)}$ = 0.16, p = 0.689, η^2 = 0.00]，图片类型的主效应不显著 [$F_{(1,45)}$ = 0.36, p = 0.554, η^2 = 0.01]。线索类型的主效应显著 [$F_{(1,45)}$ = 8.42, p = 0.006, η^2 = 0.19]，表现为有效线索条件下诱发的潜伏期（164.02 ± 4.89ms）短于无效线索条件下诱发的 N100 潜伏期（185.72 ± 5.85ms）。电极点的主效应显著 [$F_{(1,45)}$ = 15.89, p < 0.001, η^2 = 0.30]，表现为 Pz 上 N100 的潜伏期出现的最早（160.56 ± 4.17ms），Cz 上 N100 的潜伏期出现的最晚（182.74 ± 4.56ms）。图片类型与组别的交互作用显著 [$F_{(1,45)}$ = 5.20, p = 0.028, η^2 = 0.12]，进一步简单效应分析发现，暴力动漫观看组在图片类型上的差异边缘显著 [$F_{(1,45)}$ = 3.67, p = 0.063, η^2 = 0.09]，表现为暴力动漫观看组在攻击性图片上诱发的 N100 潜伏期（167.34 ± 5.52ms）要短于中性图片诱发的潜伏期（173.68 ± 5.39ms），而图片类型在非暴力动漫观看组上的差异不显著 [$F_{(1,45)}$ = 1.62, p = 0.210, η^2 = 0.04]，如图 5-10 所示。

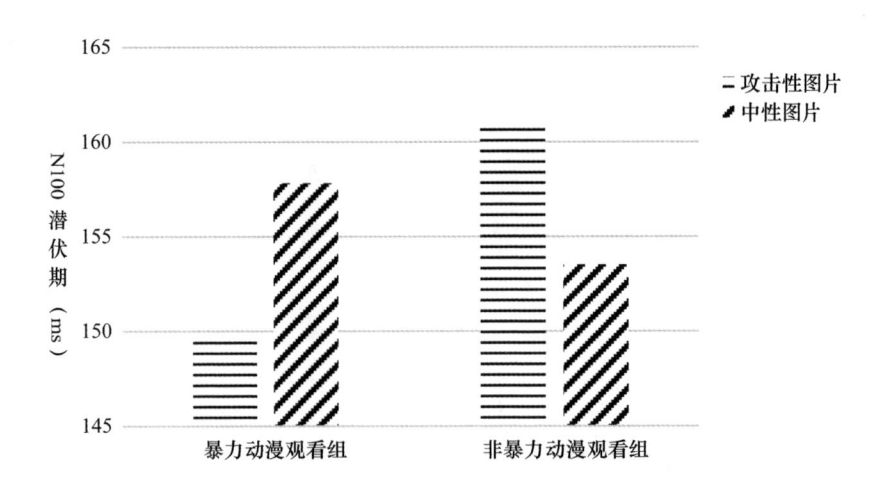

图 5-10 动漫观看组在不同图片类型上诱发的 N100 潜伏期

表 5 – 26　　　　　P200 平均波幅的描述性统计（$M \pm SD$）　　　　单位：μV

		暴力动漫观看组		非暴力动漫观看组	
电极点	图片类型	有效线索	无效线索	有效线索	无效线索
Fz	攻击性图片	0.63 ±0.66	1.62 ±0.90	0.22 ±0.62	0.92 ±0.80
	中性图片	0.16 ±0.71	1.51 ±0.80	0.04 ±0.57	1.24 ±0.70
Cz	攻击性图片	0.66 ±0.89	1.04 ±0.89	0.63 ±0.76	0.60 ±0.78
	中性图片	0.40 ±0.86	0.95 ±0.78	0.37 ±0.68	0.13 ±0.78
	中性图片	0.96 ±0.64	0.82 ±0.86	0.15 ±0.56	0.25 ±0.77
Pz	攻击性图片	1.44 ±0.68	0.43 ±0.85	0.62 ±0.63	0.85 ±0.73
	中性图片	0.77 ±0.72	0.07 ±0.83	0.43 ±0.60	0.05 ±0.74

表 5 – 27　　　　　P200 平均波幅的重复测量方差分析

项目	差异来源	df	MS	F
被试间	组别	1.00	159.60	1.42
	误差	45.00	112.42	
被试内	电极点	1.98	33.69	1.95
	电极点 × 组别	1.98	8.75	0.51
	误差	73.24	17.24	
	图片类型	1.00	27.38	3.27
	图片类型 × 组别	1.00	0.31	0.04
	误差	45.00	8.39	
	线索类型	1.00	0.11	0.01
	线索类型 × 组别	1.00	11.89	0.75
	误差	45.00	15.91	
	电极点 × 图片类型	2.51	2.21	1.12
	电极点 × 图片类型 × 组别	2.51	0.96	0.49
	误差	93.04	1.97	

续表

项目	差异来源	df	MS	F
	电极点×线索类型	1.94	32.46	7.78**
	电极点×线索类型×组别	1.94	6.75	1.62
	误差	71.94	4.17	
	图片类型×线索类型	1.00	0.23	0.02
	图片类型×线索类型×组别	1.00	1.29	0.13
	误差	45.00	10.18	
	电极点×图片类型×线索类型	2.51	2.58	1.02
	电极点×图片类型×线索类型×组别	2.51	4.84	1.90
	误差	92.76	2.54	

P200 波幅（180—280ms）：对 P200 的平均波幅（见表 5-26）进行 2（动漫类型：暴力动漫，非暴力动漫）×2（图片类型：攻击性，中性）×2（线索类型：有效，无效）×3（电极点：Fz, Cz, Pz）的重复测量方差分析。结果（见表 5-27）发现，组别的主效应不显著 $[F_{(1,45)}=1.42, p=0.241, \eta^2=0.04]$，图片类型的主效应边缘显著 $[F_{(1,45)}=3.27, p=0.079, \eta^2=0.08]$，表现为攻击性图片诱发的 P200 波幅（0.52±0.40μV）大于中性图片诱发的波幅（0.14±0.40μV）。线索类型的主效应不显著 $[F_{(1,45)}=0.01, p=0.934]$，电极点的主效应不显著 $[F_{(1,45)}=1.95, p=0.149]$。

表 5-28　　　　　P200 潜伏期的描述性统计（$M±SD$）　　　　　单位：ms

电极点	图片类型	暴力动漫观看组		非暴力动漫观看组	
		有效线索	无效线索	有效线索	无效线索
Fz	攻击性图片	241.73±4.63	258.27±4.40	242.71±5.26	259.41±5.01
	中性图片	241.73±5.08	254.82±5.81	235.41±5.78	255.53±6.61
Cz	攻击性图片	251.27±4.62	264.64±4.07	253.18±5.26	262.00±4.63
	中性图片	256.00±5.13	258.27±5.21	250.59±5.84	262.00±5.93
Pz	攻击性图片	252.39±5.46	260.00±5.42	264.82±6.13	268.35±6.17
	中性图片	263.27±4.07	264.36±5.22	261.18±4.63	267.77±5.94

表 5-29　　　　　　　P200 潜伏期的重复测量方差分析

项目	差异来源	df	MS	F
被试间	组别	1.00	548.90	0.12
	误差	45.00	4613.06	
被试内	电极点	2.22	10435.35	9.08**
	电极点×组别	2.22	507.66	0.44
	误差	82.26	1148.93	
	图片类型	1.00	151.78	0.21
	图片类型×组别	1.00	691.41	0.97
	误差	45.00	710.85	
	线索类型	1.00	5987.72	5.55*
	线索类型×组别	1.00	12.77	0.01
	误差	45.00	1078.31	
	电极点×图片类型	3.05	283.01	1.19
	电极点×图片类型×组别	3.05	161.69	0.68
	误差	112.71	238.84	
	电极点×线索类型	2.63	3404.73	10.14
	电极点×线索类型×组别	2.63	668.34	1.99
	误差	97.22	335.67	
	图片类型×线索类型	1.00	32.48	0.06
	图片类型×线索类型×组别	1.00	1170.43	2.05
	误差	45.00	572.23	
	电极点×图片类型×线索类型	2.94	157.37	0.79
	电极点×图片类型×线索类型×组别	2.94	27.25	0.14
	误差	108.87	198.24	

P200 潜伏期（180—280ms）：对 P200 的潜伏期（见表 5-28）进行 2（动漫类型：暴力动漫，非暴力动漫）×2（图片类型：攻击性，中性）×2（线索类型：有效，无效）×3（电极点：Fz，Cz，Pz）的重复测量

方差分析。结果（见表5-29）发现，组别的主效应不显著 [$F_{(1,45)}$ = 0.12, p = 0.732]。图片类型的主效应不显著 [$F_{(1,45)}$ = 0.21, p = 0.647]。线索类型的主效应显著 [$F_{(1,45)}$ = 5.55, p = 0.024, η^2 = 0.13]，表现为有效线索提示下诱发的P200潜伏期（255.68 ± 2.62ms）短于无效线索提示下诱发的潜伏期（261.27 ± 2.82ms）。电极点的主效应显著 [$F_{(1,45)}$ = 9.08, p < 0.001, η^2 = 0.20]，表现为Fz上P200潜伏期出现的最早（248.70 ± 2.90ms），Pz上P200潜伏期出现的最晚（264.39 ± 2.80ms）。

表5-30　　　　P300平均波幅的描述性统计（$M \pm SD$）　　　　单位：μV

电极点	图片类型	暴力动漫观看组 有效线索	暴力动漫观看组 无效线索	非暴力动漫观看组 有效线索	非暴力动漫观看组 无效线索
P3	攻击性图片	1.90 ± 0.63	3.60 ± 0.78	1.73 ± 0.72	2.18 ± 0.86
	中性图片	1.36 ± 0.68	3.13 ± 0.88	2.63 ± 0.60	2.69 ± 0.76
Pz	攻击性图片	1.36 ± 0.78	3.37 ± 0.93	1.88 ± 0.69	4.48 ± 0.90
	中性图片	1.51 ± 0.75	3.57 ± 1.03	2.46 ± 0.66	2.68 ± 0.82
P4	攻击性图片	0.62 ± 0.66	2.27 ± 0.82	1.34 ± 0.58	3.01 ± 0.72
	中性图片	0.86 ± 0.63	1.70 ± 0.82	2.09 ± 0.56	2.08 ± 0.72

表5-31　　　　P300平均波幅的重复测量方差分析

项目	差异来源	df	MS	F
被试间	组别	1.00	38.98	0.41
	误差	45.00	95.91	
被试内	电极点	1.93	36.08	9.63**
	电极点×组别	1.93	1.21	0.32
	误差	71.30	3.75	

续表

项目	差异来源	df	MS	F
	图片类型	1.00	46.42	8.27**
	图片类型×组别	1.00	11.24	2.00
	误差	45.00	5.61	
	线索类型	1.00	183.75	17.24**
	线索类型×组别	1.00	6.00	0.56
	误差	45.00	10.66	
	电极点×图片类型	2.00	0.07	0.11
	电极点×图片类型×组别	2.00	1.07	1.65
	误差	73.93	0.65	
	电极点×线索类型	1.73	6.88	7.25**
	电极点×线索类型×组别	1.73	0.25	0.26
	误差	64.00	0.95	
	图片类型×线索类型	1.00	9.57	1.19
	图片类型×线索类型×组别	1.00	0.06	0.01
	误差	45.00	8.07	
	电极点×图片类型×线索类型	1.91	0.89	0.94
	电极点×图片类型×线索类型×组别	1.91	3.94	4.16*
	误差	70.50	0.95	

P300 波幅（220—420ms）：对 P300 的平均波幅（见表 5-30）进行 2（动漫类型：暴力动漫，非暴力动漫）×2（图片类型：攻击性，中性）×2（线索类型：有效，无效）×3（电极点：P3，Pz，P4）的重复测量方差分析。结果（见表 5-31）发现，组别的主效应不显著 [$F_{(1,45)}$ = 0.41，p = 0.528]。图片类型的主效应显著 [$F_{(1,45)}$ = 8.27，p = 0.007，η^2 = 0.18]，表现为攻击性面孔图片诱发的 P300 波幅（2.60 ± 0.47μV）大于中性面孔图片诱发的波幅（1.96 ± 0.47μV）。线索类型的主效应显著

$[F_{(1,45)} = 17.24, p < 0.001, \eta^2 = 0.32]$，表现为有效线索条件下诱发的 P300 波幅（$1.65 \pm 0.43 \mu V$）显著小于无效线索条件下诱发的波幅（$2.91 \pm 0.53 \mu V$）。电极点的主效应显著 $[F_{(1,45)} = 9.63, p < 0.001, \eta^2 = 0.21]$，表现为在 Pz 上诱发的 P300 波幅最大（$2.66 \pm 0.53 \mu V$），P4 上诱发的 P300 波幅最小（$1.75 \pm 0.43 \mu V$）。电极点与线索类型的交互作用显著 $[F_{(1,45)} = 7.25, p = 0.002, \eta^2 = 0.16]$，进一步简单效应分析发现，在 Pz 上有效线索诱发的 P300 波幅（$1.80 \pm 0.48 \mu V$）小于无效线索诱发的波幅（$3.52 \pm 0.62 \mu V$）。电极点、图片类型、线索类型与组别之间的交互作用显著 $[F_{(1,45)} = 4.16, p = 0.021, \eta^2 = 0.10]$，进一步简单简单效应分析发现，在 Pz 上，暴力动漫观看组在无效线索下的攻击性图片诱发的 P300 波幅（$3.37 \pm 0.93 \mu V$）大于有效线索下中性图片诱发的波幅（$1.51 \pm 0.75 \mu V$）。

表 5-33   P300 潜伏期的描述性统计（$M \pm SD$）   单位：ms

电极点	图片类型	暴力动漫观看组 有效线索	暴力动漫观看组 无效线索	非暴力动漫观看组 有效线索	非暴力动漫观看组 无效线索
P3	攻击性图片	289.55 ± 13.44	320.55 ± 12.21	318.59 ± 15.29	323.41 ± 14.89
P3	中性图片	300.82 ± 13.59	306.46 ± 13.09	308.12 ± 15.46	316.12 ± 13.89
Pz	攻击性图片	308.64 ± 8.72	322.55 ± 17.15	328.12 ± 9.92	327.18 ± 11.25
Pz	中性图片	312.18 ± 9.65	321.27 ± 9.89	316.71 ± 10.98	332.71 ± 11.61
P4	攻击性图片	314.55 ± 17.15	314.91 ± 12.83	304.94 ± 19.51	300.47 ± 15.11
P4	中性图片	315.00 ± 15.33	305.73 ± 13.28	266.94 ± 17.43	296.71 ± 14.60

表 5-33   P300 潜伏期的重复测量方差分析

项目	差异来源	df	MS	F
被试间	组别	1.00	1569.74	0.07
被试间	误差	45.00	23084.27	
被试内	电极点	2.51	22259.60	3.69*
被试内	电极点×组别	2.51	12821.65	2.13

续表

项目	差异来源	df	MS	F
	误差	92.71	6031.60	
	图片类型	1.00	117.83	0.05
	图片类型×组别	1.00	8143.99	3.25
	误差	45.00	2509.52	
	线索类型	1.00	23375.58	3.31
	线索类型×组别	1.00	978.04	0.14
	误差	45.00	7062.59	
	电极点×图片类型	2.59	1090.19	0.95
	电极点×图片类型×组别	2.59	1249.95	1.09
	误差	95.68	1143.55	
	电极点×线索类型	2.69	2822.81	1.42
	电极点×线索类型×组别	2.69	2521.21	1.27
	误差	99.64	1990.48	
	图片类型×线索类型	1.00	1355.81	0.79
	图片类型×线索类型×组别	1.00	2258.06	1.31
	误差	45.00	1726.53	
	电极点×图片类型×线索类型	2.82	1522.52	1.52
	电极点×图片类型×线索类型×组别	2.82	292.49	0.29
	误差	104.26	1000.42	

P300 潜伏期（220—420ms）：对 P300 的潜伏期（见表 5-32）进行 2（动漫类型：暴力动漫，非暴力动漫）×2（图片类型：攻击性，中性）×2（线索类型：有效，无效）×3（电极点：P3，Pz，P4）的重复测量方差分析。结果（见表 5-33）发现，组别的主效应不显著 $[F_{(1,45)} = 0.07, p = 0.796, \eta^2 = 0.00]$。图片类型的主效应不显著 $[F_{(1,45)} = 0.05, p = 0.830, \eta^2 = 0.00]$。线索类型的主效应边缘显著

$[F_{(1,45)} = 3.31, p = 0.077, \eta^2 = 0.08]$，表现为有效线索条件下诱发的 P300 潜伏期（301.23 ± 7.63ms）短于无效线索条件下诱发的潜伏期（313.57 ± 6.33ms）。电极点的主效应显著 $[F_{(1,45)} = 3.69, p = 0.020, \eta^2 = 0.09]$，表现为在 P4 上诱发的 P300 潜伏期出现的最早（295.58 ± 8.59ms），在 Pz 上诱发的 P300 潜伏期出现的最晚（318.17 ± 5.28ms）。

五 讨论

为了进一步考察短时间观看动漫暴力的大学生对攻击性图片注意偏向的影响机制，本研究将空间线索范式与 ERP 技术相结合，通过让两组大学生分别观看暴力动漫片段或非暴力动漫片段，之后以呈现具有良好生态效度的情绪面孔图片（攻击性图片与中性图片）的方式探讨大学生在两种情绪面孔图片下的行为特点及脑电特点。其中大学生的动漫暴力经验、攻击性特质及性别为控制变量，动漫类型观看组为自变量。研究结果与实验假设基本符合：相比于无效线索，有效线索作用下个体对刺激更敏感，表现出反应速度也更快；无效线索条件下，暴力动漫观看组在攻击性图片上诱发的波幅大于对中性图片诱发的波幅，表现为注意的解脱困难，主要由 N100 成分进行了体现。

（一）空间线索范式下不同动漫类型对攻击性图片注意偏向影响的行为特点分析

从行为结果来看，并未发现显著的动漫类型主效应，以及动漫类型与图片类型或线索类型的两者或三者之间的交互作用，还有待 ERP 结果提供进一步的佐证。但却发现图片类型的主效应显著，表现为个体在攻击性面孔图片下的反应快于中性面孔图片下的反应。根据进化论的观点，在进化过程中，基于生存与安全的需要，当威胁性的刺激出现时，个体能很快察觉到并迅速做出反应，表现为对威胁性的刺激反应更快。前人研究表明，在遇到刺激时人们不仅能快速觉察确定威胁刺激，还能对其做出迅速反应（石蕊，2015）。此外结果还发现线索类型的主效应显著，表现为大学生在有效线索提示下的反应快于无效线索提示下的反应，说明了不同的线索类型会使个体表现出行为反应上的差距，出现了显著的线索效应。这是由于线索与靶子的位置是否相同是判断有效线索与无效线索的主要依据。在有效线索中,线索与靶子的位置相同,而在无效线索中,线索与靶子的位置则不同,因此两组研究对象都能对有效线索下的刺激进行更为快速地区分与识别。且在有效线索提示条件下,不同动漫类型观看组的大学生对两组面孔图片出现后的靶刺激反应是没有显著差异的。在无效线索条件下,两组大学生在反应时上都有反应延迟、变慢的表现,只是变慢的这种程度不一样而已。在实验任务开始以后,个体无法对哪种线索类型的出现与靶刺激出现的具体位置进行事先的预测,也正因如此,这一范式能够对个体之所以出现攻击性的原因进行实质性的考察(Fox et al., 2002)。

(二)空间线索范式下不同动漫类型对攻击性图片注意偏向影响的脑电特点分析

结合 ERP 的波形图以及以往研究来看,结果显示实验二中诱发了三个明显的脑电成分 N100,P200 与 P300。

第一,对 N100 成分进行分析,结果发现在波幅上,动漫类型、图片类型与线索类型三者的交互作用边缘显著。进一步简单效应分析发现,无效线索条件下,暴力动漫观看组在不同图片类型上诱发的 N100 波幅差异显著,表现为在无效线索提示下,暴力动漫观看组对攻击性面孔图片诱发的 N100 波幅大于中性面孔图片诱发的波幅。以往研究表明注意偏向在以下两种情况中出现:一是在有效线索提示条件下,个体对目标的反应在威胁线索下比中性线索下更迅速;二是在无效线索中,个体对目标的反应表现为对威胁刺激反应更慢。在有效线索条件下,大学生在威胁刺激中对目标的反应快于中性线索,此时注意偏向的机制是注意定向加速;而在无效线索条件下,如果大学生在威胁线索提示下对目标的反应慢于中性线索,则是注意偏向解除困难导致的注意偏向。而当两种情况同时出现时,注意偏向的机制是注意定向加速与注意解除困难的共同作用(Posner & Petersen, 1990)。这一结果说明暴力动漫观看组存在对攻击性图片的注意偏向,且这种注意偏向是由于注意解脱困难造成的。

在 N100 潜伏期上,线索类型的主效应显著,表现为在有效线索诱发的 N100 潜伏期短于无效线索诱发的潜伏期。潜伏期受到加工速度快慢的影响,这一结果说明个体在有效线索提示下能进行快速地区分与识别,表现出注意加工速度更快的特点。对于这种表现,我们认为与明显的线索效应有关。同时结果还显示，动漫类型与图片类型的交互作用显著，表现为暴力动漫观看组在攻击性面孔图片上诱发的 N100 潜伏期短于中性面孔诱发的潜伏期。这表明相比中性面孔图片，攻击性面孔图片能更快地吸引暴力动漫观看大学生的注意，说明暴力动漫观看组存在攻击性的注意偏好。

第二，对 P200 成分进行分析，在 P200 波幅上发现图片类型的主效应边缘显著，表现为攻击性面孔图片诱发的 P200 波幅大于中性图片面孔诱发的波幅。P200 对情绪性信息较为灵敏，反映了大脑对情绪信息的综合性评估，能够说明个体对消极情绪信息或威胁性质信息的加工机制。与正性刺激和中性刺激相比，消极刺激诱发了更大的 P2 波幅（Delplanque et al., 2004）。本研究结果说明，与中性面孔图片相比，个体对具有威胁性质的攻击性面孔图片比较敏感。

第三，对 P300 成分进行分析，在 P300 波幅上，线索类型的主效应显著，即目标刺激在有效线索提示下所诱发的 P300 波幅显著小于无效线索下诱发的波幅。P300 代表了个体对特定线索注意分配的资源强度（Cuthbert et al., 2000；Fehr et al., 2006），若线索有效，大学生只需投入较少一部分的资源便能提取出该线索位置的刺激，而线索无效时，则需投入大量的资源才可以将注意转移到非线索化的位置，所以线索无效提示下的波幅会更大（赵偲等，2016）。这一结果说明个体在两种线索提示中所投入的心理资源存在一定差异，个体在有效线索提示下对于刺激的控制性加工更为顺畅，自动化程度更高，需要的认知资源也更少，而在无效线索提示对刺激的加工、评估自动化水平低，相对需要更多的认知资源。

从实验二的行为结果与脑电结果来看，暴力动漫观看组对攻击性信息存在注意偏向，原因是暴力动漫观看组对攻击性信息持续性注意的时间偏长，一时间难以脱离，即存在注意解脱困难的现象。这一发现未表现在行为结果中，而是在脑电结果中有所体现，主要表现在 N100 这一成分上。

第六节 综合讨论

为了更好地了解动漫暴力对攻击性图片注意偏向的影响情况，本研究采用ERP技术与注意偏向范式相结合通过呈现不同图片刺激（攻击性面孔图片/中性面孔图片），以探讨短时间观看动漫暴力对大学生攻击性注意偏向的影响及产生这种注意偏向的内在机制问题。同时根据线上与线下的调查结果以及豆瓣评分情况，参照暴力动漫的定义选取《我的英雄学院》中的视频片段作为动漫材料，并结合以往的研究成果采用了具有良好生态效度，比文字更加形象、直观，且能较好地吸引观察者注意的面孔图片来代表注意偏向的实验材料。基于目前关于动漫暴力与注意偏向的研究相对较少，本研究主要借鉴了媒体暴力的形式之一——暴力电子游戏与注意偏向之间的关系展开讨论。

一 不同动漫类型观看组的行为与脑电特点分析

从两个实验的行为结果与脑电结果来看，均未发现两种动漫类型的主效应差异显著。这与以往关于暴力电子游戏对攻击性注意偏向影响的结果不一致，如有人结合线索探测范式与ERP进行研究，发现暴力游戏玩家与正常玩家之间差异显著，分别在N100的潜伏期、P200、P300的波幅上有所体现（赵偲、高雪梅，2016）。我们认为这可能与两种媒体暴力的接触形式以及特点有关。其一，动漫暴力是"观看的暴力"，个体仅是看到暴力，未参与到暴力场景中，在观看时属于被动接受，是替代性经验的暴力接触形式；而游戏暴力是"互动的暴力"，个体在虚拟的游戏过程中可以真实展露自我，主动参与并体验暴力的刺激与快感，属于直接性经验的获取。其二，在观看动漫暴力的活动中，个体多数是一人进行观看，更别提与其他人进行互动交流；而在游戏暴力的活动中，多数情况下是两人或多人共同操控，个体在游戏过程中或之后与同伴多进行了经验上的分享与交流。

此外，两个实验的行为结果未对正确率进行描述与分析，原因有二：一是因为大学生所做出反应的正确率较高，这可能与实验任务的性质有关，研究中的实验任务相对易于理解，且操作简单，因为实验过程中不需要个体进行过于复杂而烦琐的操作，只需对刺激出现的位置做出判断即可，即对探测点所在的位置或靶刺激出现的位置进行按键操作。因此，可能是实验任务过于简单且易于操作，以至于这种"天花板效应"会出现。二是因为我们的实验目的是验证这种对攻击性图片注意偏向的存在以及存在的具体原因，而验证这一假设只与大学生在不同条件下的反应快慢有关，所以对于行为结果我们只分析了反应时这一指标。

二 不同动漫类型对攻击性图片注意偏向的影响特点分析

从实验一的行为数据结果来看，相比于中性面孔图片与探测点位置一致时的反应，观看过暴力动漫片段的个体对攻击性面孔图片与探测点位置一致时的反应会更加迅速，表现出攻击性的注意偏向，这与以往的研究结果一致。如在兰海英（2015）的研究中采用了点探测范式，结果发现玩暴力游戏的个体表现出对攻击性面孔在同侧的反应明显快于异侧的反应，表现出对攻击性信息的注意偏向。在 Smith & Waterman（2003）的研究中采用了 Stroop 范式，结果表明攻击特质越高、暴力体验越丰富的个体会表现出更显著的攻击性注意偏向。就这一发现，我们认为这可能与大学生在实验过程中的内心感受有关。暴力动漫观看组在短时间的暴力动漫片段的启动下，其攻击性的情绪情感发生了变化，唤醒水平也受到了一定影响，以至于个体的内部心理状态出现了短时间的激活，从而会影响到个体对行为做出的评价与决策，使个体表现出面对情境情感进行体验的迅速而无意识的自动化评估（邢淑芬等，2015；Anderson & Bushman，2002）。这符合一般攻击理论模型。另外，从刺激迁移理论的观点来看，短时间观看动漫暴力的任务（第一个任务）激起了个体的生理唤醒，个体将这种唤醒携带到对不同探测类型进行反应的任务（第二个任务）之中，因为这样的唤醒暂时没有迅速衰减，以至于第二个任务的生理唤醒成为第一个任务的残余唤醒或第二个任务的生理唤醒的组合。之前有研究表明，与非暴力媒体相比，暴力媒体更多地曝光与生理唤醒反应相关的东西（Bushman & Huesmann，2006）。因此，暴力动漫观看组会对攻击性刺激更为敏感。

与行为结果一致的是，实验一与实验二从 N100 的波幅与潜伏期的角度分别提供了进一步的解释。N100 作为注意朝向的重要神经指标，与个体对刺激的辨认、识别有关，主要受到刺激的物理属性影响。特别是对视觉刺激中的情绪性信息更为敏感，表现出在情绪图片上诱发的 N100 波幅比中性图片的更大（Foti et al., 2009），诱发的潜伏期更短。因暴力动漫观看组在短时间内受到暴力动漫片段的启动，对具有威胁性质的刺激信息进行辨别时会表现得更为敏感，所以会出现攻击性的注意偏向。这与以往研究一致，如张鑫（2015）采用点探测范式以词汇为实验材料，发现高暴力游戏接触组在攻击性词汇上诱发的 N100 波幅显著高于中性词汇。

P200 作为对威胁相关刺激进行感知加工的神经指标，代表着个体对消极情绪信息或威胁性质信息的加工机制。从实验二的结果来看，在 P200 成分上，攻击性面孔图片诱发的 P200 波幅更大，潜伏期更短。P200 对情绪性信息较为灵敏，反映了大脑对情绪信息的综合性评估，能够说明个体对消极情绪信息或威胁性质信息的加工机制。与正性刺激和中性刺激相比，消极刺激诱发了更大的 P200 波幅（Delplanque et al., 2004）。因此这 P200 波幅变大与实验刺激材料的性质有关。潜伏期的长短受到注意加工快慢的影响，潜伏期变短说明个体的加工速度快，这一结果可能与个体的进化特点有关，在进化的进程中基于生存与安全的需要，个体只有对威胁性、敌意性刺激格外敏感，反应迅速，才能确保自身安全，所以会表现出对威胁性刺激反应更快，加工更快的特点。以往研究也都证实了这一结果。如在李静华（2014）在研究中采用了 Stroop 范式，结果显示：就外显的高、低两个攻击组来说，相比中性面孔图片引起的波幅，在攻击性面孔图片上引起的 P200 波幅明显更大。张鑫（2015）的研究发现，相比于中性词诱发的潜伏期，暴力接触程度更高的个体会出现在攻击词上诱发的 P200 潜伏期更小的表现。

个体在攻击性面孔图片与探测点位置一致时诱发的 P300 波幅显著小于不一致时的波幅。P300 作为选择性注意加工的重要指标，它代表着个体对情绪信息的加工能力，主要考察了注意、再认以及刺激概率，反映了个体对外界信息的评估、预期和分类等，其波幅与所投入的心理资源呈正相关。从这一结果来看，大学生在对不同图片进行加工时所投入的心理资源存在一定差异。同时实验二的结果也发现与中性面孔图片诱发的波幅相比，在攻击性面孔图片下诱发的 P300 波幅更小，也说明了个体对攻击性面孔图片所投入的注意资源更少。这可能是因为参与实验的大学生均有一定的暴力动漫观看经验，由于平时在暴力动漫中接触过暴力、血腥的场景，当对攻击性面孔图片进行加工时只需要调动一小部分注意资源即可。

不管是行为结果还是脑电结果均说明了暴力动漫观看组存在攻击性的注意偏向，其中脑电结果主要通过 N100 的波幅与潜伏期进行了证明，P200 与 P300 也在一定程度上给予了证明。这符合一般攻击理论模型，说明了短时间接触暴力动漫会影响个体的内心情绪、心理状态，在认知加工过程中通过心理资源的分配与加工速度的快慢表现出来，可见攻击性注意偏向的存在与个体在认知加工过程中所给予的心理资源与加工速度有关。

三 不同动漫类型对攻击性图片注意偏向的影响机制特点分析

实验一中，我们发现了与实验假设一致的结果，即暴力动漫观看组存在对攻击性图片的注意偏向，接下来需要实验二的行为结果或脑电结果提供进一步的依据，以证明这种注意偏向发生的具体机制。而从实验二的行为结果来看，并未发现动漫类型、线索类型以及图片类型三者的显著性差异，而这三个因素之间是否存在交互作用是判断攻击性注意偏向内在机制的突破口，这就需要由 ERP 的数据结果提供进一步的实证支撑。关于攻击性注意偏向的内在机制问题，研究表明注意偏向的出现主要有两种：一种是在有效线索条件下，个体对威胁性刺激的反应比中性或其他刺激的反应更为迅速；另一种是在无效线索条件下，个体则对威胁刺激的反应出现延迟。从个体出现的这两种注意偏向的反应情况来看，机制明显不同，其中第一种情况体现了注意警觉机制；第二种情况则体现了注意解除困难机制。然而若这两种情况都出现的话，则说明是两种机制的共同作用造成了这种注意偏向的出现（Posner & Petersen, 1990；石蕊, 2015）。

动漫类型、线索类型以及图片类型三者的交互作用达到了显著水平，简单效应分析发现在无效线索条件下暴力动漫观看组对攻击性面孔图片诱发的 N100 波幅大于中性面孔图片诱发的波幅，而非暴力动漫观看组与这两个因素之间无显著性差异。这说明暴力动漫观看组存在攻击性的注意偏向，产生这种注意偏向的机制为注意的解脱困难。这与以往的研究较为一致。在李娟（2013）的研究中，采用空间线索任务探讨了注意偏向的机制，发现暴力电子游戏玩家对攻击性图片存在注意偏向，且注意偏向的影响机制表现为注意的解脱困难。

但却与兰海英（2015）、甄霜菊等人（2013）的研究结果不一致。同样是关于媒体暴力对攻击性注意偏向短时效应的影响研究，兰海英采用了视觉搜索范式进行探究，结果发现暴力电子游戏组对愤怒面孔表现为注意警觉，而不是注意的解除困难。也同样是采用空间线索范式，甄霜菊等以身体攻击图片与表情图片作为实验材料进行研究，结果发现在身体攻击图片材料呈现 100ms 时，暴力游戏接触者会表现出对攻击性刺激的注意警觉，表情图片线索呈现 500ms 时则表现出对负性表情的注意回避。此外，高雪梅和赵偲（2014）采用空间线索范式，选用了三种不同类型的情绪词作为刺激材料进行考察，结果发现有效线索下，暴力电子游戏玩家对攻击性词语诱发的 P300 潜伏期减小，说明暴力电子游戏玩家存在攻击性的注意偏向，其机制为对攻击性词语的注意警觉。综合以往的研究结果，之所以会出现不尽相同的实验结果，我们认为可能是由于实验过程中所采用的实验范式、实验材料以及刺激所呈现的时间进程不同而造成了实验结果上的差异。

以上结果说明，暴力动漫观看组对攻击性图片产生注意偏向的原因是个体对攻击性刺激进行了持续性的注意保持，很难将注意从攻击性刺激上撤回，出现了对攻击性信息的注意解脱困难。这一注意偏向的出现，与心境一致性理论相符合，该理论认为与其他信息相比，个体更倾向于关注那些与自身的情绪状态比较一致的信息，如人体在心情很差、情绪很不好的状态下，大脑会更愿意接受并关注一些消极的信息，同时也能对这些负面的信息进行较好地记忆。将这一效应推广到本研究来看，观看过含有暴力信息的动漫后，个体很容易将自己置身于情绪高涨、攻击意图增强的心理状态下，与此同时，大脑的神经结构也出现了暂时性的激活，以至于个体在现实世界中会倾向于将精力更多地放到含有攻击性的信息上，使注意出现与自身的内部心理状态比较一致的表现，而对于这种攻击性的注意偏向如果多次出现，很容易造成个体进行敌意性的归因，最终可能会导致个体攻击性行为的产生。

第七节 小结

本研究采用点探测范式与空间线索范式，并结合 ERP 技术就观看不同动漫类型的大学生对攻击性图片注意偏向的影响及其影响机制问题进行了探究，主要得出以下结论。

第一，相比非暴力动漫观看组，暴力动漫观看组对攻击性面孔图片存在注意偏向，而非暴力动漫观看组不存在这种注意偏向。这一发现可从行为数据结果与 ERP 数据结果中得到相关证明。

第二，暴力动漫观看组产生对攻击性图片注意偏向是注意解脱困难造成的，而非注意警觉所致，表现为暴力动漫观看组在无效线索提示下对攻击性面孔图片的反应慢于对中性面孔图片的反应。这一发现在行为结果中没有体现，却在 ERP 数据结果中得到了相关证明，主要体现在 N100 波幅的差异上。

第三，暴力动漫观看组在攻击性面孔图片与探测点位置一致时诱发的 N100 波幅大于不一致时诱发的波幅。

第四，在无效线索条件下，暴力动漫观看组在攻击性面孔图片下诱发的 N100 波幅大于中性面孔图片诱发的波幅。

第 六 章

动漫暴力经验对中学生攻击性信息注意偏向影响的 ERP 研究

第一节 问题提出与研究设计

一 问题提出

媒体暴力现象是社会科学领域研究最广的问题之一，接触带暴力性质的媒体会增加个体的攻击性这一观点在社会科学界已经得到越来越多的认可。经过长达半个世纪的研究，有关暴力电视、电影和电子游戏及歌曲的负面影响的证据也很多，但关于动漫暴力的研究却相对较少。近年来，随着儿童模仿动漫人物暴力行为的新闻频发，研究者们对动漫暴力对儿童群体的影响越来越重视，已有的研究中大多都是关注动漫暴力对儿童攻击性、攻击行为的影响（Klein & Shiffman，2012；Zhang et al.，2019），而作为当前动漫文化最大受众的青少年群体无疑更容易受到动漫暴力的影响，但研究者却忽视了动漫暴力对青少年群体的消极影响。因此，就整个群体而言，暴力动漫观看经验是否会对中学生产生更明显的消极影响，还处于未知阶段。

值得注意的是，动漫暴力会对儿童的攻击性产生影响，观看暴力动漫会使儿童形成攻击性图式和产生攻击性的思维，长期观看暴力动漫，会强化这些图式和思维，甚至会出现攻击性行为（Zhang et al.，2019；杜嘉鸿、刘凌，2012；郝景芳，2019；杨开富，2018）。早期的注意过程对个体的认知决策有着重要的影响，那么长期观看暴力动漫并可能激发攻击性的思维和行为的个体是否存在对攻击性信息的注意偏向，产生注意偏向的作用机制是什么，这些问题还有待进一步的研究。

此外，已有研究大多采用问卷和行为实验等方法对注意偏向的变化进行研究，随着认知神经科学研究的突飞猛进，ERP作为一种新的研究技术，逐渐受到心理学界的重视。ERP作为研究人体大脑活动的一项重要技术，不仅可以揭示与认知过程相关的脑活动的时间进程，还可以探索不同实验条件下刺激诱发的神经活动模式的特点，而这为我们提供了将注意偏向与脑机制结合研究的可能性。

基于此，本研究拟以动漫暴力高经验、动漫暴力低经验和无动漫暴力经验的中学生为研究对象，以攻击性动漫图片和非攻击性动漫图片为实验材料，并采用ERP技术，深入探讨不同动漫暴力经验的中学生对攻击性信息是否存在注意偏向、注意偏向的作用机制及其认知神经机制的特点。研究分别采用情绪Stroop范式和空间线索范式来探究不同动漫暴力经验的中学生对攻击性信息是否存在注意偏向以及注意偏向的作用机制。实验一采用情绪Stroop范式探讨具有不同动漫暴力经验的中学生是否对攻击性信息存在注意偏向；实验二采用空间线索范式来分析注意偏向的作用机制是注意警觉还是注意解除困难。

二 研究目的

本研究借助ERP技术，选取中学生作为研究对象，通过情绪Stroop实验范式和空间线索实验范式来考察动漫暴力经验对中学生注意偏向及其认知神经机制的影响，为预防和干预动漫暴力对中学生产生不良影响提供实证依据。

三 研究意义

（一）理论意义

第一，本研究从动漫暴力经验的角度出发，考察不同动漫暴力经验的中学生对攻击性信息是否存在注意偏向以及产生注意偏向的作用机制，有助于丰富动漫暴力对中学生群体影响以及注意偏向相关领域的研究。

第二，借助ERP技术，可以利用生理指标更准确地探究被试是否存在对攻击性信息的注意偏向，在探讨不同动漫暴力经验的中学生对攻击性信息的注意偏向是否存在差异的同时还可以探究个体注意偏向的神经机制。

（二）实践意义

第一，通过了解不同动漫暴力经验中学生对攻击性信息是否存在明显的注意偏向，并进一步探讨其对攻击性信息产生注意偏向的作用机制，有利于引导中学生更好地把控观看暴力动漫的时间。针对长期观看暴力动漫从而导致其自身攻击性增强的个体，本研究可以在预防和干预其产生攻击性行为方面提供方向和理论依据。

第二，研究结果可为相关管理部门提供参考。比如，严格要求只有符合标准的动漫才能获准进入市场、加大对动漫内容暴力程度的审查力度。此外，也能在一定程度上引起教育者和家长对动漫暴力内容的负面影响的重视，使其对孩子多一些关注和监督并及时进行纠正，以便预防孩子出现不良行为，为孩子的健康成长和健全发展提供保障。

四 研究假设

本研究结合已有的媒体暴力的相关理论、前人的研究成果以及自己的研究目的，提出以下假设：

假设1：动漫暴力高经验组和动漫暴力低经验组对攻击性图片边框进行颜色命名的反应时显著长于非攻击性图片，即对攻击性动漫图片存在明显注意偏向，对照组对两种类型图片的反应时不存在显著性差异。

假设2：动漫暴力高、低经验组和对照组在不同类型图片下所诱发的N1、P2、P3的波幅以及潜伏期存在显著性差异。

假设3：在无效线索条件下，动漫暴力高经验组对攻击性图片后的靶刺激加工时间显著长于中性图片，更不容易知觉到靶刺激，对攻击性信息产生注意偏向的作用机制为注意解除困难；在有效线索条件下，动漫暴力低经验组对攻击性图片刺激消失后呈现的靶子的加工时间显著短于中性图片，更容易知觉到靶刺激，对攻击性信息的注意偏向作用机制为注意警觉。

假设4：动漫暴力高、低经验组和对照组在不同线索条件下分别由两种图片所诱发的N1、P2、P3的波幅以及潜伏期存在显著性差异。

五　研究框架

本研究主要探讨暴力动漫观看经验对中学生注意偏向的影响，产生注意偏向的作用机制及其认知神经机制的特点。研究为被试内、被试间混合实验设计，共包括两个实验，研究框架如表 6-1 所示。

表 6-1　　　　　　　　　总体研究框架

研究构成	方法	实验目的
实验一：情绪 Stroop 范式下不同动漫暴力经验中学生对攻击性信息的注意偏向	实验法	考察不同动漫暴力经验的中学生对攻击性信息是否存在注意偏向
实验二：空间线索范式下不同动漫暴力经验中学生对攻击性信息的注意偏向	实验法	进一步考察不同动漫暴力经验的中学生对攻击性信息产生注意偏向的作用机制

第二节　实验一　情绪 Stroop 范式下不同动漫暴力经验中学生对攻击性信息的注意偏向

一　研究目的

本实验采用情绪 Stroop 实验范式考察不同动漫暴力经验的中学生对攻击性信息是否存在注意偏向。

二　研究假设

假设 1：动漫暴力高经验组和动漫暴力低经验组对攻击性图片边框进行颜色命名的反应时显著长于中性图片，即对攻击性动漫图片存在明显注意偏向，对照组对两种类型图片的反应时不存在显著性差异。

假设 2：动漫暴力高、低经验组和对照组在不同类型图片下所诱发的 N1、P2、P3 的平均波幅以及潜伏期存在显著性差异。

三 研究方法

（一）研究对象

采用李献云等（2011）修订的攻击性特质问卷，以及参考 Anderson 和 Dill（2000）的暴力游戏经验问卷修订而来的暴力动漫经验水平问卷，对北方某中学 500 名中学生进行问卷调查，调查对象为该校七年级和八年级的学生，每个年级 4 个班级，一共 8 个班级。剔除无效问卷，回收整理得到有效问卷 476 份。最终确定参与实验的中学生为 79 人，筛选过程如下：根据中学生暴力动漫观看经验以及攻击性特质问卷得分，无暴力动漫观看经验的中学生共有 38 名，从中随机选取 26 名（男 17 名，女 9 名）中学生作为动漫暴力无经验组，即对照组；在有暴力动漫经验的 438 名中学生中，从暴力动漫经验水平问卷得分在前 27% 的中学生中随机选取 26 名（男 17 名，女 9 名）作为动漫暴力高经验组，暴力动漫经验水平问卷得分在后 27% 的中学生中随机选取 27 名（男 18 名，女 9 名）作为动漫暴力低经验组。三组中学生的年龄均在 12—16 岁，且根据攻击性特质问卷得分对其攻击性特质水平进行了匹配。所有中学生皆为右利手，视力或者矫正视力正常，无物质依赖史，无生理或精神疾病。实验前得到老师和家长等监护人的同意并签署知情同意书，做完实验后均赠送学习礼品。

（二）实验设计

本实验为 3（研究对象类型：暴力动漫高经验组、暴力动漫低经验组、对照组）×2（图片类型：非攻击性、攻击性）的混合实验设计。图片类型为组内变量，研究对象类型为组间变量。行为实验的因变量为在不同图片类型条件的反应时，脑电实验的因变量为头皮后部 N1、P2、P3 的平均波幅和潜伏期。

（三）实验材料

1. 研究工具

暴力动漫经验水平问卷：参考以往研究（甄霜菊，谢晓东，胡丽萍，张卫，2013）并结合暴力游戏经验问卷修订而来。该问卷要求中学生写出自己过去半年最经常接触的三部暴力动漫，通过让中学生进行七点量表评分（1 代表"从来不看"，7 代表"大量看"）以了解中学生观看动漫的频率；七点量表评分（1代表"无暴力"，7代表"非常暴力"）以了解动漫的暴力程度；七点量表评分（1代表"无血腥"，7代表"非常血腥"）以了解动漫画面的血腥程度。动漫的经验得分=［（动漫内容的暴力程度+动漫画面的血腥程度）×观看动漫的频率］÷3。修改后的问卷内部一致性系数为0.83。

攻击性特质问卷：采用李献云等（2011）修订的攻击性特质问卷AQ，该问卷包括身体攻击、言语攻击、愤怒与敌意4个分量表，共29个项目，采用5点量表评分（1代表"完全不符合"，5代表"完全符合"），其中第9题与第16题属于反向计分，个体的得分越高，表明其攻击性特质越高。问卷内部一致性系数为0.94，重测信度为0.81，信效度良好。本研究中中学生的攻击性特质水平作为控制变量存在，三组中学生的攻击性特质水平差异不显著时，攻击性特质问卷得分在后期数据分析中不做考察。

2. 图片的评定

通过网上下载和截屏而初步获得60张攻击性动漫图片、60张非攻击性动漫图片，采用Photoshop对图片进行处理，使每张图片的大小、亮度相同。邀请30位有动漫观看经验的中学生（参与材料评定的学生均不参与实验）通过问卷星对这120张图片的攻击性相关程度、熟悉度、愉悦度3个指标进行Likert 9级评分，其中攻击性相关程度的评分，1—9代表图片内容与攻击性的相关程度，1代表非常不相关，9代表非常相关；熟悉度的评分，1—9代表对图片内容不同的熟悉程度，1代表非常不熟悉，9代表非常熟悉；愉悦度的评分，1—9代表对图片内容不同的愉悦程度，1代表非常不愉快，9代表非常愉快。

根据本实验目的，最终选取攻击性相关程度平均分得分排名前40的图片作为攻击性图片，攻击性相关程度平均分排名后40的图片作为非攻击性图片。将两种图片的熟悉度、愉悦度、攻击性相关程度进行独立样本t检验，攻击性图片与非攻击性图片在熟悉度上差异不显著，$t_{(78)}$=1.74，p=0.087；攻击性图片和非攻击性图片在愉悦度上差异显著，$t_{(78)}$=−10.30，p<0.001，攻击性图片在愉悦度上的得分显著低于非攻击性图片；攻击性图片和非攻击性图片在攻击性相关程度上差异显著，

$t_{(78)} = 48.92$,$p < 0.001$,攻击性图片在攻击性相关程度上的得分显著大于非攻击性图片,两组图片得分的描述性统计见表6-2。

表6-2　两类图片在熟悉度、愉悦度和攻击性相关程度上评分的描述性统计（$M \pm SD$）

	熟悉度	愉悦度	攻击性相关程度
攻击性图片	4.09 ± 0.85	3.34 ± 0.44	6.58 ± 0.46
非攻击性图片	3.80 ± 0.59	4.48 ± 0.54	2.30 ± 0.30

（四）实验程序

实验采取个别施测的方法,实验开始前由主试将实验流程与注意事项详细解说给中学生。所有的刺激均在屏幕中央呈现,背景为灰色,反应可以通过按键进行,实验过程当中要求学生注意力集中,尽量少眨眼,避免有大幅度的动作。

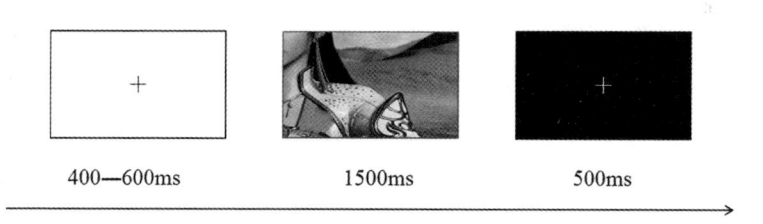

图6-1　情绪Stroop范式实验流程

实验主要包括练习和正式实验,且两部分实验任务呈现的刺激材料不同。练习要求学生在进入正式实验前达到95%的正确率,共包括10个试次。正式实验开始时,先在屏幕中央呈现一个400—600ms的注视点"+",注视点消失后会呈现一个图片刺激1500ms,要求学生判断图片刺激边框的颜色（红/蓝）,若呈现的图片刺激边框是蓝色,要求学生用左手食指按F键；若呈现的图片刺激边框是红色,则要求学生用右手食指按"J"键。图片刺激将在学生做出按键反应后消失,若学生未及时做出按键反应,图片刺激将在呈现1500ms后自动消失。接着呈现一个空屏

500ms 后，进入下一个试次。实验过程当中要求学生注意力集中，尽量少眨眼，不要有大幅度的动作。正式实验共有 240 个试次，由两个 block 组成，每个 block 有 120 个试次，两个 block 之间有 3 分钟的休息时间。整个实验包括打脑电膏、练习和正式实验用时约 40 分钟。实验中两种类型（攻击性、非攻击性）图片刺激边框的颜色进行了随机匹配，实验中图片刺激呈现顺序进行了随机化处理。

（五）数据记录

采用 E-prime 2.0 自编程序，由笔记本电脑呈现材料，同时收集中学生的反应数据。反应时是通过中学生的实际反应时长，毫秒（ms）进行统计。实验的脑电数据由德国 Brain Products（BP）公司生产的脑电记录与分析系统采集。EEG 记录由国际 10—20 系统扩展的 32 导 Ag/Ag – Cl 电极帽完成，眼电记录由左右眼眶上的两个电极完成：水平眼电（HEOG）和垂直眼电（VEOG），位于两侧乳突（TP 9、TP10）和位于前额叶中间与额叶中间的连线中点处的 Grand 以及 Reference 分别为参考电极。滤波器带通的取值范围为：0.01—100Hz，采样频率为 500Hz/导。确保被测头皮与电极之间的电阻低于 10kΩ。

（六）数据分析

实验过程中对 EEG 数据进行了连续记录，之后采用 Analyzer 2.0 对这些脑电数据进行离线分析和处理，其中眨眼、眼动、肌电等伪迹严重的实验数据均被剔除，剔除标准为 ±70μV，将总平均波幅作为实验结果的最终参考。采用 SPSS 20.0 进行数据的统计与分析，对行为数据的反应时以及脑电数据 N1、P2、P3 成分的平均波幅和潜伏期进行了重复测量方差分析以及采用 Greehouse-Geisser 进行 p 值矫正。根据以往的研究，将 ERP 的具体分析时程设置为：图片呈现之前的 200ms 至图片呈现 800ms，并将图片呈现之前的 200ms 为基线。

四 研究结果

（一）行为数据

本实验剔除行为数据错误率在 20% 以上的 6 人，以及脑电数据不符合标准的 4 人，最终参与行为以及 ERP 结果分析的有效学生为 69（男 45 名，女 24 名），其中高经验组 24 名（男 16 名，女 8 名），低经验组 22 名（男 15 名，女 7 名）人，无经验组 23 名（男 14 名，女 9 名）。分别对每组中学生的年龄、攻击性特质水平、以及动漫暴力经验水平进行单因素方差分析，结果显示，动漫暴力高经验组（13.21 ± 0.72）、动漫暴力低经验组（13.45 ± 0.67）和无动漫暴力经验组（13.35 ± 0.98）三组中学生在年龄上组间差异均不显著；动漫暴力高经验组（78.25 ± 9.37），动漫暴力低经验组（76.50 ± 8.54），无动漫暴力经验组（73.52 ± 13.92）三组中学生在攻击性特质水平上组间差异均不显著；在动漫暴力经验水平上，三组中学生之间差异非常显著（$p < 0.001$），事后比较发现，动漫暴力高经验组（42.39 ± 11.19）与动漫暴力低经验组（11.62 ± 3.64）、无动漫暴力经验组（5.88 ± 1.65）之间差异都非常显著（$p < 0.001$），动漫暴力低经验组与无动漫暴力经验组之间差异边缘显著（$p = 0.05$）。

本研究根据以往研究中使用的控制方法（汪孟允、苗小翠、李益娟、胡仲思、张仲明，2015；毋嫘、林冰心，2016），并结合本实验的真实情况，删除反应错误的试次以及小于 200ms 大于 1200ms 的反应时。这一控制标准删除了总试次的 0.7%。行为数据分析中学生在不同条件下的反应时。本实验的动漫暴力高经验组、动漫暴力低经验组和对照组在攻击性图片和非攻击性图片上反应时（ms）的描述性统计结果见表 6-3。

表 6-3　三组研究对象在情绪 Stroop 任务中对图片刺激的反应时（$M ± SD$）　　单位：ms

	动漫暴力高经验组	动漫暴力低经验组	对照组
攻击性图片	616.65 ± 71.75	585.33 ± 56.89	589.34 ± 78.65
非攻击性图片	611.71 ± 75.61	573.26 ± 52.63	593.58 ± 79.64

根据上表结果，对不同暴力动漫经验组在图片类型下的反应时进行 3（研究对象类型：动漫高经验组、动漫暴力低经验组、对照组）× 2（图片类型：非攻击性、攻击性）的重复测量方差分析。结果见表 6-4。

表6-4　三组研究对象在情绪Stroop任务中对图片刺激反应时的
重复测量方差分析

	变异来源	df	MS	F
被试间	研究对象类型	2.00	14527.53	1.51
被试内	图片类型	1.00	623.49	2.35
	图片类型×研究对象类型	2.00	753.71	2.84*

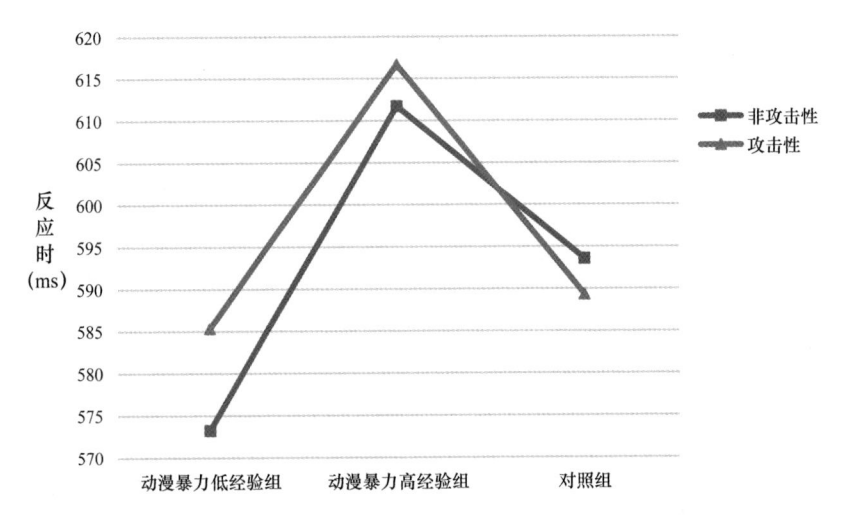

图6-2　三组研究对象在情绪Stroop任务中反应时的简单效应分析

研究对象类型主效应不显著 [$F_{(2,66)}$ = 1.51, p = 0.228, η^2 = 0.04]。图片类型主效应不显著 [$F_{(1,66)}$ = 2.35, p = 0.130, η^2 = 0.03]。图片类型与研究对象类型交互作用边缘显著 [$F_{(2,66)}$ = 2.84, p = 0.065, η^2 = 0.08],进一步简单效应分析发现,固定图片类型,在非攻击性图片下,动漫暴力高经验组的反应时（611.71 ± 14.42）长于动漫暴力低经验组（573.26 ± 15.06）,差异边缘显著（p = 0.070）,在攻击性图片下三组中学生的反应时不存在显著差异；固定研究对象类型,动漫暴力低经验组对攻击性图片的反应时（585.33 ± 14.90）显著长于非攻击性图片（573.26 ± 15.06）, p = 0.017,动漫暴力高经验组和对照组内对两种图片的反应时不存在显著差异。

(二) ERP 数据

参与 ERP 数据分析的中学生人数与本实验的行为数据人数一致。从波形图和地形图中可以看出，在 F3、F4、Fz，3 个电极上诱发了清晰可辨的脑电成分 N1（在 80—170ms 时间段上可测得）；在 P3、P4、Pz，3 个电极上诱发了清晰可辨的脑电成分 P2（在 160—280ms 时间段上可测得）；在 O1、O2、Pz，3 个电极上诱发了清晰可辨的 P3（在 200—400ms 时间段上可测得）。参考以往研究中提高数据信噪比的方法，本研究将每个成分的电极的信号进行平均（Wiener & Thompson，2015；李宝林，2017）。下面将依次报告 N1、P2、P3 三个脑电成分。

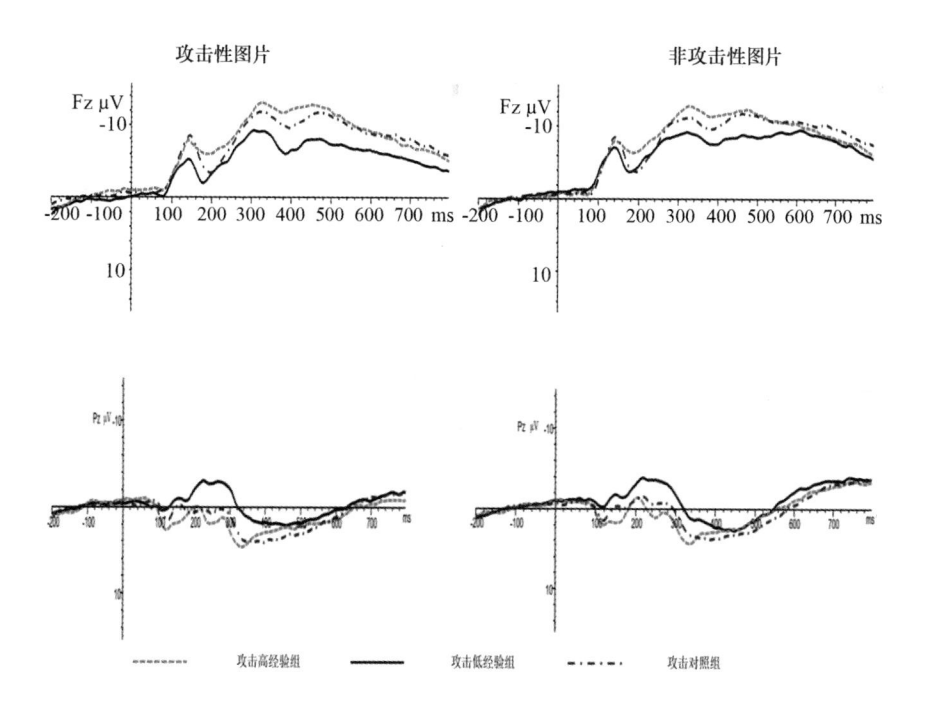

图 6-3　高经验组、低经验组和对照组在情绪 Stroop 任务中电极点 Fz、Pz 上的波形图

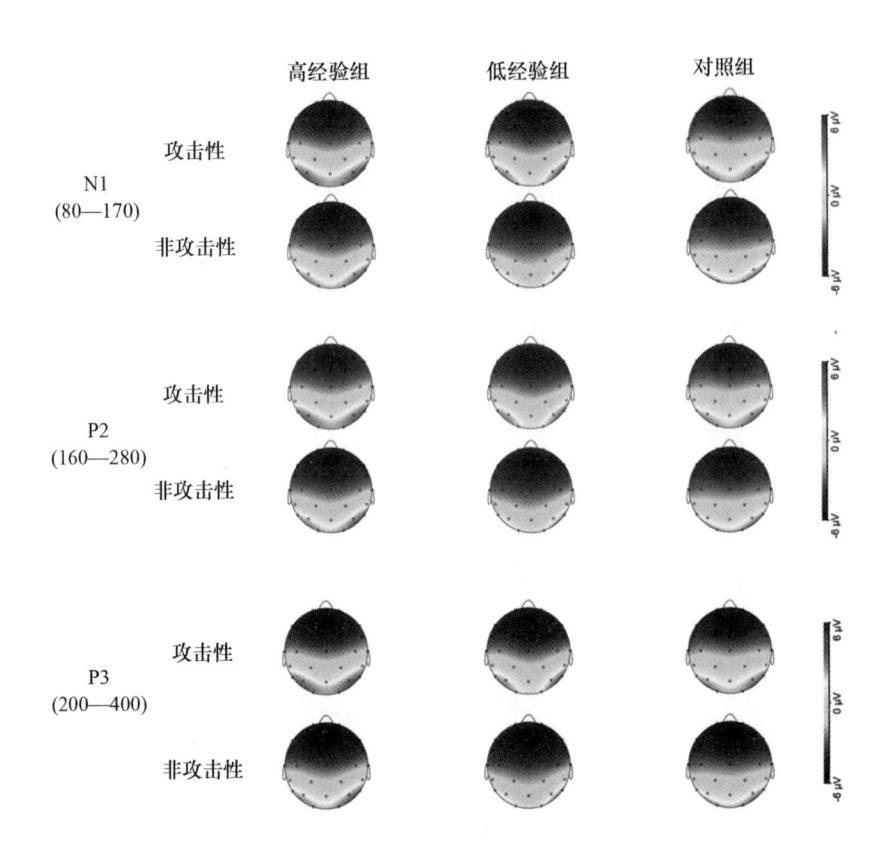

图 6-4 实验 1 中，高经验组、低经验组和对照组在不同图片类型下
N1（80—170ms）、P2（160—280ms）和
P3（280—450ms）的地形图

1. N1（80—170ms）成分

表 6-5　　研究对象在情绪 Stroop 任务中的 N1 平均波幅的
描述统计（$M \pm SD$）　　　　单位：μV

	高暴力动漫经验组	低暴力动漫经验组	对照组
攻击性图片	-4.90 ± 1.98	-4.54 ± 2.56	-5.33 ± 2.28
非攻击性图片	-5.23 ± 1.95	-5.51 ± 2.47	-5.30 ± 2.10

表6-6 研究对象在情绪 Stroop 任务中的 N1 平均波幅的重复测量方差分析

	变异来源	df	MS	F
被试间	研究对象类型	2.00	1.16	0.13
被试内	图片类型	1.00	6.22	7.24**
	图片类型×研究对象类型	2.00	2.95	3.43*

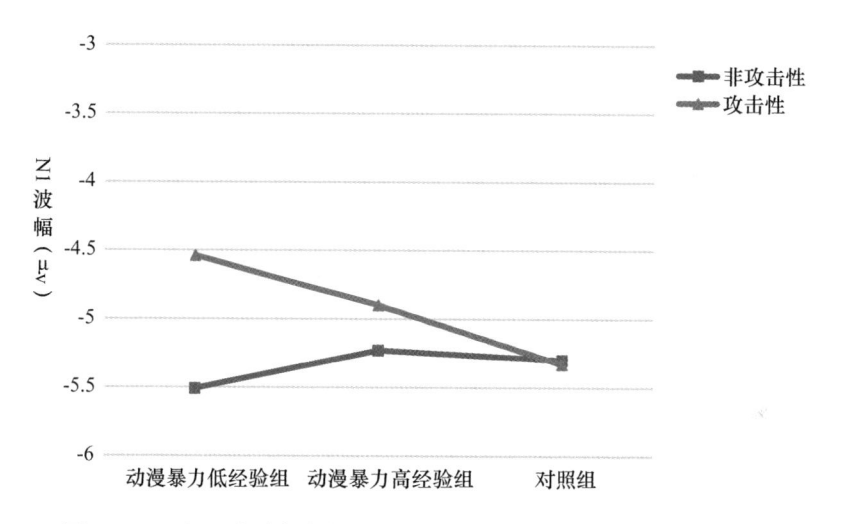

图6-5 三组研究对象在情绪 Stroop 任务中 N1 波幅的简单效应分析

N1 波幅：对 N1 的平均波幅进行 3（研究对象类型：动漫暴力高经验组、动漫暴力低经验组、对照组）× 2（图片类型：非攻击性、攻击性）的重复测量方差分析，结果见表6-5、表6-6，研究对象类型的主效应不显著 [$F_{(2,66)} = 0.13$，$p = 0.880$，$\eta^2 = 0.00$]。图片类型主效应显著 [$F_{(1,66)} = 7.24$，$p = 0.009$，$\eta^2 = 0.10$]，表现为非攻击性图片诱发的 N1 波幅（-5.35 ± 0.26）显著大于攻击性图片诱发的波幅（-4.92 ± 0.27）。图片类型和研究对象类型交互作用显著 [$F_{(2,66)} = 3.43$，$p = 0.038$，$\eta^2 = 0.09$]，进一步简单效应分析发现，动漫暴力低经验组组内由非攻击性图片诱发的波幅（-5.51 ± 0.46）显著比攻击性图片诱发的波幅（-4.54 ± 0.49）更负，$p = 0.001$。动漫暴力高经验组和对照组组内分别由两种图片诱发的平均波幅没有显著差异。

表6-7 三组研究对象在情绪Stroop任务中的N1潜伏期的描述统计（$M \pm SD$） 单位：ms

	高暴力动漫经验组	低暴力动漫经验组	对照组
攻击性图片	137.94 ± 12.67	136.64 ± 16.07	141.51 ± 7.68
非攻击性图片	136.83 ± 12.85	135.82 ± 14.12	138.72 ± 9.54

表6-8 三组研究对象在情绪Stroop任务中的N1潜伏期的重复测量方差分析

	变异来源	df	MS	F
被试间	研究对象类型	2.00	180.71	0.67
被试内	图片类型	1.00	85.00	2.09
	图片类型 × 研究对象类型	2.00	12.83	0.32

N1潜伏期：对N1的潜伏期进行3（研究对象类型：动漫暴力高经验组、动漫暴力低经验组、对照组）× 2（图片类型：非攻击性、攻击性）的重复测量方差分析，结果见表6-7、表6-8，研究对象类型的主效应不显著 [$F_{(2,66)} = 0.67$, $p = 0.514$, $\eta^2 = 0.02$]。图片类型主效应不显著 [$F_{(1,66)} = 2.09$, $p = 0.153$, $\eta^2 = 0.03$]。图片类型和研究对象类型的交互作用不显著 [$F_{(2,66)} = 0.32$, $p = 0.730$, $\eta^2 = 0.01$]。

2. P2（160—280ms）成分

表6-9 三组研究对象在情绪Stroop任务中的P2平均波幅的描述性统计（$M \pm SD$） 单位：μV

	动漫暴力高经验组	动漫暴力低经验组	对照组
攻击性图片	5.29 ± 6.20	1.74 ± 4.25	3.05 ± 5.39
非攻击性图片	4.15 ± 5.72	0.81 ± 4.14	1.78 ± 4.65

表 6 – 10   三组研究对象在情绪 Sstroop 任务中的 P2 平均波幅的
重复测量方差分析

	变异来源	df	MS	F
被试间	研究对象类型	2.00	142.56	2.75*
被试内	图片类型	1.00	42.79	40.15***
	图片类型 × 研究对象类型	2.00	0.33	0.31

P2 波幅：对 P2 的平均波幅进行 3（研究对象类型：动漫暴力高经验组、动漫暴力低经验组、对照组）× 2（图片类型：非攻击性、攻击性）的重复测量方差分析，结果见表 6 – 9、表 6 – 10，研究对象类型主效应边缘显著 [$F_{(2,66)}$ = 2.75, p = 0.071, η^2 = 0.08]，表现为动漫暴力高经验组诱发的 P2 波幅（4.72 ± 1.04）显著大于低经验组（1.27 ± 1.09），p = 0.025。图片类型主效应显著 [$F_{(1,66)}$ = 40.15, p < 0.001, η^2 = 0.38]，表现为攻击性图片诱发的波幅（3.36 ± 0.65）显著大于非攻击性图片诱发的 P2 波幅（2.25 ± 0.59）。图片类型与研究对象类型交互作用不显著 [$F_{(2,66)}$ = 0.31, p = 0.736, η^2 = 0.01]。

表 6 – 11   三组研究对象在情绪 Stroop 任务中的 P2 潜伏期的
描述性统计（$M \pm SD$）   单位：μV

	动漫暴力高经验组	动漫暴力低经验组	对照组
攻击性图片	233.14 ± 36.84	226.88 ± 37.65	229.86 ± 34.26
非攻击性图片	230.25 ± 27.78	226.82 ± 43.25	227.88 ± 37.66

表 6 – 12   三组研究对象在情绪 Stroop 任务中的 P2 潜伏期的重复
测量方差分析

	变异来源	df	MS	F
被试间	研究对象类型	2.00	273.49	0.12
被试内	图片类型	1.00	92.69	0.27
	图片类型 × 研究对象类型	2.00	23.68	0.07

P2 潜伏期：对 P2 的潜伏期进行 3（研究对象类型：动漫暴力高经验组、动漫暴力低经验组、对照组）× 2（图片类型：非攻击性、攻击性）的重复测量方差分析，结果见表 6-11、表 6-12，研究对象类型主效应不显著 $[F_{(2,66)} = 0.12, p = 0.889, \eta^2 = 0.00]$。图片类型主效应不显著 $[F_{(1,66)} = 0.27, p = 0.604, \eta^2 = 0.00]$。图片类型与研究对象类型交互作用不显著 $[F_{(2,66)} = 0.07, p = 0.933, \eta^2 = 0.00]$。

3. P3（280—450ms）成分

表 6-13　三组研究对象在情绪 Stroop 任务中的 P3 平均波幅的描述性统计（$M \pm SD$）　　　　　单位：μV

	动漫暴力高经验组	动漫暴力低经验组	对照组
攻击性图片	4.56 ± 4.70	2.26 ± 3.93	4.55 ± 4.99
非攻击性图片	4.69 ± 3.91	2.88 ± 4.32	4.83 ± 4.63

表 6-14　三组研究对象在情绪 Stroop 任务中的 P3 平均波幅的重复测量方差分析

	变异来源	df	MS	F
被试间	研究对象类型	2.00	65.27	1.72
被试内	图片类型	1.00	4.03	3.10
	图片类型×研究对象类型	2.00	0.72	0.55

P3 波幅：对 P3 的平均波幅进行 3（研究对象类型：动漫暴力高经验组、动漫暴力低经验组、对照组）× 2（图片类型：非攻击性、攻击性）的重复测量方差分析，结果见表 6-13、表 6-14，研究对象类型主效应不显著 $[F_{(2,66)} = 1.72, p = 0.187, \eta^2 = 0.05]$。图片类型主效应不显著 $[F_{(1,66)} = 3.10, p = 0.083, \eta^2 = 0.05]$。图片类型与研究对象类型交互作用不显著 $[F_{(2,66)} = 0.55, p = 0.578, \eta^2 = 0.02]$。

表6-15 三组研究对象在情绪 Stroop 任务中的 P3 潜伏期的描述性统计（$M \pm SD$） 单位：ms

	动漫暴力高经验组	动漫暴力低经验组	对照组
攻击性图片	337.39 ± 39.72	358.18 ± 41.04	352.38 ± 30.03
非攻击性图片	344.53 ± 40.77	366.36 ± 40.85	360.70 ± 30.21

表6-16 三组研究对象在情绪 Stroop 任务中的 P3 潜伏期的重复测量方差分析

	变异来源	df	MS	F
被试间	研究对象类型	2.00	5659.10	2.63*
被试内	图片类型	1.00	2139.47	3.28*
	图片类型×研究对象类型	2.00	4.90	0.01

P3 潜伏期：对 P3 的潜伏期进行 3（研究对象类型：动漫暴力高经验组、动漫暴力低经验组、对照组）×2（图片类型：非攻击性、攻击性）的重复测量方差分析，结果见表6-15、表6-16，研究对象类型的主效应边缘显著 [$F_{(2,66)} = 2.63$，$p = 0.079$，$\eta^2 = 0.07$]，表现为动漫暴力低经验组的平均潜伏期（362.27 ± 6.99）显著长于动漫暴力高经验组（340.96 ± 6.69），$p = 0.031$。图片类型主效应边缘显著 [$F_{(1,66)} = 3.28$，$p = 0.075$，$\eta^2 = 0.05$]，表现为非攻击性图片诱发的潜伏期（357.20 ± 4.53）边缘长于攻击性图片诱发的潜伏期（349.32 ± 4.49）。图片类型与研究对象类型交互效应不显著 [$F_{(2,66)} = 0.01$，$p = 0.993$，$\eta^2 = 0.00$]。

五 讨论

为了更好地了解动漫暴力经验对中学生注意偏向的影响，实验利用 ERP 技术结合行为实验研究了不同动漫暴力经验的中学生在不同类型图片下的反应特点。

从行为数据来看，在研究对象类型与图片类型的交互作用上，表现为动漫暴力低经验组对攻击性图片的反应时显著长于非攻击性图片，动漫暴力高经验组和对照组对两种类型图片的反应时不存在显著差异，表明动漫暴力低经验组对攻击性图片给予了更多的关注，产生了明显的注意偏向，这与李娟（2013）的研究结果不一致，其研究发现玩暴力游戏的时间越多和次数越多，就会对攻击性信息产生更明显的注意偏向，即相比于暴力游戏低经验组，高暴力游戏经验组对攻击性信息产生了明显的注意偏向。结果不一致可能存在两个方面的原因：一方面，两个研究的研究对象群体不一样，李娟的研究对象是大学生，而本研究的研究对象是中学生，根据 Bushman 和 Huesmann 等人（2006）的研究发现，媒体暴力对不同的研究对象群体所产生的影响是不同的，相比于李娟研究中的大学生，本研究中动漫暴力对中学生的长期影响更大；另一方面，根据脱敏理论，当个体大量观看暴力动漫的内容后，最初对暴力内容的生理反应减少甚至消失，暴力开始被认为是寻常可见的，导致受众在现实生活中把暴力行为当作一种可以接受的行为，而当看到攻击性信息时也会出现司空见惯和麻木的态度，在一定程度上反映了本实验中的动漫暴力高经验组中学生对攻击性信息可能存在脱敏现象。

本实验假设认为动漫暴力高经验组和低经验组对攻击性图片边框进行颜色命名的反应时显著长于非攻击性图片，即对攻击性动漫图片存在明显的注意偏向，而对照组对两种类型图片的反应时不存在显著性差异，行为实验结果部分验证了实验假设。根据注意资源理论，注意资源是有限的，中学生在进行实验的过程中，内容和图片边框颜色分配到不同的注意资源，与非攻击性图片相比，动漫暴力低经验组对攻击性图片进行边框颜色命名的反应更慢，说明动漫暴力低经验组在实验任务中受到更多的攻击性图片内容的干扰，表现出了对攻击性信息的注意偏向。而动漫暴力高经验组和对照组对两种图片边框颜色命名的反应时没有显著性差异，说明这两组中学生在对两类图片进行边框颜色判断任务时，注意资源分配相当，没有表现出明显的注意偏向（杨众望、吴佳敏，2020）。

ERP 的结果显示，中学生在攻击性图片和非攻击性图片刺激下诱发了三个明显的脑电成分：N1、P2、P3。N1 波幅和潜伏期的分析结果显示，其受到图片类型的单独影响以及研究对象类型与图片类型的交互影响，且主要反应在 N1 的平均波幅上，具体表现为中学生整体上在攻击性图片诱发的平均波幅显著小于非攻击性图片的平均波幅，N1 是个体对视觉刺激进行自动评价的外源性成分,反映了中学生对刺激的敏感性,代表对刺激早期的 ERP 注意效应。这可能说明相对于非攻击性图片,中学生对攻击性图片更敏感,这一结果也符合进化论的一般认知,即人类对威胁刺激会更敏感,以便更好地保护自己。此外,在 N1 的平均波幅上还表现为动漫暴力低经验组由攻击性图片诱发的平均波幅显著小于非攻击性图片诱发的平均波幅,说明相比动漫暴力高经验组和对照组,动漫暴力低经验组对攻击性图片更敏感。有研究者通过功能性磁共振成像(functional magnetic resonance imaging, FMRI)技术发现,暴力电子游戏玩家与注意有关的大脑部位活动明显下降(Mathews et al., 2005),因此,动漫暴力高经验组表现出对攻击性图片敏感性降低,可能是动漫暴力高经验组长时间、反复多次观看暴力动漫内容,导致其注意力集中度的下降。

P2 和 P3 受到研究对象类型的单独影响和图片类型的单独影响,且主要反映在 P2 的平均波幅和 P3 的潜伏期上。在 P2 的平均波幅上具体表现为动漫暴力高经验组诱发的平均波幅总体上大于动漫暴力低经验组,有研究表明,P2 波幅与视觉注意范围有关,视觉注意范围越大,刺激所诱发的 P2 波幅越小(高文斌等,2002),说明相比于动漫暴力高经验组,动漫暴力低经验组的视觉注意范围更大,可以更灵活地从一个任务转换到另一个任务,而动漫暴力高经验组无法进行认知资源的合理调配。此外,在 P2 平均波幅上还表现为攻击性图片诱发的平均波幅总体上大于非攻击性图片,P2 成分与大脑对情绪性信息意义的总体评估有关(Schapkin et al., 2000),说明相比于非攻击性图片,中学生对攻击性图片刺激的情绪评估更高。在 P3 潜伏期上具体表现为动漫暴力高经验组的潜伏期总体上显著短于动漫暴力低经验组,潜伏期反映的是大脑对呈现刺激的加工速度,和对刺激的评价时间(崔超男,2018),这说明动漫暴力高经验组对两种类型的图片刺激的加工速度总体上要比动漫暴力低经验组更快。在 P3 潜伏期上还具体表现为中学生在攻击性图片上的潜伏期显著短于非攻击性图片,说明研究对象总体上对攻击性图片刺激的评价时间短于非攻击性图片。

综合以上行为数据和脑电数据的结果来看,动漫暴力低经验组对攻击性图片刺激产生了明显的注意偏向。同时在脑电数据的 N1 成分上也表现出动漫暴力低经验组中学生对攻击性图片存在注意偏向。根据一般攻击模型,个体长期接触媒体暴力会使其不断地获取相关的知识和技能并使这些相关知识结构得到强化和巩固，最终会形成内在的图式，动漫暴力低经验组在近半年内对暴力动漫的接触可能使其形成了内在的攻击性图式，其对攻击性信息存在选择性注意，验证了一般攻击模型理论。此外，虽然动漫暴力高经验组在行为数据中反应时不存在显著差异，N1 波幅表现出对攻击性信息的敏感性降低以及 P2 波幅表现出其认知功能明显受损，无法很好地进行认知资源的合理调配，验证了动漫暴力对中学生的消极影响。根据脱敏理论，相同的刺激反复呈现通常会出现个体的神经生理反应的习惯化或神经生理反应的弱化，动漫暴力高经验组长期反复接触暴力动漫，因此可能对动漫暴力相关内容出现去敏感化，存在脱敏效应，但 P3 波幅作为脱敏指标并未表现出明显的差异，因此，本实验中动漫暴力高经验组并未出现明显脱敏现象，这在未来还需进一步去探究。

第三节　实验二　空间线索范式下不同动漫暴力经验中学生对攻击性信息的注意偏向

一　研究目的

本实验采用空间线索实验范式，在实验一的基础上，通过分析在有效线索和无效线索条件下研究对象对攻击性信息刺激的反应特点以及认知加工过程的变化，进一步探讨不同动漫暴力经验组对攻击性图片注意偏向的内在机制。

二　研究假设

假设1：在有效线索条件下，动漫暴力低经验组对攻击性图片消失后呈现的靶刺激加工时间显著短于非攻击性图片，更容易知觉到靶刺激，动漫暴力低经验组对攻击性图片刺激的注意偏向作用机制为注意警觉。

假设2：动漫暴力高、低经验组和对照组在不同线索条件下分别由两种图片所诱发的 N1、P2、P3 的波幅以及潜伏期存在显著性差异。

三　研究方法

（一）研究对象

同实验一。

（二）实验设计

本实验为 3 ×（研究对象类型：动漫暴力高经验组、动漫暴力低经验组、对照组）× 2（图片类型：非攻击性、攻击性）× 2（线索类型：无效、有效）的三因素混合实验设计。图片类型和线索类型为组内变量，研究对象类型为组间变量。行为实验的因变量为在不同线索条件下对攻击性与非攻击性图片刺激位置呈现的靶刺激的反应时，脑电实验的因变量为头皮后部 N1、P2、P3 的平均波幅和潜伏期。

（三）实验材料

1. 研究工具

同实验一。

3. 图片的评定

同实验一。

（四）实验程序

实验采用空间线索范式，中学生首先阅读指导语，明确要求后，按键进入下一步。实验主要包括练习和正式实验，且两部分实验任务呈现的刺激材料不同。练习共 10 个试次，正式实验中共 240 个试次，由两个 block 组成，每个 block 有 120 个试次，两个 block 之间有 3 分钟的休息时间。实验开始时，屏幕中央首先会呈现一个 400—600ms 的注视点，注视点两侧各有一个矩形框，任意一个矩形框中会随机呈现一张 1000ms 的图片刺激（攻击性图片或非攻击性图片），图片刺激消失后呈现一个 100—200ms 的空屏。空屏消失后在任意一个矩形框中随机呈现一个靶刺激"■"，实验要求中学生快速且准确地做出反应，若靶刺激呈现在左边的矩形框中用左手食指按"S"键，呈现在右边的矩形框中则用右手食指按"K"键。中学生做出按键反应后或 1000ms 内不做反应，靶刺激自动消失，呈现空屏 1000ms 后，自动进入下一个试次。

整个实验包括练习与打脑电膏这些环节，用时约 1 个小时。实验过程中两类图片随机出现在左右位置的次数相等，有效线索出现的试次占总试次的 2/3，无效线索试次占总试次的 1/3。

实验流程如下：

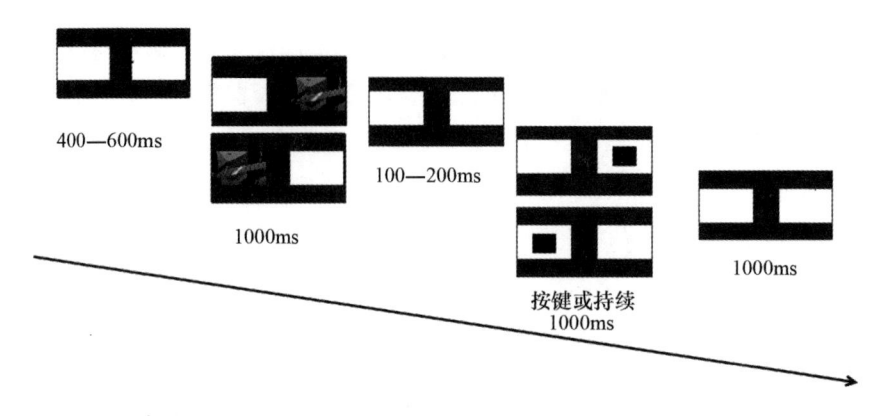

图 6-6　空间线索范式实验流程

（五）EEG 记录与分析

1. 数据记录

同实验一。

2. 数据分析

同实验一。

四　研究结果

（一）行为数据

本实验研究对象的错误率均在 20% 以下，剔除脑电不符合标准的 11 名中学生。最终参与行为以及 ERP 结果分析的中学生有 68 名（男 42 名，女 26 名），其中高经验组 23 名（男 14 名，女 9 名），低经验组 23 名（男 15 名，女 8 名），无经验组 22 名（男 13 名，女 9 名）。分别对每组中学生的年龄、攻击性特质水平以及动漫暴力经验水平进行单因素方差分析，结果显示，动漫暴力高经验组（13.22 ± 0.80），动漫暴力低经验组（13.48 ± 0.79），无动漫暴力经验组（13.36 ± 0.95）三组在年龄上组间差异均不显著；动漫暴力高经验组（79.87 ± 12.12），动漫暴力低经验组（76.26 ± 8.57），无动漫暴力经验组（76.37 ± 12.01）在攻击性特质水平上组间差异均不显著；在动漫暴力经验水平上，三组中学生之间差异非常显著（$p < 0.001$），事后比较发现，动漫暴力高经验组

(42.32 ± 11.19) 与动漫暴力低经验组 (11.33 ± 3.66)、无暴力动漫经验组 (5.21 ± 1.65) 之间差异都非常显著 ($p < 0.001$), 动漫暴力低经验组与无暴力动漫经验组之间差异显著 ($p = 0.04$)。

采用与实验一相同的方法，删除了 0.2% 的实验试次。行为数据分析中学生在不同条件下的反应时。本实验的动漫暴力高经验组、动漫暴力低经验组和对照组在线索有效、无效条件下对攻击性图片和非攻击性图片反应时 (ms) 的描述性统计结果见下表。

表 6-17 三组研究对象在空间线索任务中各条件下反应时的描述性统计 ($M ± SD$)　　　　单位：ms

线索类型	图片类型	动漫暴力高经验组	动漫暴力低经验组	对照组
有效线索	攻击性图片	456.46 ± 55.43	447.94 ± 87.65	439.09 ± 55.83
	非攻击性图片	451.53 ± 53.63	459.71 ± 89.05	447.41 ± 63.51
无效线索	攻击性图片	449.32 ± 49.90	448.90 ± 82.17	435.80 ± 60.39
	非攻击性图片	457.01 ± 54.77	448.54 ± 83.37	444.07 ± 64.71

根据以上结果，对不同暴力动漫经验组在不同线索条件下对不同类型图片的反应时进行 3（研究对象类型：动漫暴力高经验组、动漫暴力低经验组、对照组）× 2（图片类型：非攻击性、攻击性）× 2（线索类型：无效、有效）三因素重复测量方差分析。

表 6-18　三组研究对象在空间线索任务中的反应时的重复测量方差分析

	变异来源	df	MS	F
被试间	研究对象类型	2.00	3618.64	0.21
被试内	图片类型	1.00	1785.93	3.85*
	图片类型×研究对象类型	2.00	275.89	0.60
	线索类型	1.00	646.55	1.57
	线索类型×研究对象类型	2.00	106.01	0.26
	图片类型×线索类型	1.00	0.36	0.00
	图片类型×线索类型×研究对象类型	2.00	879.97	2.94*

结果见表 6-18，研究对象类型主效应不显著 [$F_{(2,65)} = 0.21$, $p =$

0.813，$\eta^2 = 0.01$]。图片类型主效应边缘显著 [$F_{(1,65)} = 3.85$，$p = 0.054$，$\eta^2 = 0.06$]，表现为攻击性图片后靶刺激的平均反应时（446.25 ± 7.97）短于非攻击性图片（451.37 ± 8.27）。线索类型主效应不显著 [$F_{(1,65)} = 1.57$，$p = 0.215$，$\eta^2 = 0.02$]。图片类型与研究对象类型交互作用不显著 [$F_{(2,65)} = 0.60$，$p = 0.555$，$\eta^2 = 0.02$]。线索类型与研究对象类型交互作用不显著 [$F_{(2,65)} = 0.26$，$p = 0.774$，$\eta^2 = 0.01$]。图片类型与线索类型交互作用不显著 [$F_{(1,65)} = 0.00$，$p = 0.973$，$\eta^2 = 0.00$]。图片类型、线索类型、研究对象类型三者交互作用边缘显著 [$F_{(2,65)} = 2.94$，$p = 0.060$，$\eta^2 = 0.08$]，进一步简单简单效应分析发现，动漫暴力低经验组在有效线索条件下对攻击性图片位置呈现靶刺激的反应时（447.94 ± 14.21）显著短于非攻击性图片（459.71 ± 14.69），$p = 0.022$。

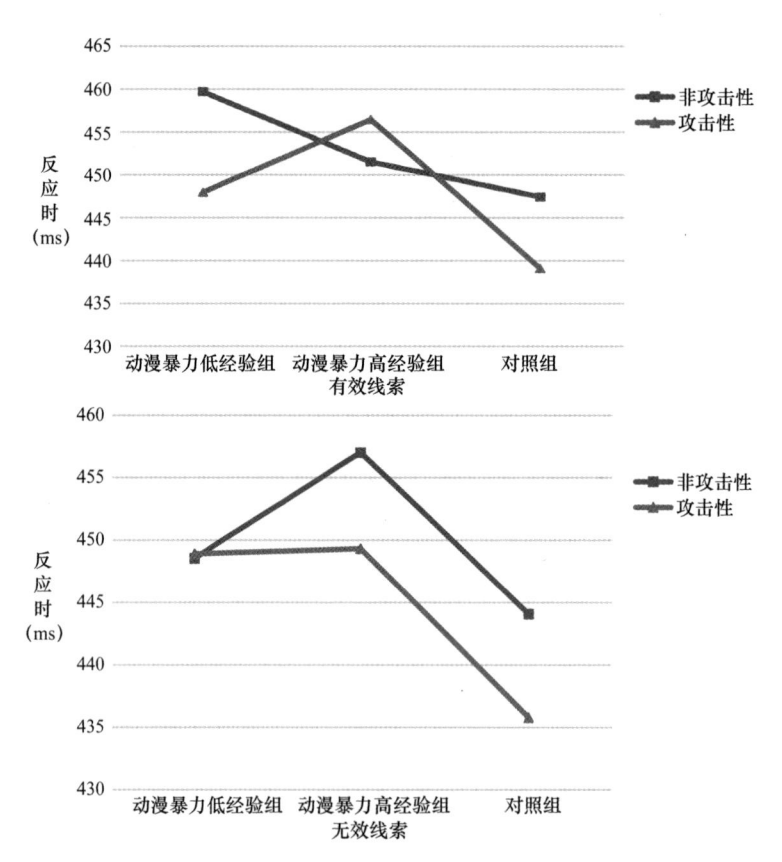

图 6-7 三组研究对象在空间线索任务中反应时的简单简单效应分析

(二) ERP 数据

参与 ERP 数据分析的中学生人数与本实验的行为数据人数一致。从波形图和地形图中可以看出，在 F3、F4、Fz 3 个电极上诱发了清晰可辨的脑电成分 N1（在 120—180ms 时间段上可测得）；在 P3、P4、Pz 3 个电极上诱发了清晰可辨的脑电成分 P2（在 200—280ms 时间段上可测得）、P3（在 200—400ms 时间段上可测得）。同实验一，分别对每个成分上的电极点进行平均，下面将依次报告 N1、P2、P3 三个脑电成分。

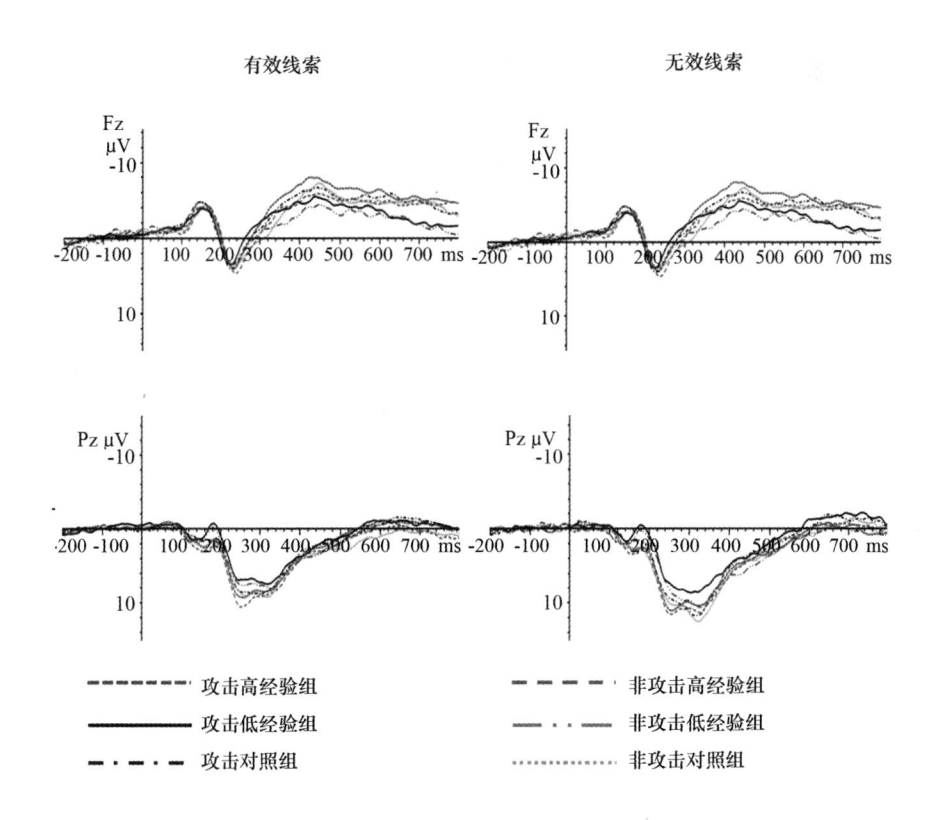

图 6-8 高经验组、低经验组和对照组在空间线索任务中电极点 Fz、Pz 上的波形图

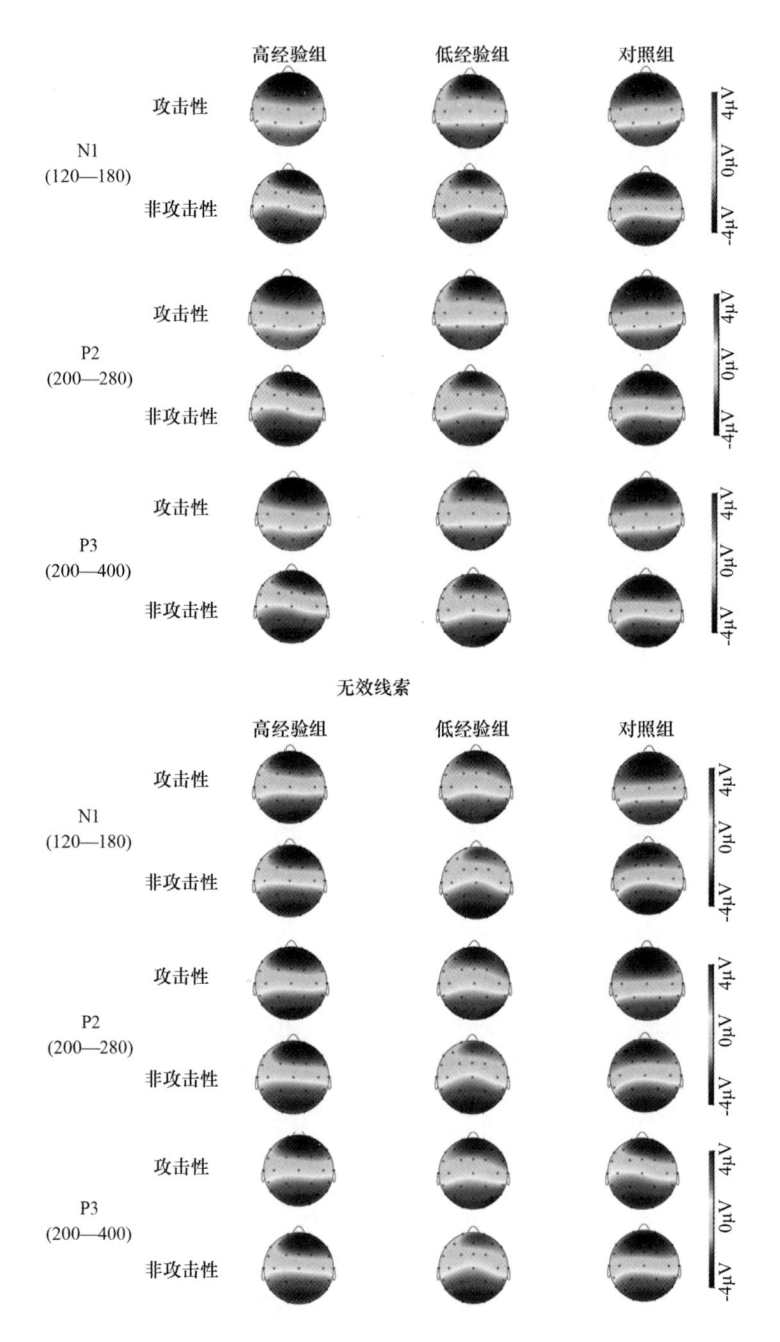

图 6-9　实验 1 中，有效线索、无效线索条件下，高经验组、低经验组和对照组在不同图片类型下 N1（120—180ms）、P2（200—280ms）和 P3（200—400ms）的地形图

1. N1（120—180ms）成分

N1 波幅：对 N1 的平均波幅进行 3（研究对象类型：动漫暴力高经验组、动漫暴力低经验组、对照组）× 2（图片类型：非攻击性、攻击性）× 2（线索类型：无效、有效）的重复测量方差分析，结果见表 6-19、表 6-20，研究对象类型主效应不显著 $[F_{(2,65)} = 0.15, p = 0.863, \eta^2 = 0.01]$。图片类型主效应不显著 $[F_{(1,65)} = 1.08, p = 0.303, \eta^2 = 0.02]$。线索类型主效应不显著 $[F_{(1,65)} = 0.00, p = 0.947, \eta^2 = 0.00]$。图片类型与研究对象类型交互作用不显著 $[F_{(2,65)} = 1.10, p = 0.340, \eta^2 = 0.03]$。线索和研究对象类型交互作用不显著 $[F_{(2,65)} = 0.23, p = 0.799, \eta^2 = 0.01]$。图片类型与线索类型的交互作用不显著 $[F_{(1,65)} = 1.85, p = 0.179, \eta^2 = 0.03]$。研究对象类型、图片类型和线索类型三者交互作用不显著 $[F_{(2,65)} = 0.01, p = 0.994, \eta^2 = 0.00]$。

表 6-19　三组研究对象在空间线索任务中 N1 平均波幅的描述统计（$M ± SD$）　　单位：μV

线索类型	图片类型	动漫暴力高经验组	动漫暴力低经验组	对照组
有效线索	攻击性图片	-3.95 ± 3.10	-3.24 ± 3.47	-3.44 ± 2.07
	非攻击性图片	-3.02 ± 2.60	-2.86 ± 3.01	-3.25 ± 2.19
无效线索	攻击性图片	-3.71 ± 2.67	-3.13 ± 3.62	-2.97 ± 2.60
	非攻击性图片	-3.39 ± 2.37	-3.26 ± 3.91	-3.37 ± 2.48

表 6-20　三组研究对象在空间线索任务中 N1 平均波幅的重复测量方差分析

	变异来源	df	MS	F
被试间	研究对象类型	2.00	3.73	0.15
被试内	图片类型	1.00	3.04	1.08
	图片类型 × 研究对象类型	2.00	3.09	1.10
	线索类型	1.00	0.01	0.00
	线索类型 × 研究对象类型	2.00	0.60	0.23
	图片类型 × 线索	1.00	5.43	1.85
	图片类型 × 线索类型 × 研究对象类型	2.00	0.02	0.01

表6-21　三组研究对象在空间线索任务中 N1 潜伏期的
描述统计（$M \pm SD$）　　　　　单位：ms

线索类型	图片类型	动漫暴力高经验组	动漫暴力低经验组	对照组
有效线索	攻击性图片	155.62 ± 14.21	150.64 ± 18.16	147.30 ± 13.14
	非攻击性图片	157.62 ± 17.37	144.90 ± 17.21	150.73 ± 12.73
无效线索	攻击性图片	156.29 ± 16.15	157.77 ± 11.72	156.88 ± 14.93
	非攻击性图片	155.86 ± 15.93	153.68 ± 15.02	156.27 ± 14.03

表6-22　三组研究对象在空间线索任务中 N1 潜伏期的重复测量方差分析

	变异来源	df	MS	F
被试间	研究对象类型	2.00	533.62	0.88
被试内	图片类型	1.00	55.93	0.66
	图片类型 × 研究对象类型	2.00	276.35	3.26*
	线索类型	1.00	1691.65	12.67
	线索类型 × 研究对象类型	2.00	526.89	3.95*
	图片类型 × 线索类型	1.00	43.74	0.44
	图片类型 × 线索类型 × 研究对象类型	2.00	48.65	0.49

N1 潜伏期：对 N1 的潜伏期进行 3（研究对象类型：动漫暴力高经验组、动漫暴力低经验组、对照组）× 2（图片类型：非攻击性、攻击性）× 2（线索类型：无效、有效）的重复测量方差分析，结果见表6-21、表6-22，研究对象类型主效应不显著 [$F_{(2,65)} = 0.88$, $p = 0.420$, $\eta^2 = 0.03$]。图片类型主效应不显著 [$F_{(1,65)} = 0.66$, $p = 0.420$, $\eta^2 = 0.01$]。线索类型主效应显著 [$F_{(1,65)} = 12.67$, $p = 0.001$, $\eta^2 = 0.16$]，表现为有效线索条件下对靶刺激的潜伏期（151.14 ± 1.69）显著短于无效线索下的潜伏期（156.12 ± 1.61）。图片类型与研究对象类型交互作用显著 [$F_{(2,65)} = 3.26$, $p = 0.045$, $\eta^2 = 0.09$]，进一步简单效应分析发现，固定图片类型，在非攻击性图片下，动漫暴力高经验组对靶刺激的潜伏期（156.74 ± 2.72）长于暴力动漫低经验组（149.29 ± 2.72），差异边缘显著，$p = 0.057$；在攻击性图片下，三组研究对象对靶刺激的潜伏期无显著差异。固定研究对象类型，暴力动漫低经验组内对攻击性

图片后靶刺激的 N1 潜伏期显著长于非攻击性图片，$p = 0.013$。线索和研究对象类型交互作用显著 $[F_{(2,65)} = 3.95, p = 0.024, \eta^2 = 0.11]$，进一步简单效应分析发现，固定线索类型，在有效线索条件下，动漫暴力高经验组对靶刺激的潜伏期（156.62 ± 2.90）显著长于暴力动漫低经验组（147.77 ± 2.90），$p = 0.035$，且长于对照组对靶刺激的潜伏期（149.02 ± 2.97）；固定研究对象类型，动漫暴力低经验组内，有效线索条件下靶刺激的潜伏期（147.77 ± 2.90）显著短于无效线索（155.73 ± 2.78），$p = 0.002$，对照组内，有效线索条件下靶刺激的潜伏期（149.02 ± 2.97）显著短于无效线索（156.58 ± 2.83），$p = 0.003$。图片类型与线索类型的交互作用不显著 $[F_{(1,65)} = 0.44, p = 0.507, \eta^2 = 0.01]$。图片类型、线索类型和研究对象类型三者交互作用不显著 $[F_{(2,65)} = 0.49, p = 0.612, \eta^2 = 0.02]$。

2. P2（200—280ms）成分

P2 波幅：对 P2 的平均波幅进行 3（研究对象类型：动漫暴力高经验组、动漫暴力低经验组、对照组）× 2（图片类型：攻击性图片、非攻击性图片）× 2（线索类型：有效线索、无效线索）的重复测量方差分析，结果见表 6-23、表 6-24，研究对象类型的主效应不显著 $[F_{(2,65)} = 1.62, p = 0.206, \eta^2 = 0.05]$。图片类型主效应显著 $[F_{(1,65)} = 6.12, p = 0.016, \eta^2 = 0.09]$，表现为攻击性图片刺激后靶刺激诱发的 P2 波幅（6.37 ± 0.45）显著小于非攻击性图片（6.76 ± 0.48）。图片类型与研究对象类型交互作用不显著 $[F_{(2,65)} = 1.19, p = 0.310, \eta^2 = 0.04]$。线索类型主效应显著 $[F_{(1,65)} = 5.75, p = 0.019, \eta^2 = 0.08]$，表现为有效线索条件下诱发的 P2 波幅（6.28 ± 0.44）显著小于无效线索条件下靶刺激诱发的 P2 波幅（6.85 ± 0.50）。图片类型与研究对象类型交互作用不显著 $[F_{(2,65)} = 1.19, p = 0.310, \eta^2 = 0.04]$。线索和研究对象类型交互作用不显著 $[F_{(2,65)} = 0.85, p = 0,434, \eta^2 = 0.03]$。图片类型与线索类型交互作用不显著 $[F_{(1,65)} = 0.00, p = 0.987, \eta^2 = 0.00]$ 图片类型、线索类型和研究对象类型三者交互作用不显著 $[F_{(2,65)} = 0.21, p = 0.814, \eta^2 = 0.01]$。

表6-23　三组研究对象在空间线索任务中 P2 平均波幅的
描述统计（*M* ± *SD*）　　　　　　　　单位：μV

线索类型	图片类型	动漫暴力高经验组	动漫暴力低经验组	对照组
有效线索	攻击性图片	6.83 ± 4.20	5.40 ± 3.49	6.02 ± 2.94
	非攻击性图片	7.61 ± 4.73	5.74 ± 3.48	6.06 ± 3.21
无效线索	攻击性图片	7.70 ± 4.84	5.63 ± 4.36	6.63 ± 3.65
	非攻击性图片	8.38 ± 5.29	5.78 ± 3.73	6.99 ± 3.66

表6-24　三组研究对象在空间线索任务中 P2 平均波幅的重复测量
方差分析

	变异来源	*df*	MS	*F*
被试间	研究对象类型	2.00	93.08	1.62
被试内	图片类型	1.00	10.36	6.12*
	图片类型×研究对象类型	2.00	2.02	1.19
	线索类型	1.00	22.63	5.75*
	线索类型×研究对象类型	2.00	3.33	0.85
	图片类型×线索	1.00	0.00	0.00
	图片类型×线索类型×研究对象类型	2.00	0.40	0.21

表6-25　三组研究对象在空间线索任务中 P2 潜伏期的
描述性统计（*M* ± *SD*）　　　　　　　　单位：μV

线索类型	图片类型	动漫暴力高经验组	动漫暴力低经验组	对照组
有效线索	攻击性图片	215.51 ± 13.52	214.00 ± 15.38	210.52 ± 9.73
	非攻击性图片	217.62 ± 13.68	213.91 ± 16.05	211.58 ± 11.03
无效线索	攻击性图片	218.67 ± 10.77	219.10 ± 13.90	213.76 ± 11.07
	非攻击性图片	218.93 ± 15.90	221.83 ± 18.35	214.52 ± 10.92

表 6-26 三组研究对象在空间线索任务中 P2 潜伏期的重复测量方差分析

	变异来源	df	MS	F
被试间	研究对象类型	2.00	706.57	1.25
被试内	图片类型	1.00	88.15	2.57
	图片类型×研究对象类型	2.00	0.98	0.03
	线索类型	1.00	1056.78	11.01***
	线索类型×研究对象类型	2.00	117.23	1.22
	图片类型×线索类型	1.00	0.81	0.02
	图片类型×线索类型×研究对象类型	2.00	32.44	0.64

P2 潜伏期：对 P2 的潜伏期进行 3（研究对象类型：动漫暴力高经验组、动漫暴力低经验组、对照组）× 2（图片类型：非攻击性、攻击性）× 2（线索类型：无效、有效）的重复测量方差分析，结果见表 6-25、表 6-26，研究对象类型主效应不显著 [$F_{(2,65)} = 1.25$, $p = 0.293$, $\eta^2 = 0.04$]。图片类型主效应不显著 [$F_{(1,65)} = 2.57$, $p = 0.114$, $\eta^2 = 0.04$]。线索类型主效应显著 [$F_{(1,65)} = 11.01$, $p = 0.001$, $\eta^2 = 0.15$]，表现为有效线索条件下诱发的 P3 潜伏期（213.86 ± 1.60）显著短于无效线索条件下诱发的 P3 潜伏期（217.80 ± 1.52）。图片类型与研究对象类型交互作用不显著 [$F_{(2,65)} = 0.03$, $p = 0.972$, $\eta^2 = 0.01$]。线索和研究对象类型交互作用不显著 [$F_{(2,65)} = 1.22$, $p = 0.301$, $\eta^2 = 0.04$]。图片类型、线索类型交互作用不显著 [$F_{(1,65)} = 0.02$, $p = 0.900$, $\eta^2 = 0.00$]。图片类型、线索类型和研究对象类型三者交互作用不显著 [$F_{(2,65)} = 0.64$, $p = 0.528$, $\eta^2 = 0.02$]。

3. P3（200—400ms）成分

P3 波幅：对 P3 的平均波幅进行 3（研究对象类型：动漫暴力高经验组、动漫暴力低经验组、对照组）× 2（图片类型：非攻击性、攻击性）× 2（线索类型：无效、有效）的重复测量方差分析，结果见表 6-27、表 6-28，研究对象类型主效应不显著 [$F_{(2,65)} = 1.07$, $p = 0.349$, $\eta^2 = 0.03$]。图片类型主效应显著 [$F_{(1,65)} = 10.32$, $p = 0.002$, $\eta^2 =$

0.14], 表现为攻击性图片刺激后靶刺激诱发的 P3 波幅 (7.06 ± 0.44) 显著小于非攻击性图片 (7.53 ± 0.44)，$p = 0.002$。线索类型主效应显著 [$F_{(1,65)} = 22.78, p < 0.001, \eta^2 = 0.26$]，表现为有效线索条件下诱发的 P3 波幅 (6.70 ± 0.43) 显著小于无效线索条件下靶刺激诱发的 P3 波幅 (7.88 ± 0.48)。图片类型与研究对象类型交互作用不显著 [$F_{(2,65)} = 0.51, p = 0.605, \eta^2 = 0.02$]。线索和研究对象类型交互作用不显著 [$F_{(2,65)} = 1.09, p = 0.341, \eta^2 = 0.03$]。图片类型、线索类型交互作用不显著 [$F_{(1,65)} = 0.64, p = 0.427, \eta^2 = 0.01$] 图片类型、线索类型和研究对象类型三者交互作用不显著 [$F_{(2,65)} = 0.10, p = 0.904, \eta^2 = 0.00$]。

表 6-27　三组研究对象在空间线索任务中 P3 平均波幅的描述性统计 ($M \pm SD$)　　单位：μV

线索类型	图片类型	动漫暴力高经验组	动漫暴力低经验组	对照组
有效线索	攻击性图片	7.25 ± 4.01	6.04 ± 3.68	6.29 ± 3.06
	非攻击性图片	7.81 ± 4.25	6.47 ± 3.56	6.35 ± 2.78
无效线索	攻击性图片	8.41 ± 4.61	6.67 ± 4.25	7.70 ± 3.17
	非攻击性图片	9.08 ± 4.74	7.27 ± 3.83	8.17 ± 3.32

表 6-28　三组研究对象在空间线索任务中 P3 平均波幅的重复测量方差分析

	变异来源	df	MS	F
被试间	研究对象类型	2.00	55.14	1.07
被试内	图片类型	1.00	14.77	10.32**
	图片类型×研究对象类型	2.00	0.73	0.51
	线索类型	1.00	95.26	22.78***
	线索类型×研究对象类型	2.00	4.58	1.09
	图片类型×线索类型	1.00	0.92	0.64
	图片类型×线索类型×研究对象类型	2.00	0.15	0.10

表6-29　三组研究对象在空间线索任务中 P3 潜伏期的描述性统计（$M \pm SD$）　　单位：μV

线索类型	图片类型	动漫暴力高经验组	动漫暴力低经验组	对照组
有效线索	攻击性图片	296.32 ± 46.72	287.30 ± 30.54	285.82 ± 32.97
	非攻击性图片	293.54 ± 40.31	285.45 ± 35.23	288.67 ± 34.16
无效线索	攻击性图片	297.48 ± 40.94	291.22 ± 36.25	303.48 ± 37.84
	非攻击性图片	306.61 ± 41.58	306.09 ± 32.19	302.15 ± 36.62

表6-30　三组研究对象在空间线索任务中 P3 潜伏期的重复测量方差分析

	变异来源	df	MS	F
被试间	研究对象类型	2.00	826.59	0.22
被试内	图片类型	1.00	822.95	2.05
	图片类型 × 研究对象类型	2.00	187.94	0.47
	线索类型	1.00	9234.09	8.44 **
	线索类型 × 研究对象类型	2.00	410.35	0.38
	图片类型 × 线索类型	1.00	1129.23	2.80
	图片类型 × 线索类型 × 研究对象类型	2.00	670.01	1.66

P3 潜伏期：对 P3 的潜伏期进行 3（研究对象类型：动漫暴力高经验组、动漫暴力低经验组、对照组）× 2（图片类型：非攻击性、攻击性）× 2（线索类型：无效、有效）的重复测量方差分析，结果见表6-30，研究对象类型主效应不显著 [$F_{(2,65)} = 0.22$，$p = 0.800$，$\eta^2 = 0.00$]。图片类型主效应不显著 [$F_{(1,65)} = 2.05$，$p = 0.157$，$\eta^2 = 0.03$]。线索类型主效应显著 [$F_{(1,65)} = 8.44$，$p = 0.005$，$\eta^2 = 0.12$]，表现为有效线索条件下诱发的 P3 潜伏期（289.52 ± 4.30）显著短于无效线索条件下诱发的 P3 潜伏期（301.17 ± 4.10）。图片类型与研究对象类型交互作用不显著 [$F_{(2,65)} = 0.47$，$p = 0.628$，$\eta^2 = 0.01$]。线索和

研究对象类型交互作用不显著 $[F_{(2,65)} = 0.38, p = 0.689, \eta^2 = 0.01]$。图片类型、线索类型交互作用不显著 $[F_{(2,65)} = 2.80, p = 0.099, \eta^2 = 0.04]$。图片类型、线索类型和研究对象类型三者交互作用不显著 $[F_{(2,65)} = 1.66, p = 0.198, \eta^2 = 0.05]$。

五　讨论

为进一步了解不同动漫暴力经验的中学生对攻击性信息产生注意偏向的内在作用机制，本研究利用空间线索实验范式并结合 ERP 技术探讨了不同动漫暴力经验的中学生在不同线索条件下的反应特点。

从行为结果来看，在研究对象类型、图片类型和线索类型的交互作用上，主要表现为动漫暴力低经验组在有效线索条件下对攻击性图片消失后呈现的靶刺激的反应时显著短于中性图片，表现出了一种对攻击性图片的注意警觉，在无效线索条件下，没有表现出对攻击性图片的注意解除困难，对两类图片做出的反应不存在显著性差异。国内的伍艳（2008）最早采用情绪 Stroop 范式证实了高暴力游戏经验个体对攻击性信息存在明显的注意偏向，但没有进一步探讨其产生注意偏向的作用机制。武琦（2012）采用改进的点探测范式证实了低焦虑个体对负性信息存在明显的注意偏向，此外，还通过时间进程这一变量考查了其存在的注意偏向的成分，说明产生的注意偏向确实存在不同的作用机制。本实验则在实验一证实了动漫暴力低经验个体对攻击性信息存在明显的注意偏向的基础上，采用空间线索任务，发现了动漫暴力低经验个体对攻击性图片的注意偏向作用机制是一种注意的警觉，而不是一种注意的解除困难。暴力电子游戏相关的理论模型 GAM 指出，暴力电子游戏等外部变量会影响个体的攻击性情感、攻击性认知以及攻击性行为。攻击性认知又包括攻击性脚本和敌意想法，可能正是由于这种攻击性脚本的存在，使得动漫暴力低经验组在前注意阶段对攻击性信息的注意警觉。这一结果与已有的研究中暴力电子游戏玩家对攻击性信息的注意偏向机制表现为对攻击性图片的注意警觉，而不是注意解除困难或者注意回避的结果一致（高雪梅等，2014），验证了 GAM 理论模型，且部分验证了本实验的假设。

在实验假设之外，实验数据还发现，图片类型这一因素对中学生的反应时有很大影响，具体表现为，中学生在整体上对攻击性图片位置呈现的靶刺激反应明显快于非攻击性图片位置呈现的靶刺激，说明中学生更容易知觉到攻击性图片后的靶刺激，这也从侧面反映了中学生在整体上对攻击性图片分配了较多的注意资源。

ERP 的研究结果显示，中学生在不同线索条件下的攻击性图片和非攻击性图片呈现下均诱发了两个明显的脑电成分 N1、P2、P3。首先对 N1 的波幅和潜伏期的结果发现，N1 的平均波幅不受影响，N1 的潜伏期受到研究对象类型和图片类型的交互影响，研究对象类型和线索类型的交互影响以及线索类型的单独影响。在研究对象类型和图片类型的交互作用上，具体表现为在非攻击性图片下，动漫暴力高经验组对靶刺激的潜伏期边缘显著长于暴力动漫低经验组；在攻击性图片下，三组中学生对靶刺激的潜伏期无显著差异，此外，暴力动漫低经验组内对攻击性图片后靶刺激的潜伏期显著长于非攻击性图片，表明动漫暴力低经验组在知觉靶刺激时明显受到图片类型的影响。研究对象类型和线索类型的交互效应具体表现为在动漫暴力低经验组内，有效线索条件下对靶刺激的潜伏期显著短于无效线索，对照组内，有效线索条件下靶刺激的潜伏期显著短于无效线索；此外，在线索类型的单独影响上，具体表现为有效线索条件下对靶刺激的潜伏期显著短于无效线索下的潜伏期，这两个结果说明在有效线索条件下，研究对象更容易对图片线索后的靶刺激进行加工，在无效线索条件下，对图片线索后靶刺激的区别加工更难，这与以往类似范式的研究结果一致（Doallo et al., 2004）。

P2、P3 波幅分别受到图片类型和线索类型的单独影响，在图片类型的影响上具体表现为，整体上攻击性图片诱发的 P2 波幅显著小于非攻击性图片诱发的 P2 波幅。有研究表明，P2 波幅与视觉注意范围存在相关，视觉注意范围越大，刺激所诱发的 P2 波幅越小（高文斌等，2002）；整体上攻击性图片诱发的 P3 波幅显著小于非攻击性图片诱发的 P3 波幅，有研究表明，P3 反映了复杂多样的认知过程，且 P3 波幅与所投入的心理资源呈正相关（戴珅懿等，2011），这说明相比于非攻击性图片，中学生整体上对攻击性图片投入了更少的心理资源。有效线索条件下诱发的 P3 波幅显著小于无效线索条件下诱发的 P3 波幅。此外，P2、P3 的潜伏期均受到线索类型的单独影响，具体表现为有效线索条件下诱发的 P2 潜伏期显著短于无效线索条件下诱发的 P2 潜伏期；有效线索条件下诱发的 P3 潜伏期显著短于无效线索条件下诱发的 P3 潜伏期。当线索有效时，中学生更容易知觉到线索后的靶刺激，而当线索无效时，中学生就更不容易知觉到线索后的靶刺激，这说明在无效线索条件下，中学生将注意转移到与线索位置不一致的靶刺激上需要投入更多的认知资源，而在有效线索条件下，中学生只需投入少量的认知资源，就可以提取出与线索位置一致的靶刺激信息。所以有效线索下诱发的波幅反而会更小，潜伏期会更短，这与已有研究结果一致（赵偲等，2016）。

结合行为数据结果和脑电数据结果来看，动漫暴力低经验组对攻击性图片产生注意偏向的作用机制主要表现为对攻击性图片刺激的注意警觉。这一结果主要表现在行为数据中，而在脑电结果中没有得到印证。对此，本研究认为行为结果反映的是不同动漫暴力经验的中学生对攻击性信息产生注意偏向的作用机制的总效果，而 ERP 则是探讨作用机制发生的具体认知阶段，行为数据和脑电数据结果虽然是同一个实验中得出的结果，但是两者并不是对应关系。

第四节　综合讨论

目前已有研究者对具有攻击性特质个体的注意偏向进行了研究，确实发现了具有攻击性特质的个体对攻击性信息存在注意偏向（彭程，2012；邹琼，2016）。国内研究者最早使用情绪 Stroop 范式证实了攻击性特质和暴力电子游戏对青少年注意偏向的影响（伍艳，2008），之后又有研究者采用了情绪 Stroop 范式和空间线索范式对暴力电子游戏经验对个体注意偏向的影响以及对攻击性信息注意偏向的作用机制进行了研究，结果发现个体对攻击性信息注意偏向受到暴力电子游戏经验的影响（李娟，2013）。注意作为认知加工的第一阶段，必然也会受到动漫暴力经验的影响（Kühn et al., 2019）。所以本研究采用暴力动漫经验水平问卷筛选出动漫暴力高、低经验组和无经验组，并探究不同动漫暴力经验的中学生对攻击性信息是否存在注意偏向以及注意偏向的作用机制，实验一采用情绪 Stroop 实验范式考察注意偏向是否存在，实验二则采用空间线索范式，考察不同动漫暴力经验的中学生对攻击性信息注意偏向的内在作用机制，该任务能够区分注意的作用机制是注意警觉还是注意解除困难。此外，两个实验结合 ERP 技术，进一步探讨了不同动漫暴力经验个体的认知神经特点。

一 动漫暴力经验对攻击性信息注意偏向的影响

实验一的目的是考察对攻击性信息注意偏向的行为特征和电生理效应在动漫暴力高、低经验和无暴力动漫经验中学生之间的差异，以便更好地了解注意偏向的行为和处理机制。本实验采用改进的情绪 Stroop 范式来考察中学生对攻击性信息的注意偏向是否存在。高经验组对攻击性信息去敏感化，低经验组对攻击性信息表现出明显的注意偏向。这也与以往有关暴力电子游戏经验对个体注意偏向影响的表现一致（Lai et al.，2019；Jin et al.，2018），在这方面，实验结果为之前关于媒体暴力对个体注意偏向的不良影响的研究又做出了一份贡献。

实验一的行为研究结果表明，动漫暴力低经验组对攻击性图片的反应时显著长于非攻击性图片，动漫暴力高经验组和动漫暴力低经验组内对两种图片的反应时不存在显著差异，因此，动漫暴力低经验组对攻击性图片给予了更多的关注，产生了明显的注意偏向（唐文俊等，2019）。动漫暴力低经验组在进行颜色命名任务时受到攻击性图片内容的干扰，激活了其攻击性认知，并引起其他的认知反应，因此对攻击性图片的反应变慢，而非攻击性图片则没有激活他们的相关认知，说明接触暴力动漫，会使个体对攻击性信息更加敏感，并且在认知过程中对攻击性信息存在选择性加工偏向。此外，根据注意资源理论，注意资源是有限的，中学生在进行实验的过程中，内容和图片边框颜色分配到不同的注意资源，与非攻击性图片相比，动漫暴力低经验组在进行边框颜色判断时对攻击性图片的反应时更长，即暴力动漫低经验组受到攻击性图片内容的干扰更多（杨众望等，2020），这一结果也验证了注意资源分配理论。对照组近期没有接触过暴力动漫，虽然可能曾经接触过，可能存在攻击性图式，但是近期没有受到巩固和强化，攻击性图片也无法激活其相关认知，所以该组对两种类型的图片命名时不受图片内容的影响，不存在显著性的差异。动漫暴力高经验组在行为数据中反应时不存在显著差异，表明反复多次观看暴力动漫会使个体对攻击性信息产生敏感化的现象（Todd et al.，2018）。

在实验一的 ERP 数据中发现，暴力动漫低经验组组内由非攻击性图片诱发的 N1 波幅显著比攻击性图片诱发的 N1 波幅更负，而暴力动漫高经验组和对照组组内分别由两种图片诱发的平均波幅没有显著差异，这说明了相比动漫暴力高经验组和对照组，动漫暴力低经验组对攻击性图片更敏感。在以往的研究当中，P3 成分的波幅是验证暴力电子游戏玩家产生暴力脱敏的重要指标，即对暴力的脱敏会导致暴力电子游戏玩家在暴力相关信息上诱发更小的 P3 波幅（Bailey et al.，2011），而实验一中 P3 成分的波幅并没有表现出显著的差异，所以并不能从认知神经的角度去验证行为结果中动漫暴力高经验组出现的脱敏现象，这在未来的研究中还需要进一步探究。但 ERP 数据发现，在 P3 的潜伏期上表现出动漫暴力高经验组的潜伏期总体上显著短于动漫暴力低经验组，结合动漫暴力高经验组在行为数据中反应时不存在显著差异、N1 波幅表现出对攻击性信息的敏感性降低以及 P2 波幅的异常说明暴力动漫高经验组在进行认知加工任务的时候不能很好地进行认知资源的合理调配，可能具有与其他成瘾相似的晚期加工机制（Anderson，2016），在一定程度上表明了暴力动漫观看高经验组可能存在认知功能轻微受损现象，从而影响了其对攻击性信息的加工（Szycik et al.，2017）。

综上所述，实验一的行为和脑电结果表明，三组中学生对攻击性信息的注意偏向存在差异，动漫暴力低经验组对攻击性信息表现出明显的注意偏向，对照组在颜色命名任务中对攻击性图片和中性图片的反应时不存在显著性的差异，而动漫暴力高经验组对两类图片刺激的反应也没表现出明显的差异，且动漫暴力高经验组在进行认知加工任务的时候不能很好地进行认知资源的合理调配，表明长期反复观看暴力动漫会对中学生的认知功能带来一定程度上的损害。

二 动漫暴力低经验组对攻击性信息注意偏向的作用机制

目前已有很多暴力电子游戏对个体注意偏向影响的相关研究，已有研究也表明了暴力电子游戏会影响个体的注意偏向（Liu et al.，2017；兰海英，2015），而关于注意偏向内在作用机制的解释一般分为两种，一种认为是由注意警觉引起的注意偏向（Brosch et al., 2008）；另一种认为是由注意解除困难所导致的注意偏向（Cisler et al., 2010）。大多数研究者采用空间线索范式来探究注意偏向的作用机制到底是注意警觉还是注意解除困难（Israel et al., 2018; Eng et al., 2018），通过比较有效线索条件下的中学生对不同类型的刺激所产生的反应时来判断作用机制是否为注意警觉；通过比较无效线索条件下中学生对不同类型的刺激所产生的反应时来判断注意偏向的内在机制是否为注意解除困难。实验二中也采取了空间线索范式这一成熟的任务范式来判断动漫暴力低经验组对攻击性信息产生注意偏向的作用机制是注意警觉还是注意解除困难。

实验二的行为结果中，动漫暴力高经验组和对照组无论在有效线索还是无效线索条件下，对靶刺激的反应都不存在显著差异。而动漫暴力低经验组在有效线索条件下对攻击性图片位置呈现的靶刺激的反应时显著短于非攻击性图片，更容易知觉到靶子，反映了动漫暴力低经验组对攻击性图片的注意警觉状态，当靶刺激出现在攻击性图片的位置上时，更容易且更快地被靶刺激所吸引，证明动漫暴力低经验组对攻击性信息的注意偏向机制表现为对攻击性图片的注意警觉（Preciado et al., 2017）。

实验二的ERP结果发现，靶刺激诱发的早期成分N1的潜伏期上暴力动漫低经验组内对攻击性图片后靶刺激的潜伏期显著长于非攻击性图片，表明动漫暴力低经验组在知觉靶刺激时受到图片类型明显的影响，这从认知神经这一角度侧面反映出动漫暴力低经验组对攻击性图片产生了注意偏向，但并未从认知神经这一角度证明动漫暴力低经验组对攻击性信息产生注意偏向的作用机制为注意警觉，这在未来的研究中还需要进一步探讨。此外，本研究认为行为结果反映的是不同动漫暴力经验个体对攻击性信息产生注意偏向的作用机制的总效果，而ERP则是探讨作用机制发生的具体认知阶段，行为数据和脑电数据的结果虽然是同一个实验中得出的结果，但是并不是对应关系。

实验一和实验二的行为数据结果和脑电结果部分验证了本研究的假设，具体表现为动漫暴力低经验组表现出对攻击性信息存在明显的注意偏向，且其注意内在作用机制为注意警觉；无经验组对攻击性信息不存在注意偏向；高经验组对攻击性信息未表现出明显的注意偏向。动漫暴力高经验组由于长时间反复多次接触动漫暴力，虽然也存在内隐的攻击态度和攻击图式（Shao & Wang, 2019），但是在进行认知加工任务的时候不能很好地进行认知资源的合理调配，揭示了反复多次观看暴力动漫可能会对中学生大脑造成轻微损害，从而在一定程度上影响其认知功能。

第五节　小结

本研究采用了情绪 Stroop 范式和空间线索范式任务并结合 ERP 技术，就动漫暴力经验对中学生对攻击性信息注意偏向的影响极其作用机制进行了探讨，主要得出以下结论。

第一，动漫暴力低经验组对攻击性信息存在明显的注意偏向，而暴力动漫高经验组和无动漫暴力经验组对攻击性信息不存在明显的注意偏向。

第二，暴力动漫高经验组在对动漫相关的攻击性信息进行认知加工时无法很好地进行认知资源的合理调配，认知功能明显受损。

第三，动漫暴力低经验组对攻击性信息产生注意偏向的作用机制是注意警觉。

第四，动漫暴力高经验组没有表现出对攻击性信息的脱敏效应。

第七章

动漫暴力经验对中学生疼痛共情影响的 ERP 研究

第一节 研究背景

一 疼痛共情

（一）疼痛共情的定义

在日常生活中，看到别人受伤的场景时自己也能感受到类似疼痛的感觉，这时出现的这种感觉就是个体对他人产生的疼痛共情反应。疼痛共情（empathy for pain）是指个体对别人疼痛的感知、判断和情绪反应，即对别人的疼痛能够感同身受（Danziger et al.，2006；孟景等，2010；孟景等，2012）。疼痛共情包括早期自动化加工的情感共情和晚期可调控的认知共情两个方面（李想等，2018），情感共情（emotional empathy）是个体对别人情感的情绪反应，并能出现和别人类似的情绪情感；认知共情（cognitive empathy）是指个体通过对别人状态的判断，对别人的情绪情感的认知和理解。共情是一个较为广泛的概念，疼痛共情作为共情的一种重要表现形式，与我们日常生活关系密切，对个体的生存和社会交往有重要作用。积极健康的疼痛共情不仅能够让个体快速辨别危险信息，及时躲避或应对危险，让自己能够安全的生存；还能够让个体感受他人的疼痛感觉，增加对他人的理解和接受，减少攻击性行为，增加助人行为，进而增进人际关系和维护社会的稳定和谐（Jackson et al.，2006；Decety et al.，2014；程真波等，2012；Li et al.，2013）。

（二）疼痛共情的理论模型

以往研究者从不同的角度提出了不同的疼痛共情理论模型，包括情绪共享理论、知觉—动作理论、认知理论等。

1. 情绪共享理论

情绪共享理论认为，共情的基础是个体与他人产生的情绪共享（Decety & Sommerville, 2003）。情绪共享是个体从外界知觉到他人的信息（例如声音、表情或动作）之后，能够自动地对其模仿，同时相应的脑区被激活，进而共享到他人的情绪情感。但是该理论也存在一些缺陷，有研究者认为该理论并不能完整地对共情过程进行解释。因为在情绪共享时，情绪产生于自己还是他人我们是不清楚的，并且情绪共享过程个体的认知没有参与其中，只是简单被动地对他人的情绪情感进行反应，所以情绪共享理论并不能充分解释共情的反应过程（Decety & Lamm, 2006）。

2. 知觉—动作理论

知觉—动作理论认为，个体对他人的情绪情感进行感知时，受自身先前的经验影响，会激活大脑中相关的情绪和感觉表征，进而能够对他人的情绪情感做到感同身受（Preston & de Waal, 2002; Jackson, Brunet et al., 2006）。之后镜像神经系统的发现证明了该理论模型的准确性，并且有研究者认为镜像神经系统可能是疼痛共情的神经机制（Cheng, Lin et al., 2007）。Del Giudice 等人（2009）认为镜像神经元可以进行自我学习，它可以把自我和他人的情绪或动作联系起来，不断形成自我和他人的共享表征。对疼痛共情的研究发现，研究对象观看他人疼痛时，其疼痛脑区被激活，表明研究对象感受到刺激材料中的个体的感受和情绪（Corradi-dell et al., 2011）。按照知觉—动作理论中强调的共享表征，先天无痛综合征患者没有感受过疼痛，不可能使用共享表征对他人的疼痛感受和理解，但对这类群体的研究发现，当他们观察他人疼痛时，代表疼痛共情的脑区，如前扣带回皮层（Anterior cingulate cortex, ACC）和脑岛（Insula）等脑区出现了和健康正常研究对象相似的激活（Danziger et al., 2006）。因此，该理论可能只说明了自动加工和一般的表征，对于复杂的疼痛共情还不能完全清楚的解释。

3. 认知理论

认知理论认为个体对他人的疼痛共情反应包括自动化的自下而上的加工和可以调节控制的自上而下的加工两个过程，能够较为完整地解释疼痛共情反应机制（Goubert et al., 2005；孟景等, 2010）。该理论对认知、情绪和行为的产生及其关系进行了解释，即个体之前的经验知识对疼痛共情存在影响，并且自上而下和自下而上两类因素共同对他人疼痛的情绪体验产生影响，这一情绪体验进一步影响个体产生的情绪和行为反应。另外，认知理论模型认为个体的疼痛共情受自上而下、自下而上以及观察者和被观察者之间关系三方面因素影响。自上而下的因素有个体自身以往的疼痛相关经验、知识和疼痛灾难化思维。自下而上的因素有与他人疼痛体验有关的痛苦的面部表情、声调、身体姿态以及与使他人产生疼痛的相关线索（例如刀、针和火等工具）。认知理论不仅承认疼痛共情中的自动化反应，还强调认知因素对疼痛共情存在影响，能够更加全面地解释疼痛共情的认知机制，符合疼痛共情在实际生活中的产生规律。

目前疼痛共情方面的研究大多聚焦对其认知加工机制的理论解释。最初研究者们认为疼痛共情是一种自动化的加工，随着研究的深入又发现疼痛共情是非单一方向的加工过程。现在大多数研究者认同是自上而下的加工和自下而上的加工共同组成了疼痛共情，并且疼痛共情还又受到这两个过程有关的因素的影响。

（三）疼痛共情的研究范式

疼痛共情研究的实验范式有两种：线索诱导范式和图片视频启动范式。

线索诱导范式是让研究对象观看一些表示疼痛刺激的不同颜色和方向的箭头等类似的抽象视觉符号，让研究对象清楚符号消失后受到疼痛刺激或非疼痛刺激的人是谁，疼痛条件是真实的刺激，研究对象会接受真正的疼痛刺激或者真正地给他人施加疼痛刺激（Wu et al., 2017）。

图片视频启动范式是在实验中让研究对象观察一些表达疼痛或非疼痛的图片或视频片段，这些图片或视频显示了人们肢体（例如手、脚或面部）受到疼痛（例如手或脚被门夹到、针扎入面部）或者个体疼痛的面部表情（Cui et al., 2017）。另外，不同的研究目的对研究对象有不同的要求，例如有的实验在呈现疼痛刺激之前，会提前告知研究对象关于疼痛共情对象的相关信息（如对象是否为献血者或杀手等）（Cui et al., 2016）。该范式是目前疼痛共情研究使用较多的范式（Yang et al., 2017；

李雄等，2020）。

(四) 疼痛共情的影响因素

查阅以往研究发现，影响疼痛共情的因素主要分为观察者因素、被观察者因素以及观察者和被观察者之间关系因素三个方面。

1. 观察者因素

影响疼痛共情的观察者方面的因素主要包括其年龄、性别、职业、以往经验以及心理或生理障碍等方面。

对不同性别疼痛共情差异的研究发现，女性的疼痛共情能力可能好于男性。Fan 和 Han（2008）使用事件相关电位 ERP 技术将疼痛共情的神经机制分为早期的自动情感共享过程和晚期的控制认知评估过程。在研究中研究者要求不同性别的研究对象对呈现的刺激图片做疼痛判断任务或者计数任务，结果发现，在疼痛共情的早期自动情感共享阶段（140—320ms）男性和女性之间没有差异，而在晚期控制认知评估阶段（340—540ms）女性的疼痛共情强于男性。之后杨洁敏（2013）的研究也发现，在外显对他人疼痛的评定结果上发现女性比男性出现更强的疼痛效应，在 ERP 研究结果上女性在疼痛共情的晚期加工阶段比男性有更强和更久的疼痛共情反应。

对不同年龄阶段的疼痛共情的研究发现，个体的年龄越大疼痛共情越好。Deyo 等人（2004）的研究通过对 5 岁至 7 岁、8 岁至 9 岁、11 岁至 12 岁和成人四个年龄阶段个体的研究发现，儿童年龄越大其对疼痛表情的辨识能力越强，11 岁至 12 岁年龄段的儿童其疼痛表情的辨识能力发展的与成人无异。Cheng 等人（2014）对 57 名 3 岁至 9 岁的儿童和 15 名成年人的研究发现，随着儿童年龄的增长，代表疼痛共情情感唤醒的 EAC 波幅在疼痛与非疼痛刺激上差异变小，而代表认知评价的 LPP 波幅在疼痛与非疼痛刺激上差异增大。表明儿童年龄越大，其情感唤醒降低，认知评价增高。另外，一项对不同性别的 4 岁至 17 岁研究对象的研究也发现，随着年龄的增长，男性自我报告的疼痛共情受到抑制，女性自我报告的疼痛共情则越来越强（Michalska et al.，2013）。

观察者已有经验与疼痛共情也有关系。对医生和医学专业学生这两种有医学经验的个体研究均发现，有医学经验的个体比无医学经验的个体对他人的疼痛更不敏感，疼痛共情降低（Decety et al.，2010；夏骁凯，

2017)。高雪梅等人（2015）对有暴力犯罪经验的个体的研究发现，相比于普通个体，暴力犯比普通个体对别人的疼痛更不敏感，疼痛共情水平受影响，可能存在暴力脱敏。还有研究者（业明，2012）对 69 名不经常玩暴力游戏的大学生的研究发现，在短时接触暴力游戏之后，大学生对他人疼痛的感知降低，并且对自己遭受的中等强度疼痛刺激的疼痛感觉和情绪也有所降低。

部分心理和生理障碍对疼痛共情也存在影响。研究者对高、低冷漠无情特质的青少年罪犯和正常对照组青少年进行研究，结果发现，相比于正常对照组，高、低冷漠无情特质组研究对象有更高的疼痛阈值，并且低冷漠无情特质中学生的 N120 降低，高冷漠无情组中学生的 N120 和 LPP 均降低，表明高冷漠无情特质的青少年罪犯组的疼痛共情在早期和晚期均受到损害（Cheng et al.，2012）。另外，有研究者采用功能性磁共振成像、fMRI 和 ERP 等技术结合的研究发现，自闭症患者疼痛共情反应的情感和认知分离，表现为表示早期情感唤醒的 N2 反应增高，代表社交理解和晚期认知评估的内侧前额叶皮层（medial prefrontal cortex，mPFC）和 LPP 反应降低，这表明自闭症患者的疼痛共情早期情感唤醒阶段不受影响，而晚期认知评估阶段受损（Fan et al.，2014）。Yang 等人（2017）对双相情感障碍的个体研究发现，双相情感障碍患者由疼痛图片诱发的 N1 波幅低于中性图片，而健康对照组在两类图片上没有显著差异；但是双相情感障碍患者对两类图片诱发的 P3（550—650ms）波幅没有显著差异，而健康对照组由疼痛图片诱发的 P3 波幅显著大于非疼痛图片。表明双相情感障碍患者疼痛共情受损。

2. 被观察者因素

影响个体疼痛共情的因素除了观察者方面的因素，还有被观察者方面的因素，例如被观察者的真实性、角色身份等因素。

真实性因素方面，个体对真实人物的疼痛共情强于非真实人物的疼痛共情。Fan 和 Han（2008）对个体对真实图片和卡通图片的疼痛共情的影响的研究发现，动漫刺激和真实刺激在早期加工阶段在疼痛和非疼痛两种图片上存在差异，卡通疼痛和非疼痛图片（刺激呈现 220ms）的差异比真实疼痛和非疼痛图片（刺激呈现 140ms）的差异出现得晚，该研究证明了真实性可能会影响疼痛共情的早期自动化加工阶段。Suzuki 等人

(2015)对 15 名健康的成年人进行研究发现,研究对象对人类和机器人在疼痛共情的晚期均能够产生疼痛共情,只不过在疼痛共情晚期认知加工过程的开始时期,对机器人的疼痛共情弱于对人类的疼痛共情。

被观察者角色身份的不同也会对个体疼痛共情产生影响。Cui 和 Ma 等人(2016)的研究在呈现疼痛和非疼痛图片之前,先呈现道德词"献血者"、中性词"身份不明"和不道德词"杀手"三种启动词作为被观察者的身份信息,结果发现道德信息和疼痛图片的交互作用显著,当启动词是不道德词"杀手"时,疼痛图片诱发的 N2 波幅与非疼痛图片之间没有显著的差异,而当启动词是中性词"身份不明"和道德词"献血者"时,疼痛图片诱发的 N2 波幅明显大于非疼痛图片。表明人们对于不道德的个体减少了情感投入、疼痛共情降低,这也可以使人们在面对危险人物时变得更加的警觉。另外,Feng 等人(2015)采用认知任务模拟形成社会等级,给目标人物分等级,之后让研究对象观看不同等级的目标人的疼痛图片,同时对大脑进行扫描。结果发现研究对象大脑中 AI 和 ACC 内侧在观看低等级个体的疼痛图片时反应更显著,表明研究对象对低等级的个体有更强的疼痛共情。

3. 观察者与被观察者之间关系因素

除了上述观察者因素和被观察者因素之外,两者之间关系方面的因素对疼痛共情也存在影响。例如,观察者和被观察者之间的人际距离、种族关系以及竞争和合作关系等因素。

人际距离是指观察者和被观察者之间的亲密关系,是说共情对他人的观点采择,它表示对某件事情人们从自己或别人的视角进行考虑,这一阶段要求个体集中注意力进行认知加工(Decety & Jackson, 2004)。有研究者研究了研究对象从自我和他人两种角度判断疼痛和非疼痛图片,结果发现,从他人角度观看疼痛图片时在中央顶区诱发的正成分(370—420ms)显著弱于自我角度,这表明与自己的人际距离越大,个体对他人疼痛共情的评价过程越弱(Li & Han, 2010)。宋娟等人(2016)的研究发现,朋友启动条件下,研究对象的诱发的 N1 显著比陌生人启动条件弱,诱发的 P3 显著比陌生人启动条件大,表明人际距离影响个体疼痛共情的早期自动加工阶段和晚期控制加工阶段。

观察者和被观察者是否同属于一个种族也会影响个体的疼痛共情。

Sessa 等人（2014）研究发现，相比于对黑种人，白种人在对在疼痛共情在早期加工阶段（280—340ms）对同种族人存在偏好，但这种偏好在晚期并不存在。此外，Meiring 等人（2014）的研究也发现了类似的结果，他们对研究对象的心率和皮肤电的检测结果显示，研究对象对同种族人有更快和更深的疼痛共情。这些都说明种族关系确实影响个体的疼痛共情。

观察者和被观察者之间竞争与合作关系也对疼痛共情存在影响。在 Cui 和 Zhu 等人（2016）的研究中，研究对象被要求与合作伙伴以合作或竞争的方式玩游戏，并且在游戏过程中呈现匿名个体的手或脚疼痛与非疼痛图片。研究对象在竞争或合作两种指令下观察图片的 ERP 结果显示，研究对象在 P3 成分上指令和图片的交互作用显著，只有在竞争指令下，疼痛图片诱发的 P3 波幅显著大于非疼痛图片，而在合作指令下没有发现这一差异。这表明研究对象在竞争关系中比在合作关系中更容易对他人产生疼痛共情反应。这可能是因为作为厌恶刺激的疼痛图片会提示人们存在威胁或危险，竞争关系中气氛越消极、威胁性越大，可能会增强威胁检测系统，进而出现在竞争关系中对疼痛图片的唤醒大于在合作关系中的结果。

（五）疼痛共情的 ERP 研究

疼痛共情的认知理论表示，疼痛共情反应包括对被观察者情绪状态自动生成的早期情感共享成分和可以进行调节控制的晚期认知成分（Goubert et al., 2005；孟景等，2010；Coll, 2018）。具有时间高精确性的 ERP 技术能够更好地解释疼痛共情反应的时间动态。

目前多采用图片启动范式进行疼痛共情的 ERP 研究。研究发现，对他人疼痛的疼痛共情反应在时间进程上包括两个阶段，即早期自动化加工的情感共情阶段（N1 和 N2）和晚期可调控的认知加工阶段（P3）。其中实验材料的真实性和图片的种类等因素会影响个体疼痛共情的早期自动化加工的情感共情阶段，任务类型会影响晚期可调控的认知加工阶段（Fan & Han, 2008；Decety, Yang et al., 2010）。

1. N1 和 N2 成分

在疼痛共情实验中，个体能够自动加工被观察者的情绪状态。前额叶的 N1 成分代表疼痛共情的早期情感共享的自动激活（Fan & Han,

2008；Cui et al.，2016；程家萍、罗跃嘉、崔芳，2017），该成分是在呈现刺激材料140ms之后出现的。个体在观看疼痛图片时诱发的N1波幅显著高于非疼痛图片，说明疼痛刺激对个体的N1反应有较大的激活，出现了疼痛共情反应（Decety，Yang et al.，2010）。

同样能够代表疼痛共情早期自动化加工阶段的脑电成分还有N2成分。N2成分是在刺激呈现200ms后出现的，是在大脑额顶叶出现的负波。N2成分作为分享他人情感程度的指标（Cheng、Jiao、Luo & Cui, 2017），分享的程度越大，诱发的波幅越大。Cui和Ma等人（2016）的研究发现，启动词是不道德词"杀手"时，疼痛图片诱发的N2波幅与非疼痛图片之间没有显著的差异，而当启动词时中性词"身份不明"和道德词"献血者"时，疼痛图片诱发的N2波幅明显大于非疼痛图片。表明个体对中性词"身份不明"和道德词"献血者"有更强的疼痛共情反应。

2. P3成分

对他人疼痛的认知评估是可进行调控加工的过程，能够在P3成分上显示出来。P3成分作为疼痛共情反应的晚期可调控的认知加工阶段的指标（Hajcak et al.，2010），关系着刺激材料有关的注意、记忆和唤醒（Dufey et al.，2011）。李雄等人（2020）研究发现，自闭特质组在吸引力判断任务上由疼痛面孔图片诱发的P3波幅大于控制组，而在疼痛判断任务上两组没有差异，表明自闭特质组没有对他人面孔的疼痛线索进行注意时，他们的疼痛共情反应降低。并且在疼痛共情的晚期控制加工阶段，个体会结合先前感知的情绪和当下的情况，决定自己如何辨别和反应观察到的疼痛刺激。

二 动漫暴力经验与疼痛共情

动漫作为我国的朝阳产业，近年来在青少年中传播较为广泛，青少年人群处于青春期，对一切都充满好奇并且不甘心平凡普通的生活。一些含有大量打斗暴力场景的动漫弥补了青少年生活中缺少的热血刺激的感觉，成为他们非常喜欢的动漫类型之一（谢霄男，2015）。根据一般攻击模型，长期的动漫暴力经验可能会影响青少年的疼痛共情。目前关于动漫暴力经验与疼痛共情之间关系的研究比较少，而游戏暴力与动漫暴力研究的理论基础相同且同属于媒体暴力。因此，本研究主要借鉴了游戏暴力经验的相关研究说明动漫暴力经验与疼痛共情之间的关系。

以往研究发现，长期接触暴力电子游戏，会导致个体对恐惧、焦虑等情绪的减弱，出现暴力脱敏（Bushman & Anderson，2010）。暴力脱敏的个体可能会减少对攻击事件的注意，对伤害的知觉变轻，降低对暴力受害者的共情（Anderson、Shibuya et al.，2010）。另外，暴力电子游戏经验也会对个体的疼痛共情产生影响。Guo 和 Zheng 等人（2013）的研究发现，在短期接触暴力视频游戏后，个体疼痛共情的相关脑区，如 ACC 和 AI 的激活降低，表明媒体暴力接触会影响个体疼痛共情。Gentile 和 Swing 等人（2014）的研究也发现，长期接触暴力电子游戏可能会抑制大脑的情绪反应相关脑区的激活。但是，也有研究者认为暴力电子游戏经验对疼痛共情不存在影响。如 Gao 等人（2017）的研究发现，玩和不玩暴力电子游戏的个体在疼痛判断任务时的大脑相关脑区的激活并没有显著差异，表明暴力电子游戏可能对疼痛共情不存在影响，并认为先前的研究者们可能高估了暴力电子游戏对疼痛共情的影响。综合上述研究，目前对媒体暴力经验与疼痛共情之间关系的看法还不一致，因此需要对此进行更加深入的研究和探讨。

第二节 问题提出与研究设计

一 问题提出

作为动漫市场较大的消费群体之一，许多中学生都有动漫观看经验。受早期日本动漫的影响，后来的许多动漫创作中作者加入了暴力和血腥等刺激性元素来吸人眼球。但是，由于我国未对动漫进行分级限制，这些含有大量暴力和血腥元素的动漫过早已过多地暴露于中学生面前，并受到他们的喜爱。受以往动漫是天真无邪的印象的影响，许多人认为动漫是小儿科的东西，对其存在的负面影响并不关注。但是近年来对于动漫的研究发现，动漫中的暴力特征会增加中学生的敌意情绪和攻击行为（林秀娟，2014）。根据一般攻击理论，媒体暴力接触可能会导致暴力脱敏、影响疼痛共情。Guo 等人（2013）对暴力电子游戏的研究发现，暴力电子游戏经验会抑制个体的疼痛共情。动漫暴力和游戏暴力同属于媒体暴力，动漫暴力经验对疼痛共情的影响是否与游戏暴力经验的研究结果一致？因此，本研究关注的第一个问题，动漫暴力经验是否会影响中学生的疼痛共情？

以往研究发现，实验中刺激材料的真实性对个体的疼痛共情存在影响，研究者通过给个体呈现经过 PS 虚拟处理后的卡通图片作为刺激发现，个体在观看卡通疼痛图片时的疼痛共情减弱（Fan & Han, 2008）。这一研究结果表明，普通个体在观看卡通疼痛图片时疼痛共情会受到刺激真实性的影响，那么，对于观看过动漫的中学生，在观看同样为非真实性的动漫图片时又会有怎么样的疼痛共情反应？因此，本研究关注的第二个问题，刺激真实性对动漫暴力不同经验中学生疼痛共情是否存在影响？这一影响又存在于疼痛共情的哪一阶段？

综上，本研究将分为两个实验，探究动漫暴力经验对中学生疼痛共情的影响以及刺激真实性在动漫暴力经验和疼痛共情关系之间的作用。实验一拟选取动漫暴力高经验、低经验和无经验三组参与者，采用疼痛和非疼痛图片，通过图片启动范式和 ERP 技术，探究动漫暴力经验是否会对中学生疼痛共情产生影响，以及这一影响的脑电特点。实验二拟选取实验一的三组中学生，从刺激真实性入手，采用动漫和现实的疼痛和非疼痛图片，通过图片启动范式和 ERP 技术，探讨动漫暴力不同经验程度中学生在动漫刺激和真实刺激下的疼痛共情反应及其脑电特点。

二 研究目的

实验一让动漫暴力高经验组、中经验组、低经验组三组中学生使用图片启动范式，通过对比三组中学生观看疼痛和非疼痛图片诱发的疼痛共情，探讨动漫暴力经验对中学生疼痛共情的影响及其脑电特点。实验二则采用图片启动范式，通过对比三组中学生观看动漫和真实刺激情境的疼痛和非疼痛图片时诱发的疼痛共情，探讨在不同刺激真实性下动漫暴力不同经验程度的中学生疼痛共情的影响及其脑电特点。

三 研究意义

（一）理论意义

第一，以往关于疼痛共情的研究，以认知理论为理论基础的大多是以暴力犯罪者、自闭特质个体等群体为研究对象展开的研究，较少以媒体暴力接触者为研究对象进行研究。本研究选取有动漫暴力经验的中学生为研究对象进行疼痛共情研究，从疼痛共情的媒体暴力经验方面给认知理论提供了实证研究的依据。

第二，先前对媒体暴力的研究主要集中在暴力电子游戏方面，动漫暴力作为媒体暴力的重要部分，对其研究还很缺乏。本研究采用行为实验和 ERP 技术相结合的方法，探究动漫暴力经验对个体疼痛共情的影响，丰富了动漫暴力对个体影响的相关研究。

（二）实践意义

第一，目前社会大众对动漫认识不够清晰，忽视了动漫中大量暴力血腥元素。通过探究动漫暴力经验对疼痛共情的影响，有助于增强社会大众对动漫的消极影响的关注，并提醒家长要对青少年观看的动漫进行选择和控制。对动漫的消极影响的研究也为动漫限制分级提供了科学的实证依据。

第二，探究中学生动漫暴力经验对疼痛共情影响，有助于人们更好地了解中学生疼痛共情受抑制的原因。对于学校和家庭预防中学生疼痛共情水平的降低，提高中学生人际交往能力具有一定的帮助。

四 研究假设

结合本研究的研究目的、相关理论模型及前人研究成果，本研究希望验证以下假设。

假设 1：相比于非疼痛刺激，无经验组和低经验组学生对疼痛刺激更敏感，高经验组学生对疼痛刺激不敏感，高经验组疼痛共情反应受到抑制。

假设 2：刺激真实性对疼痛共情存在影响，并且这一影响只存在于无经验组和低经验组的疼痛共情，在高经验组的疼痛共情上不存在影响。

五 研究框架

研究总体框架包括两个实验，即实验一和实验二。具体研究如表 7-1 所示。

表 7-1　　　　　　　　　　　总体研究框架

问题	方法	实验目的
实验一 动漫暴力经验对中学生疼痛共情的 ERP 研究	ERP 实验法	通过考察动漫暴力不同经验程度中学生在疼痛与非疼痛图片刺激下的疼痛共情反应及其脑电特点
实验二 刺激真实性对动漫暴力经验中学生疼痛共情的影响及 ERP 研究	ERP 实验法	通过图片启动范式，考察动漫暴力不同经验程度中学生在动漫和现实两类疼痛图片和非疼痛图片刺激下的疼痛共情反应及其脑电特点

六　核心概念界定

动漫暴力：在动漫中呈现的，个体对人或其他生物使用肢体或者攻击，造成他人（物）肉体上的疼痛、受伤等的威胁行为（范丽恒等，2012）。

疼痛共情：指个体对别人疼痛的感知、判断和情绪反应，即对别人的疼痛能够感同身受（崔芳等，2008；丁凤琴等，2016；Cuff et al., 2016）。

第三节　实验一　动漫暴力经验对中学生疼痛共情的 ERP 研究

一　研究目的及假设

采用图片启动范式任务，通过考察在疼痛图片和非疼痛图片下，动漫暴力不同经验程度的中学生的疼痛共情反应及其诱发的 ERP 脑电特点，探讨动漫暴力经验对中学生疼痛共情的影响。

本研究假设，高经验组疼痛共情受动漫暴力经验影响，低经验组和无经验组的疼痛共情不受动漫暴力经验影响。

假设 1：高经验组疼痛和非疼痛图片的反应时和正确率均无显著差异；无经验组和低经验组观看疼痛和非疼痛图片的反应时和正确率差异显著，疼痛图片比非疼痛图片的反应时更长，正确率更低。

假设 2：高经验组疼痛和非疼痛图片的 N1 和 N2 的波峰和潜伏期以及 P3 平均波幅均无显著差异；无经验组和低经验组疼痛和非疼痛图片的 N1 和 N2 峰值和潜伏期差异显著，疼痛图片比非疼痛图片诱发的 N1、N2 波峰和 P3 平均波幅更高，潜伏期更长。

二　研究方法

（一）研究对象

动漫暴力经验高、低组选取标准为：在改编的"动漫暴力经验问卷"中得分为前27%和后27%，确定动漫暴力高经验组为经常观看含有暴力元素动漫的学生，动漫暴力低经验组为偶尔观看含有暴力元素动漫的学生。

动漫暴力无经验组选取标准为：在改编的"动漫暴力经验问卷"中，对自己近半年观看的动漫在内容的暴力程度和画面的血腥程度上均选择无暴力和无血腥选项。并且年龄、性别、特质共情水平与动漫暴力经验高、低组相匹配。

根据以上标准，具体研究对象筛选情况如下。首先，使用问卷对河南省某中学七年级、八年级的学生进行调查。问卷共发放490份，收回有效问卷476份。以"近半年观看过动漫"为筛选标准，根据这一标准得到有动漫经验的研究对象有效问卷286份，总观看率为60.08%。其中，对自己近半年观看的动漫在内容的暴力程度和画面的血腥程度上均选择无暴力和无血腥选项的问卷有38份，有动漫暴力经验的问卷有248份，动漫暴力经验占动漫经验的86.71%。其次，从有动漫暴力经验的248份问卷中选取得分前27%和后27%的问卷各67份。最后，从上述的无动漫暴力经验38份问卷和动漫暴力高、低经验各67份问卷中分别随机取样，选取了87名（每组29人）中学生参加实验。但在正式实验时，由于身体原因有6人没能参加实验，另外实验中有2名中学生脑电波不稳。最终，参加实验并且数据有效的中学生有79人，其中动漫暴力高经验组25人，低经验组29人，无经验组25人。三组中学生年龄、动漫暴力经验、特质共情水平匹配，即年龄，$F_{(2,76)} = 0.93$，$p = 0.400$；动漫暴力经验，$F_{(2,76)} = 204.80$，$p < 0.001$，多重比较表明，三组中学生两两之间均差异显著；特质共情水平，$F_{(2,76)} = 0.63$，$p = 0.536$。具体信息见表7-2。

参加本次实验的中学生均身体健康，无身体和精神疾病，视力正常，均为右利手。并且所有中学生之前没有进行过相关实验，此次实验研究对象自愿参加，也得到监护人和学校的许可。实验进行完毕后给中学生进行实验解释和心理疏导，并无偿赠送学习文具。

表7-2　　动漫暴力高经验、低经验和无经验组学生的基本情况
统计（$M \pm SD$）

	人数	（性别）	年龄	动漫暴力经验	特质共情水平
高经验组	25	17（男）	13.12 ± 0.83	47.55 ± 15.08	75.84 ± 9.00
		8（女）			
低经验组	29	19（男）	13.41 ± 0.73	11.18 ± 3.42	74.66 ± 7.04
		10（女）			
无经验组	25	17（男）	13.20 ± 0.91	0.00 ± 0.00	73.00 ± 10.83
		8（女）			

（二）实验设计

本实验为3（研究对象类型：高经验组、低经验组、无经验组）×2（疼痛：疼痛图片、非疼痛图片）的混合实验设计，研究对象类型是被试间因素，疼痛是被试内因素。因变量：任务反应时、正确率、脑电指标（N1、N2的峰值和潜伏期，P3的平均波幅）。

（三）实验材料

1. 动漫暴力经验问卷

动漫暴力经验问卷改编自石烁（2017）翻译改编的Anderson和Dill（2000）的电子游戏接触问卷（Video Game Questionnaire, VGQ）。该问卷主要包括两部分，第一部分要求中学生列出近半年观看最多的三部动漫，没有看过动漫的中学生被自动归为无动漫经验者。第二部分则是对每部动漫分别进行观看频率、内容暴力性程度和画面的血腥程度的七点评分。将三部动漫的内容暴力性程度以及画面的血腥程度得分相加乘以观看该动漫的频率，取三部动漫的平均值作为中学生动漫暴力经验程度，计分方法：动漫暴力经验程度 = Σ［（内容暴力性程度得分＋画面的血腥程度得分）×观看频率］÷3。修改后的问卷内部一致性系数为0.83。

2. 人际反应指数量表

Davis（1980）编制的人际反应指数量表（Interpersonal Reactivity Index, IRI），中文版由詹志禹（1987）修订而成，该量表能够有效评估个人特质共情水平。量表共22个项目，由四个分量表组成，分别是想象力（Fantasy, FS）、同情关心（empathic concern, EC）、观点采择（perspective taking，PT）和个人悲伤（personal distress，PD）。每个项目采用 Likerts 5 点记分，从 1（完全不符合）到 5（完全符合），其中包含 5 个反向计分题，分别为 2 题、5 题、10 题、11 题、14 题，所有题目得分相加，得分越高说明中学生特质共情水平越高。量表有充分的内部一致性效度（0.53—0.78）和重测信度（0.56—0.82）（张凤凤、董毅、汪凯、詹志禹、谢伦芳，2010）。本研究的问卷总内部一致性系数为 0.71。

3. 图片选取

实验使用的图片来自 Meng 和 Hu 等人（2012）研究中的实验图片，之后高雪梅等人（2015）和程家萍等人（2017）使用该图片库进行研究，均发现该图片能够有效诱发疼痛共情反应。图片是使用相机对人的手或脚在疼痛（例如，手被刀切中）或非疼痛（例如，手未被刀切中）情况下拍摄的照片，均是人们日常生活中常见的一些受伤或未受伤的情境。另外，图片中出现左右手或脚的频率以及单双手或脚的频率都经过了平衡匹配。

（四）实验程序

实验在河南省某中学的空闲办公室进行，环境安全无嘈杂声。学生到来之后，主试会带领中学生了解所在环境，并告知其实验流程和对他们的一些要求，例如在实验过程中避免身体晃动和频繁眨眼睛等。

实验程序包括练习实验和正式实验两部分。首先中学生对实验指导语进行阅读和理解，在理解之后开始练习实验。实验开始，会有一个 500ms 的注视点（"+"）呈现在电脑界面中心，然后自动消失，接着出现 1000ms 的刺激图片（疼痛图片或非疼痛图片）1000ms，随后呈现任务页面需要中学生做按键反应。图片启动范式是当刺激图片出现时，中学生需要判断图片是疼痛或非疼痛，疼痛按"F"键，非疼痛按"J"键。按键结束后，会出现下一个"+"，然后进入下一张刺激图片。呈现图片过程中进行连续表现任务，确保中学生注意力集中。每个组块排序随机。中学生观看呈现的图片并按实验要求进行反应，同时使用 ERP 记录观看图片时的脑电数据。中学生进行 10 次练习之后可以选择再次练习或者开始正式实验，正式实验的流程和练习实验一样。正式实验共有四个 block，每个 block 内有 60 个试次，随机呈现在屏幕上，每个 block 之间有 3 分钟休息时间。

实验流程如图7-1。

图7-1 实验一流程

（五）数据记录与分析

实验程序的运行和实验数据的收集使用 E-Prime 2.0 软件进行。脑电数据的记录和分析使用德国 Brain Products（BP）公司生产的脑电记录分析系统。

根据国际 10—20 系统扩展的 32 导 Ag/Ag Cl 电极帽进行 EEG 数据记录，眼电为水平眼电（HEOG）和垂直眼电（VEOG），参考电极为前额叶中间的 Grand、额叶中间的连线中点处的 Reference、TP9 和 TP10。正式实验时中学生的头皮和电极点的电阻均低于 10k，信号收集为 500Hz 采样率。使用 0.01—100Hz 的频率对收集的脑电数据进行离线滤波，对 $\pm100\mu V$ 的伪迹手动剔除，并对肌电眼电进行自动矫正。

脑电数据记录后使用 SPSS 23.0 软件和 Analyzer 2.0 软件进行数据的整理与分析。根据 Mark 将 EEG 分段，分析时程为 1000ms，其中包含基线时间（刺激出现前 200ms）和刺激呈现后的时间。参照 Coll（2018）的元分析结果，本研究选取以往研究中使用较多的 N1、N2 和 P3 脑电成分进行疼痛共情的研究。额区选取 Fz、FC_z、FC1、FC2 电极点，顶区选取了 Pz、P3、P4 电极点。参考以往提高数据信噪比的方法，N1 和 N2 波选取额区的电极点进行平均，P3 波选取顶区的电极点进行平均。使用重复测量方差分析方法对行为数据的反应时、正确率、脑电数据 N1 成分在 100—180ms 时间窗口测量到的峰值和潜伏期、N2 成分在 220—300ms 时间窗口测量到的峰值和潜伏期以及 P3 成分在 300—400ms 时间窗口测量到的平均波幅进行分析，使用 Greehouse-Geisser 方法对自由度和 p 值进行校正。

三 研究结果

（一）动漫暴力不同经验组在疼痛和非疼痛图片上的行为数据

关于极端数据的处理，参照李雄等人（2020）的处理方法。第一，删除每个中学生在每种条件下疼痛判断按键反应时间超过 3000ms 的反应时及对应的正确率。第二，删除每个中学生在每种条件下超出疼痛判断按键反应时平均值正负三个标准差以外的反应时及对应的正确率。

1. 动漫暴力不同经验组在疼痛和非疼痛图片上的正确率

动漫暴力高经验组、低经验组和无经验组三组中学生在疼痛和非疼痛图片上正确率的描述性统计结果如表 7-3 所示。

表 7-3　三组研究对象在疼痛和非疼痛图片上的正确率的描述统计（$M \pm SD$）

疼痛	疼痛图片	非疼痛图片
高经验组	0.85 ± 0.23	0.84 ± 0.23
低经验组	0.87 ± 0.11	0.90 ± 0.10
无经验组	0.91 ± 0.12	0.87 ± 0.12

对正确率进行 3（研究对象类型：高经验组、低经验组、无经验组）× 2（疼痛：疼痛图片、非疼痛图片）的重复测量方差分析，如表 7-4 所示。结果表明，研究对象类型的主效应不显著 [$F_{(2,76)} = 0.69$，$p = 0.505$，$\eta^2 = 0.02$]；疼痛的主效应不显著 [$F_{(1,76)} = 0.19$，$p = 0.667$，$\eta^2 = 0.002$]；疼痛与研究对象类型的交互作用不显著 [$F_{(1,76)} = 1.45$，$p = 0.240$，$\eta^2 = 0.04$]。

表 7-4　三组研究对象在疼痛和非疼痛图片上的正确率的重复测量方差分析

项目	差异来源	df	MS	F
组间	研究对象类型	2	0.03	0.69
组内	疼痛	1	0.00	0.19
	疼痛 × 研究对象类型	2	0.01	1.45

2. 动漫暴力不同经验组在疼痛和非疼痛图片上的反应时

动漫暴力高经验组、低经验组和无经验组三组中学生在疼痛和非疼痛图片上反应时（ms）的描述性统计结果如表7-5所示。

表7-5　三组研究对象在疼痛和非疼痛图片上的反应时的描述统计（$M \pm SD$）

疼痛	疼痛图片	非疼痛图片
高经验组	480.12 ± 126.93	513.56 ± 138.94
低经验组	526.74 ± 135.73	554.98 ± 142.95
无经验组	586.56 ± 116.01	632.13 ± 127.81

对反应时进行3（研究对象类型：高经验组、低经验组、无经验组）× 2（疼痛：疼痛图片、非疼痛图片）的重复测量方差分析，如表7-6所示。结果表明，研究对象类型的主效应显著 [$F_{(2,76)} = 4.79$, $p = 0.011$, $\eta^2 = 0.11$]，成对比较发现，无经验组（$M = 609.34$, $SD = 25.92$）的反应时显著长于高经验组（$M = 496.84$, $SD = 25.92$）的反应时（$p = 0.003$），无经验组（$M = 609.34$, $SD = 25.92$）的反应时边缘显著长于低经验组（$M = 540.86$, $SD = 24.07$）的反应时（$p = 0.057$），高经验组（$M = 496.84$, $SD = 25.92$）的反应时与低经验组（$M = 540.86$, $SD = 24.07$）的反应时差异不显著（$p = 0.217$）；疼痛的主效应显著 [$F_{(1,76)} = 39.25$, $p < 0.001$, $\eta^2 = 0.11$]，疼痛图片（$M = 531$, $SD = 14.32$）的反应时显著短于非疼痛图片（$M = 566.89$, $SD = 15.46$）的反应时；疼痛与研究对象类型的交互作用不显著 [$F_{(2,76)} = 0.79$, $p = 0.456$, $\eta^2 = 0.02$]。

表7-6　三组研究对象在疼痛和非疼痛图片上的反应时的重复测量方差分析

项目	差异来源	df	MS	F
组间	研究对象类型	2	160960.35	4.79*
组内	疼痛	1	50221.85	38.25***
	疼痛 × 研究对象类型	2	1041.99	0.79

（二）动漫暴力不同经验组在疼痛和非疼痛图片上的 ERP 数据

在图片启动范式下，中学生在观看刺激图片时均诱发了明显的早期成分 N1（100—180ms）、N2（220—300ms）和晚期成分 P3（300—400ms）波，如图 7-2 所示。下面分别对 N1、N2 峰值和潜伏期以及 P3 平均波幅进行报告。

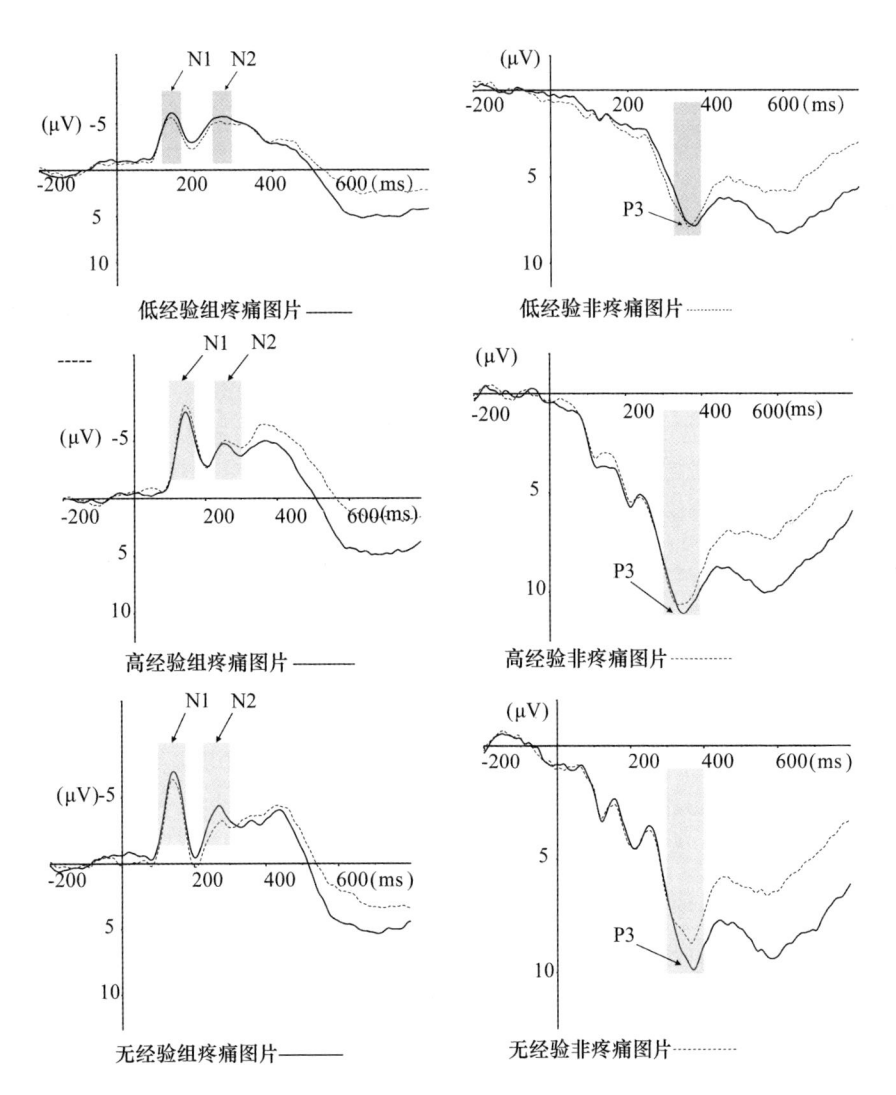

图 7-2 动漫暴力不同经验组在疼痛与非疼痛图片的总平均波形图

1. 动漫暴力不同经验组在疼痛和非疼痛图片上的 N1 （100—180ms）峰值与潜伏期

动漫暴力高经验组、低经验组和无经验组三组中学生在疼痛和非疼痛图片上 N1 峰值（μV）的描述性统计结果如表 7-7 所示。

表 7-7　　三组研究对象在疼痛和非疼痛图片上的 N1 峰值的描述统计（$M \pm SD$）

疼痛	疼痛图片	非疼痛图片
高经验组	-8.64 ± 3.38	-9.46 ± 3.81
低经验组	-7.79 ± 3.17	-7.36 ± 3.43
无经验组	-7.90 ± 4.07	-7.34 ± 3.58

表 7-8　　三组研究对象在疼痛和非疼痛图片上的 N1 峰值的重复测量方差分析

项目	差异来源	df	MS	F
组间	研究对象类型	2	582.00	1.51
组内	疼痛	1	1.89	0.08
	疼痛 × 研究对象类型	2	116.80	5.05**

对 N1 峰值进行 3（研究对象类型：高经验组、低经验组、无经验组）× 2（疼痛：疼痛图片、非疼痛图片）的重复测量方差分析，如表 7-8 所示。结果表明，研究对象类型的主效应不显著 [$F_{(2,76)} = 1.51$, $p = 0.227$, $\eta^2 = 0.04$]；疼痛的主效应不显著 [$F_{(1,76)} = 0.08$, $p = 0.776$, $\eta^2 = 0.01$]，疼痛与研究对象类型的交互作用显著 [$F_{(2,76)} = 5.05$, $p = 0.009$, $\eta^2 = 0.12$]，简单效应检验发现，高经验组中学生中，疼痛图片（$M = -8.64\mu V$, $SD = 0.71\mu V$）的 N1 波峰显著低于非疼痛图片（$M = -9.46\mu V$, $SD = 0.72\mu V$）的 N1 波峰（$p = 0.019$）；低经验组中学生中，疼痛图片（$M = -7.79\mu V$, $SD = 0.66\mu V$）的 N1 波峰与非疼痛图片（$M = -7.36\mu V$, $SD = 0.70\mu V$）的 N1 波峰（$p = 0.177$）差异不显著；无经验组

中学生中，疼痛图片（$M = -7.90\mu V$, $SD = 0.71\mu V$）的 N1 波峰与非疼痛图片（$M = -7.34\mu V$, $SD = 0.72\mu V$）的 N1 波峰（$p = 0.109$）差异不显著。疼痛图片上，高经验组（$M = -8.64\mu V$, $SD = 0.71\mu V$）的 N1 波峰与低经验组（$M = -7.79\mu V$, $SD = 0.66\mu V$）的 N1 波峰差异不显著（$p = 0.760$），高经验组（$M = -8.64\mu V$, $SD = 0.71\mu V$）的 N1 波峰与无经验组（$M = -7.90\mu V$, $SD = 0.71\mu V$）的 N1 波峰差异不显著（$p = 0.840$），低经验组（$M = -7.79\mu V$, $SD = 0.66\mu V$）的 N1 波峰与无经验组（$M = -7.90\mu V$, $SD = 0.71\mu V$）的 N1 波峰差异不显著（$p = 0.999$）；非疼痛图片上，高经验组（$M = -9.46\mu V$, $SD = 0.72\mu V$）的 N1 波峰与低经验组（$M = -7.36\mu V$, $SD = 0.70\mu V$）的 N1 波峰差异不显著（$p = 0.103$），高经验组（$M = -9.46\mu V$, $SD = 0.72\mu V$）的 N1 波峰与无经验组（$M = -7.34\mu V$, $SD = 0.72\mu V$）的 N1 波峰差异不显著（$p = 0.118$），低经验组（$M = -7.36\mu V$, $SD = 0.70\mu V$）的 N1 波峰与无经验组（$M = -7.34\mu V$, $SD = 0.72\mu V$）的 N1 波峰差异不显著（$p = 1.000$）。

动漫暴力高经验组、低经验组和无经验组三组中学生在疼痛和非疼痛图片上 N1 潜伏期（ms）的描述性统计结果如表 7-9 所示。

表 7-9　三组研究对象在疼痛和非疼痛图片上的 N1 潜伏期的描述统计（$M \pm SD$）

疼痛	疼痛图片	非疼痛图片
高经验组	143.79 ± 12.82	141.18 ± 14.94
低经验组	142.48 ± 15.37	146.25 ± 15.31
无经验组	145.68 ± 12.08	145.76 ± 11.25

对 N1 潜伏期进行 3（研究对象类型：高经验组、低经验组、无经验组）×2（疼痛：疼痛图片、非疼痛图片）的重复测量方差分析，如表 7-10 所示。结果表明，研究对象类型的主效应不显著 [$F_{(2,76)} = 0.69$, $p = 0.503$, $\eta^2 = 0.02$]，疼痛的主效应不显著 [$F_{(1,76)} = 0.16$, $p = 0.690$, $\eta^2 = 0.002$]，疼痛与研究对象类型的交互作用不显著 [$F_{(2,76)} = 1.15$, $p = 0.322$, $\eta^2 = 0.03$]。

表7-10　三组研究对象在疼痛和非疼痛图片上的 N1 潜伏期的重复
测量方差分析

项目	差异来源	df	MS	F
组间	研究对象类型	2	235.89	0.69
组内	疼痛	1	6.70	0.16
	疼痛 × 研究对象类型	2	48.05	1.15

2. 动漫暴力不同经验组在疼痛和非疼痛图片上的 N2（220—300ms）峰值和潜伏期

动漫暴力高经验组、低经验组和无经验组三组中学生在疼痛和非疼痛图片上 N2（μV）峰值的描述性统计结果如表7-11 所示。

表7-11　三组研究对象在疼痛和非疼痛图片上的 N2 峰值的
描述统计（$M \pm SD$）

疼痛	疼痛图片	非疼痛图片
高经验组	-7.02 ± 5.38	-7.47 ± 6.20
低经验组	-7.46 ± 5.91	-6.83 ± 6.15
无经验组	-5.82 ± 6.44	-4.79 ± 5.81

对 N2 峰值进行 3（研究对象类型：高经验组、低经验组、无经验组）× 2（疼痛：疼痛图片、非疼痛图片）的重复测量方差分析，如表7-12所示。结果表明，研究对象类型的主效应不显著 [$F_{(2,76)}$ = 0.88，p = 0.421，η^2 = 0.02]；疼痛的主效应边缘显著 [$F_{(1,76)}$ = 3.10，p = 0.082，η^2 = 0.04]，即疼痛图片（M = -6.78μV，SD = 0.67μV）的 N2 波峰边缘显著高于非疼痛图片（M = -6.37μV，SD = 0.68μV）的 N2 波峰。疼痛与研究对象类型的交互作用显著 [$F_{(2,76)}$ = 3.62，p = 0.031，η^2 = 0.09]，简单效应检验发现，高经验组中，疼痛图片（M = -7.02μV，SD = 1.12μV）的 N2 波峰与非疼痛图片（M = -7.48μV，SD = 1.21μV）的 N2 波峰差异不显著（p = 0.266）；低经验组中，疼痛图片（M = -7.46μV，SD = 1.10μV）的 N2 波峰边缘显著高于非疼痛图片（M = -6.83μV，SD = 1.13μV）的 N2 波峰（p = 0.098）；无经验组研究对象中，疼痛图片（M = -5.82μV，SD = 1.19μV）的 N2 波

峰显著高于非疼痛图片（$M = -4.79\mu V$，$SD = 1.21\mu V$）的 N2 波峰（$p = 0.013$）。疼痛图片上，高经验组（$M = -7.02\mu V$，$SD = 1.12\mu V$）的 N1 波峰与低经验组（$M = -7.46\mu V$，$SD = 1.10\mu V$）的 N1 波峰差异不显著（$p = 0.990$），高经验组（$M = -7.02\mu V$，$SD = 1.12\mu V$）的 N1 波峰与无经验组（$M = -5.82\mu V$，$SD = 1.19\mu V$）的 N1 波峰差异不显著（$p = 0.856$），低经验组（$M = -7.46\mu V$，$SD = 1.10\mu V$）的 N1 波峰与无经验组（$M = -5.82\mu V$，$SD = 1.19\mu V$）的 N1 波峰差异不显著（$p = 0.676$）；非疼痛图片上，高经验组（$M = -7.48\mu V$，$SD = 1.21\mu V$）的 N1 波峰与低经验组（$M = -6.83\mu V$，$SD = 1.13\mu V$）的 N1 波峰差异不显著（$p = 0.973$），高经验组（$M = -7.48\mu V$，$SD = 1.21\mu V$）的 N1 波峰与无经验组（$M = -4.79\mu V$，$SD = 1.21\mu V$）的 N1 波峰差异不显著（$p = 0.322$），低经验组（$M = -6.83\mu V$，$SD = 1.13\mu V$）的 N1 波峰与无经验组（$M = -4.79\mu V$，$SD = 1.21\mu V$）的 N1 波峰差异不显著（$p = 0.527$）。

表 7-12　三组研究对象在疼痛和非疼痛图片上的 N2 峰值的重复测量方差分析

项目	差异来源	df	MS	F
组间	研究对象类型	2	61.08	0.88
组内	疼痛	1	6.33	3.10
	疼痛 × 研究对象类型	2	7.40	3.62*

动漫暴力高经验组、低经验组和无经验组三组中学生在疼痛和非疼痛图片上 N2 潜伏期（ms）的描述性统计结果如表 7-13 所示。

表 7-13　三组研究对象在疼痛和非疼痛图片上的 N2 潜伏期的描述统计（$M \pm SD$）

疼痛	疼痛图片	非疼痛图片
高经验组	263.62 ± 23.13	270.01 ± 21.79
低经验组	263.58 ± 18.12	265.48 ± 23.62
无经验组	264.62 ± 20.34	270.01 ± 21.79

对 N2 潜伏期进行 3（研究对象类型：高经验组、低经验组、无经验组）× 2（疼痛：疼痛图片、非疼痛图片）的重复测量方差分析，如表 7-14 所示。结果表明，研究对象类型的主效应不显著 [$F_{(2,76)}$ = 0.18，p = 0.839，η^2 = 0.01]；疼痛的主效应显著 [$F_{(1,76)}$ = 4.35，p = 0.040，η^2 = 0.05]，即疼痛图片（M = 263.78ms，SD = 2.31ms）的 N2 的潜伏期显著短于非疼痛图片（M = 267.06ms，SD = 2.43ms）N2 的潜伏期。疼痛与研究对象类型的交互作用不显著 [$F_{(2,76)}$ = 0.46，p = 0.634，η^2 = 0.01]。

表 7-14　三组研究对象在疼痛和非疼痛图片上的 N2 潜伏期的重复测量方差分析

项目	差异来源	df	MS	F
组间	研究对象类型	2	138.07	0.18
组内	疼痛	1	424.19	4.35*
	疼痛 × 研究对象类型	2	44.69	0.46

3. 动漫暴力不同经验组在疼痛和非疼痛图片上的 P3（300—400ms）平均波幅

动漫暴力高经验组、低经验组和无经验组三组中学生在疼痛和非疼痛图片上 P3 平均波幅（μV）的描述性统计结果如表 7-15 所示。

表 7-15　三组研究对象在疼痛和非疼痛图片上的 P3 平均波幅的描述统计（$M \pm SD$）

疼痛	疼痛图片	非疼痛图片
高经验组	9.60 ± 7.69	9.36 ± 6.76
低经验组	6.98 ± 4.07	6.96 ± 4.15
无经验组	8.89 ± 5.05	8.04 ± 4.83

对 P3 平均波幅进行 3（研究对象类型：高经验组、低经验组、无经验组）× 2（疼痛：疼痛图片、非疼痛图片）的重复测量方差分析，如

表 7-16 所示。结果发现，研究对象类型的主效应不显著 [$F_{(2,76)}$ = 1.47, p = 0.237, η^2 = 0.04]；疼痛的主效应边缘显著 [$F_{(1,76)}$ = 2.96, p = 0.089, η^2 = 0.04]，即疼痛图片（M = 8.49μV, SD = 0.65μV）的 P3 平均波幅边缘显著高于非疼痛图片（M = 8.12μV, SD = 0.60μV）的 P3 平均波幅，疼痛与研究对象类型的交互作用不显著 [$F_{(2,76)}$ = 1.35, p = 0.265, η^2 = 0.03]。

表 7-16 三组研究对象在疼痛和非疼痛图片上的 P3 平均波幅的重复测量方差分析

项目	差异来源	df	MS	F
组间	研究对象类型	2	86.78	1.47
组内	疼痛	1	5.26	2.96*
	疼痛 × 研究对象类型	2	2.40	1.35

四 讨论

本研究采用图片启动范式和 ERP 技术，通过分析对疼痛和非疼痛两种图片观察和判断产生的行为和脑电结果，考察动漫暴力不同经验程度的中学生疼痛共情反应的差异。

从行为结果来看，三组中学生在疼痛图片和非疼痛图片上的正确率和反应时差异都不显著，但高经验组中学生观看图片时的反应时短于低经验组中学生和无经验组中学生。这一结果表明，相比于低经验组和无经验组中学生，高经验组在观看图片时投入的认知资源较少。以往研究发现，疼痛共情的产生是一个加工过程，分为早期自动化的情感共情和晚期可调控的认知共情（宋娟等，2016；李想等，2018），行为结果可能无法详细的反映疼痛共情的加工过程，而 ERP 的结果可以揭示疼痛共情神经激活的时间动态，能够让人们更加清楚地了解动漫暴力不同经验程度中学生的疼痛共情早期和晚期加工特点。根据前人研究，N1、N2 可以作为检验疼痛共情早期自动化的情感共情的指标，P3 可以作为检验疼痛共情晚期可调控的认知共情的指标（Fan & Han, 2008; Cui Ma et al., 2016；程家萍等，2017）。接下来分别从疼痛共情早期和晚期加工的过程来进行讨论。

（一）动漫暴力经验对疼痛共情的早期自动化情感共情的影响

N1成分代表的是注意情况下个体大脑对外界刺激进行的辨别加工（Vogel & Luck, 2000），N1波峰的增大表明研究对象对刺激投入的注意资源增多（马原啸、陈旭，2019）。本研究N1波峰上的结果表明，高经验组中学生在疼痛和非疼痛两类图片上存在差异，但是对非疼痛刺激投入的注意资源少于疼痛刺激；而低经验组和无经验组中学生对疼痛刺激的投入的注意资源虽然高于非疼痛刺激，但没有达到显著差异。这一结果与假设不符，这可能是因为低经验组中学生和无经验组中学生对两种图片的反应在N1成分上还没有出现分化，这一结果也说明N1成分可能并不是早期自动化情感共情稳定的电生理指标（周海波等，2019）。

N2成分作为疼痛共情早期自动化加工的指标，代表疼痛共情的情感共享（Chen、Yang & Cheng, 2012；Cheng、Hung & Decety, 2012），研究对象在观看疼痛图片和非疼痛图片时诱发的N2成分不存在差异或疼痛刺激N2成分的减少，可能说明个体在该阶段情感投入减少，疼痛共情的早期情感反应受到抑制（Sessa et al., 2014；Cui Ma et al., 2016）。另外，N2成分的增加可能还表示研究对象将注意转移到了所在环境中更加重要的刺激上（Campanella et al., 2002）。本研究N2波峰的结果表明，高经验组中学生在观看疼痛图片和非疼痛图片时产生的N2波峰差异不显著，高经验组中学生没有把疼痛图片作为重要刺激，并且减少了情感共情的投入，即高经验组中学生的早期自动化的情感共情受到抑制；低经验组和无经验组中学生在观看疼痛图片时的N2波峰比非疼痛图片有所增高，两组中学生对疼痛图片更敏感，均把疼痛图片当作了重要刺激，并且都有较多的情感投入，即低经验组和无经验组中学生的早期自动化的情感共情不受影响。

（二）动漫暴力经验对疼痛共情的晚期可调控的认知共情的影响

P3成分代表疼痛共情的晚期控制加工过程（Fan & Han, 2008），是个体对刺激进行知觉和情绪共情后进行的有意识的评价过程。本研究发现，疼痛的P3平均波幅主效应边缘显著，研究对象类型主效应及其与疼痛的交互效应不显著。这一结果说明，所有中学生在对疼痛刺激晚期的认知加工中都投入了较多的心理资源，即动漫暴力经验对疼痛共情的晚期加工过程没有影响。这一结果与以往研究一致。以往对暴力电子游戏的研究（Gentile、Swing et al.，2014）也发现，暴力电子游戏接触会使研究对象额叶部分脑区激活减少，并未发现顶叶相关脑区激活减少，这表明媒体暴力经验对中学生疼痛共情的影响仅存在于早期阶段，而对晚期阶段不存在影响，也就是说个体可以通过自我调节和控制对疼痛刺激做出正确的判断产生疼痛共情效应。

综上所述，实验一采用疼痛图片和非疼痛图片，通过让高经验组、低经验组和无经验组中学生完成疼痛判断任务，来考察动漫暴力经验对中学生疼痛共情的影响。最终发现，在疼痛共情的早期自动化的情感共情阶段，高经验组中学生的情感共情受到动漫暴力经验的影响，而低经验组和无经验组中学生的情感共情不受动漫暴力经验的影响；在疼痛共情的晚期可调控的认知共情阶段，所有中学生的认知共情均不受动漫暴力经验的影响。

第四节 实验二 刺激真实性对动漫暴力经验中学生疼痛共情的影响的 ERP 研究

一 研究目的及假设

采用图片启动范式，通过考察动漫暴力不同经验程度中学生观看动漫和真实两种刺激情境下疼痛和非疼痛图片的疼痛共情反应及其诱发的脑电特点，探讨刺激真实性对动漫暴力不同经验中学生疼痛共情的影响。

本研究假设，刺激真实性对疼痛共情的早期自动化情感共情阶段存在影响，并且这一影响只存在于无经验组中学生和低经验组中学生的疼痛共情早期自动化情感共情阶段，在高经验组中学生的疼痛共情早期自动化情感共情阶段上不存在影响。

假设1：动漫疼痛图片和动漫非疼痛图片的反应时和正确率无显著差异；真实疼痛图片和真实非疼痛图片的反应时和正确率差异显著，真实疼痛图片比真实非疼痛图片的反应时更长，正确率更低。

假设2：动漫疼痛图片和动漫非疼痛图片的N1、N2波峰和潜伏期以及P3的平均波幅均无显著差异。真实疼痛图片和真实非疼痛图片的N1、N2波峰和潜伏期以及P3的平均波幅差异显著，真实疼痛图片比真实非疼痛图片诱发了更高的 N1、N2 波峰、更长的潜伏期以及更高的 P3 的平均波幅。

假设 3：低经验组和无经验组中学生动漫疼痛图片和真实疼痛图片的 N1、N2 波峰和潜伏期以及 P3 的平均波幅差异显著，动漫疼痛图片比真实疼痛图片的 N1、N2 波峰更低、潜伏期更短以及 P3 的平均波幅更低。高经验组中学生对动漫疼痛图片和真实疼痛图片的 N1、N2 波峰和潜伏期以及 P3 的平均波幅均无显著差异。

二 研究方法

（一）研究对象
同本章研究一。

（二）实验设计
本实验为 3（研究对象类型：高经验组、低经验组、无经验组）× 2（刺激真实性：动漫情境、真实情境）× 2（图片类型：疼痛图片、非疼痛图片）的三因素混合实验设计，研究对象类型是被试间因素，疼痛和刺激真实性是被试内因素。因变量：图片启动范式的反应时、正确率、脑电指标（N1、N2 的峰值和潜伏期以及 P3 的平均波幅）。

（三）实验材料
动漫情境图片作为非真实图片，是在实验前运用提名法对 40 名中学生进行调查，统计发现他们认为观看过的动漫中较为暴力的有《斗罗大陆》《斗破苍穹》和《魔道祖师》三部动漫，进一步调查发现三部动漫的腾讯视频评分的均分都在 8 分以上，之后研究者对上述三部动漫进行观看，最终选择从动漫风格一致的《斗罗大陆》和《斗破苍穹》两部中截取匹配的疼痛和非疼痛动漫图片各 30 张。

根据动漫情境图片的选取，真实情境图片需要和非真实的动漫情境图片相匹配，选取人类部分肢体受伤的情境图片，但是由于真实疼痛的特殊性，为了避免给他人造成伤害，所以本研究参照非真实图片的选取方法，从最接近真实情境的真人出演的影视剧中进行图片选取。即同样在实验前运用提名法对 40 名中学生进行调查，发现在所调查的中学生中观看的影视中内容较为暴力的有《生化危机》《心理罪》和《骨语》三部影视，进一步调查发现三部影视的腾讯视频评分的均分都在 7 分以上，研究者对上述三部影片进行观看,最终选择从《生化危机》《心理罪》和《骨语》中截取匹配的疼痛和非疼痛真实图片各30张。

图片的评定,随机另外选30名中学生对上述动漫和影片中截取的各30对疼痛和非疼痛图片进行疼痛等级评定(1分至9分进行评分,分数越高表明疼痛等级越高),最终从中选取表达清晰、无异议的动漫和真实情境图片各20对作为正式实验的刺激材料。所有图片的尺寸为354像素×266像素,位深度为24。具体评定结果为,动漫疼痛图片($M = 5.79$,$SD = 0.70$)和动漫非疼痛图片($M = 3.29$,$SD = 0.49$)疼痛度差异显著,$t_{(38)} = -13.11$,$p < 0.001$;真实疼痛图片($M = 6.24$,$SD = 0.75$)和真实非疼痛图片($M = 2.88$,$SD = 0.31$)疼痛度差异显著,$t_{(25,24)} = -18.55$,$p < 0.001$;动漫情境图片($M = 4.53$,$SD = 1.40$)和真实情境图片($M = 4.56$,$SD = 1.79$)疼痛度差异不显著,$t_{(73,72)} = -0.05$,$p = 0.959$。

(四)实验程序

实验在河南省某中学的空闲办公室进行,环境安全无嘈杂声。中学生到来之后,主试会带领中学生了解所在环境,并告知其实验流程和对他们的一些要求,例如在实验过程中避免身体晃动和频繁眨眼睛等。

实验程序包括练习实验和正式实验两部分。首先中学生对实验指导语进行阅读和理解,在理解之后开始练习实验。实验开始,会有一个500ms的注视点("+")呈现在电脑界面中心,然后自动消失。接着呈现一张刺激图片(真实疼痛图片、真实非疼痛图片、动漫疼痛图片以及动漫非疼痛图片)1000ms,随后呈现任务页面需要中学生做按键反应。当刺激图片出现时,中学生需要判断图片是疼痛或非疼痛,疼痛按"F"键,非疼痛按"J"键。按键结束后,会出现下一个"+",然后进入下一张刺激图片。呈现图片过程中进行连续表现任务,确保中学生注意力集中。每个组块排序随机。中学生对呈现的图片进行观看并按实验要求进行反应,同时使用ERP记录中学生观看刺激图片时的脑电数据。中学生进行10次练习之后可以选择再次练习或者开始正式实验,正式实验的流程和练习实验一样。正式实验共四个block,每个block内有60个试次,随机呈现在屏幕上,block之间有3分钟休息时间。

实验流程如图7-3。

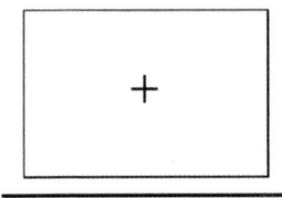

图 7-3　实验二流程

（五）数据记录与分析

同本章研究一。

三　研究结果

（一）动漫暴力不同经验组在不同刺激真实性的疼痛与非疼痛图片上的行为数据

关于极端数据的处理，参照李雄等人（2020）的处理方法。第一，删除每个中学生在每种条件下疼痛判断按键反应时间超过 3000ms 的反应时及对应的正确率。第二，删除每个中学生在每种条件下超出疼痛判断按键反应时平均值正负三个标准差以外的反应时及对应的正确率。

1. 动漫暴力不同经验组在不同刺激情境，不同图片上的正确率

动漫暴力高经验组、低经验组和无经验组三组中学生在不同刺激真实性的疼痛和非疼痛图片上正确率（%）的描述性统计结果如表 7-17 所示。

表 7-17　三组研究对象在不同刺激真实性的疼痛与非疼痛图片上的正确率的描述统计（$M \pm SD$）

真实性	动漫情境		真实情境	
图片类型	疼痛图片	非疼痛图片	疼痛图片	非疼痛图片
高经验组	0.80 ± 0.23	0.79 ± 0.23	0.82 ± 0.24	0.84 ± 0.27
低经验组	0.87 ± 0.11	0.82 ± 0.12	0.89 ± 0.07	0.91 ± 0.08
无经验组	0.90 ± 0.13	0.82 ± 0.12	0.92 ± 0.13	0.93 ± 0.09

对正确率进行 3（研究对象类型：高经验组、低经验组、无经验组）× 2（真实性：动漫情境、真实情境）× 2（图片类型：疼痛图片、非疼痛图片）的重复测量方差分析，如表 7-18 所示。结果表明，研究对象类型的主效应不显著 $[F_{(2,76)} = 2.19, p = 0.119, \eta^2 = 0.06]$。真实性主效应显著 $[F_{(1,76)} = 50.98, p < 0.001, \eta^2 = 0.40]$，动漫情境图片（$M = 0.83, SD = 0.02$）的正确率显著低于真实情境图片（$M = 0.89, SD = 0.02$）的正确率。图片类型的主效应不显著 $[F_{(1,76)} = 0.75, p = 0.389, \eta^2 = 0.01]$。

真实性与研究对象类型的交互作用不显著 $[F_{(2,76)} = 1.33, p = 0.271, \eta^2 = 0.03]$。图片类型与研究对象类型的交互作用不显著 $[F_{(1,76)} = 0.57, p = 0.568, \eta^2 = 0.02]$。真实性与图片类型的交互作用显著 $[F_{(1,76)} = 17.05, p < 0.001, \eta^2 = 0.18]$，简单效应分析发现，动漫情境上，疼痛图片（$M = 0.86, SD = 0.02$）的正确率显著高于非疼痛图片（$M = 0.81, SD = 0.02$）的正确率（$p = 0.025$）；真实情境上，疼痛图片（$M = 0.88, SD = 0.02$）的正确率与非疼痛图片（$M = 0.90, SD = 0.02$）的正确率差异不显著（$p = 0.178$）。疼痛图片上，动漫情境（$M = 0.86, SD = 0.02$）的正确率边缘显著低于与真实情境（$M = 0.88, SD = 0.02$）的正确率（$p = 0.073$）；非疼痛图片上，动漫情境（$M = 0.81, SD = 0.02$）的正确率显著低于真实情境（$M = 0.90, SD = 0.02$）的正确率（$p < 0.001$）。真实性、图片类型与研究对象类型的交互作用不显著 $[F_{(2,76)} = 0.67, p = 0.517, \eta^2 = 0.02]$。

表 7-18 三组研究对象在不同刺激真实性的疼痛与非疼痛图片上的正确率的重复测量方差分析

项目	差异来源	df	MS	F
组间	研究对象类型	2	0.17	2.19
组内	真实性	1	0.21	50.98***
	真实性 × 研究对象类型	2	0.01	1.33
	图片类型	1	0.01	0.75
	图片类型 × 研究对象类型	2	0.01	0.57
	真实性 × 图片类型	1	0.08	17.05***
	真实性 × 图片类型 × 研究对象类型	2	0.00	0.67

2. 动漫暴力不同经验组在不同刺激真实性的疼痛与非疼痛图片上的反应时

动漫暴力高经验组、低经验组和无经验组三组中学生在不同刺激真实性的疼痛和非疼痛图片上反应时（ms）的描述性统计结果如表 7-19 所示。

表 7-19 三组研究对象在不同刺激真实性的疼痛与非疼痛图片上的反应时的描述统计（$M \pm SD$）

真实性	动漫情境		真实情境	
图片类型	疼痛图片	非疼痛图片	疼痛图片	非疼痛图片
高经验组	483.17 ± 160.78	520.63 ± 183.96	433.32 ± 120.00	467.11 ± 155.18
低经验组	604.47 ± 157.02	640.24 ± 153.14	523.40 ± 158.84	531.08 ± 152.22
无经验组	629.97 ± 167.27	672.90 ± 143.34	514.22 ± 141.78	532.47 ± 137.13

对反应时进行 3（研究对象类型：高经验组、低经验组、无经验组）× 2（刺激真实性：动漫情境、真实情境）× 2（图片类型：疼痛图片、非疼痛图片）的重复测量方差分析，如表 7-20 所示。结果表明，研究对象类型的主效应显著 [$F_{(2,76)}$ = 4.66，p = 0.012，η^2 = 0.11]，成对比较发现，无经验组（M = 587.39，SD = 28.49）的反应时显著长于高经验组（M = 476.06，SD = 28.49）的反应时（p = 0.007），低经验组（M = 574.80，SD = 26.46）的反应时显著长于高经验组（M = 476.06，SD = 28.49）的反应时（p = 0.013），无经验组（M = 587.39，SD = 28.49）的反应时与低经验组（M = 574.80，SD = 26.46）的反应时差异不显著（p = 0.747）。真实性主效应显著 [$F_{(1,76)}$ = 86.71，p < 0.000，η^2 = 0.53]，动漫情境图片（M = 591.90，SD = 17.66）的反应时显著长于真实情境图片（M = 500.27，SD = 15.90）的反应时。图片类型的主效应显著 [$F_{(1,76)}$ = 19.13，p < 0.001，η^2 = 0.20]，疼痛图片（M = 531.43，SD = 16.24）的反应时显著短于非疼痛图片（M = 560.74，SD = 16.59）的反应时。

表 7-20 三组研究对象在不同刺激真实性的疼痛与非疼痛图片上的
反应时的重复测量方差分析

项目	差异来源	df	MS	F
组间	研究对象类型	2.00	377987.31	4.66*
组内	真实性	1.00	660042.09	86.71***
	真实性 × 研究对象类型	2.00	36732.24	4.83*
	图片类型	1.00	67539.94	19.13***
	图片类型 × 研究对象类型	2.00	1347.10	0.38
	真实性 × 图片类型	1.00	6956.55	3.79
	真实性 × 图片类型 × 研究对象类型	2.00	1135.13	0.62

真实性与研究对象类型的交互作用显著 [$F_{(2,76)}$ = 4.83, p = 0.011, η^2 = 0.11]，简单效应分析发现，高经验组中，动漫情境图片（M = 501.90, SD = 31.32）的反应时显著长于真实情境图片（M = 450.21, SD = 28.20）的反应时（p = 0.004）；低经验组中，动漫情境图片（M = 622.35, SD = 29.08）的反应时显著长于真实情境图片（M = 527.24, SD = 26.18）的反应时（p < 0.001）；无经验组中，动漫情境图片（M = 651.44, SD = 31.32）的反应时显著长于真实情境图片（M = 523.35, SD = 28.20）的反应时（p < 0.001）。在动漫情境图片上，无经验组（M = 651.44, SD = 31.32）的反应时显著长于高经验组（M = 501.90, SD = 31.32）的反应时（p = 0.003），低经验组（M = 622.35, SD = 29.08）的反应时显著长于高经验组（M = 501.90, SD = 31.32）的反应时（p = 0.018）；无经验组（M = 651.44, SD = 31.32）的反应时与低经验组（M = 622.35, SD = 29.08）的反应时差异不显著（p = 0.874）。在真实情境图片上，三组中学生之间的反应时差异不显著。图片类型与研究对象类型的交互作用不显著 [$F_{(2,76)}$ = 0.38, p = 0.684, η^2 = 0.01]。真实性与图片类型的交互作用边缘显著 [$F_{(1,76)}$ = 3.79, p = 0.055, η^2 = 0.05]，简单效应分析发现，在动漫情境上，疼痛图片（M = 572.54, SD = 18.22）的反应时显著短于非疼痛图片（M =

611.26, SD = 18.12) 的反应时（p < 0.001）；在真实情境上，疼痛图片（M = 490.32, SD = 18.12）的反应时显著短于非疼痛图片（M = 510.22, SD = 16.76）的反应时（p = 0.015）。在疼痛图片上，动漫情境（M = 572.54, SD = 18.22）的反应时显著长于真实情境（M = 490.32, SD = 18.12）的反应时（p < 0.001）。在非疼痛图片上，动漫情境（M = 611.26, SD = 18.12）的反应时显著长于真实情境（M = 510.22, SD = 16.76）的反应时（p < 0.001）。真实性、图片类型与研究对象类型的交互作用不显著 [$F_{(2,76)}$ = 0.62, p = 0.541, η^2 = 0.02]。

（二）动漫暴力不同经验组在不同刺激真实性的疼痛与非疼痛图片上的 ERP 数据

在图片启动范式下，中学生在观看动漫和真实两种刺激情境的疼痛和非疼痛图片时均诱发了明显的早期成分 N1（100—180ms）、N2（220—300ms）和晚期成分 P3（300—400ms）波，如图 7-4 所示。下面分别对 N1、N2 峰值和潜伏期以及 P3 平均波幅进行报告。

1. 动漫暴力不同经验组在不同刺激真实性的疼痛与非疼痛图片上的 N1（100—180ms）峰值与潜伏期

动漫暴力高经验组、低经验组和无经验组三组中学生在不同刺激真实性的疼痛和非疼痛图片上 N1 峰值（μV）的描述性统计结果如表 7-21 所示。

表 7-21　三组研究对象在不同刺激真实性的疼痛与非疼痛图片上的 N1 峰值的描述统计（$M \pm SD$）

真实性	动漫情境		真实情境	
图片类型	疼痛图片	非疼痛图片	疼痛图片	非疼痛图片
高经验组	-10.01 ± 4.69	-10.40 ± 4.14	-10.52 ± 4.88	-10.23 ± 4.06
低经验组	-8.07 ± 3.66	-8.60 ± 3.80	-7.90 ± 3.67	-8.53 ± 3.48
无经验组	-8.34 ± 3.57	-8.26 ± 3.42	-8.53 ± 2.79	-7.95 ± 2.99

对 N1 峰值进行 3（研究对象类型：高经验组、低经验组、无经验组）× 2（真实性：动漫情境、真实情境）× 2（图片类型：疼痛

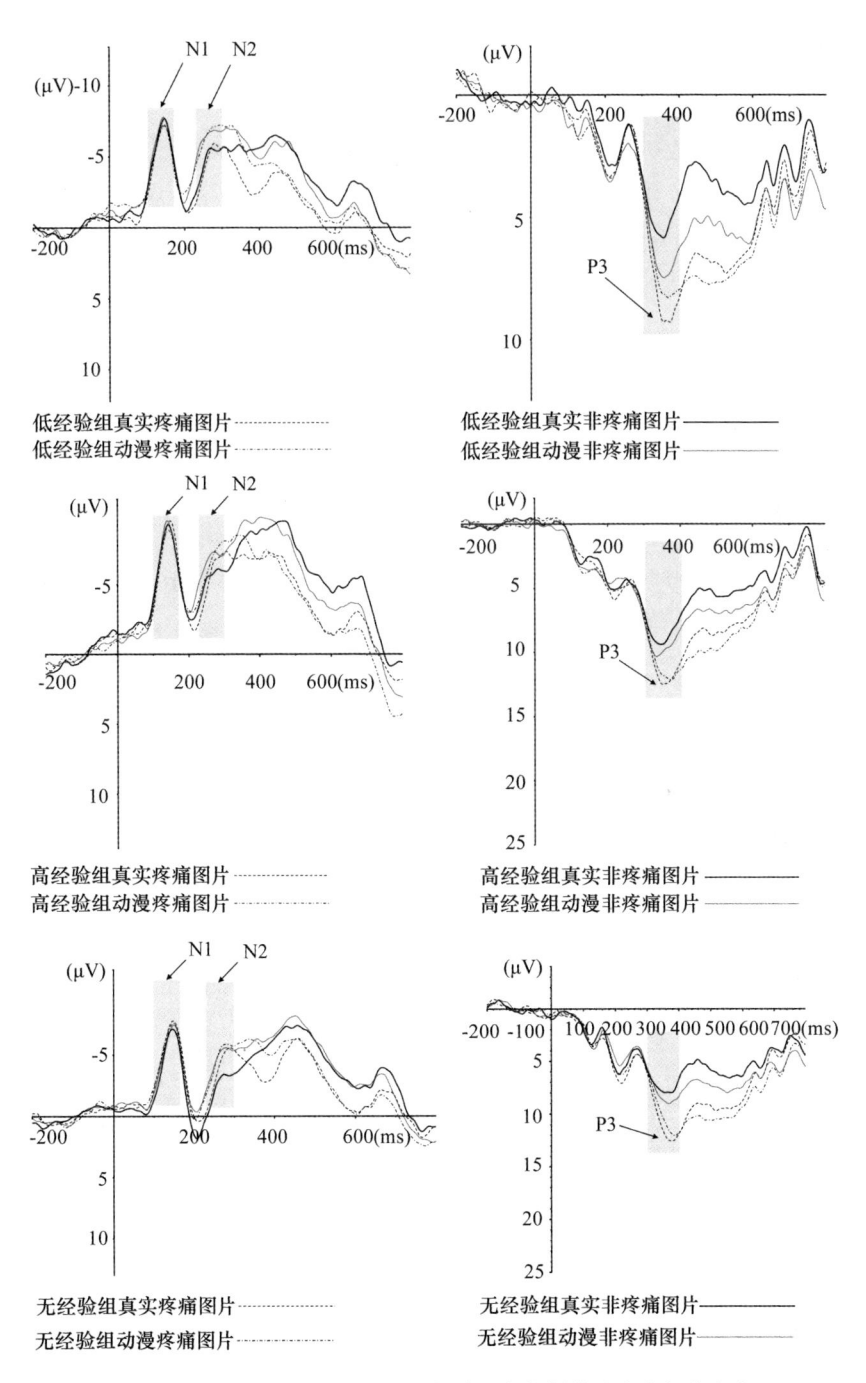

图 7-4 动漫暴力不同经验组在不同真实刺激的疼痛与非疼痛
图片上的总平均波形图

图片、非疼痛图片）的重复测量方差分析，如表7-22所示。结果发现，研究对象类型的主效应边缘显著 $[F_{(2,76)} = 2.87, p = 0.063, \eta^2 = 0.07]$，成对比较发现，无经验组（$M = -8.27\mu V$, $SD = 0.70\mu V$）的N1波峰显著小于高经验组（$M = -10.29\mu V$, $SD = 0.70\mu V$）的N1波峰（$p = 0.044$），高经验组（$M = -10.29\mu V$, $SD = 0.70\mu V$）的N1波峰显著大于低经验组（$M = -8.28\mu V$, $SD = 0.65\mu V$）N1波峰（$p = 0.037$），无经验组（$M = -8.27\mu V$, $SD = 0.70\mu V$）的N1波峰与低经验组（$M = -8.28\mu V$, $SD = 0.65\mu V$）的N1波峰差异不显著（$p = 0.997$）。真实性主效应不显著 $[F_{(1,76)} < 0.001, p = 0.985, \eta^2 < 0.001]$。图片类型的主效应不显著 $[F_{(1,76)} = 0.29, p = 0.594, \eta^2 = 0.004]$。

真实性与研究对象类型的交互作用不显著 $[F_{(2,76)} = 0.16, p = 0.854, \eta^2 = 0.004]$。图片类型与研究对象类型的交互作用不显著 $[F_{(2,76)} = 2.07, p = 0.134, \eta^2 = 0.01]$。真实性与图片类型的交互作用不显著 $[F_{(1,76)} = 0.86, p = 0.357, \eta^2 = 0.01]$。真实性、图片类型与研究对象类型的交互作用不显著 $[F_{(2,76)} = 0.40, p = 0.671, \eta^2 = 0.01]$。

表7-22 三组研究对象在不同刺激真实性的疼痛与非疼痛图片上的 N1峰值的重复测量方差分析

项目	差异来源	df	MS	F
组间	研究对象类型	2.00	138.76	2.87
组内	真实性	1.00	0.001	<0.001
	真实性 × 研究对象类型	2.00	0.60	0.16
	图片类型	1.00	0.79	0.29
	图片类型 × 研究对象类型	2.00	5.69	2.07
	真实性 × 图片类型	1.00	2.56	0.86
	真实性 × 图片类型 × 研究对象类型	2.00	1.19	0.40

动漫暴力高经验组、低经验组和无经验组三组中学生在不同刺激真实性的疼痛和非疼痛图片上N1潜伏期（ms）的描述性统计结果如表7-23所示。

表7-23 三组研究对象在不同刺激真实性的疼痛与非疼痛图片上的
N1 潜伏期的描述统计（$M \pm SD$）

真实性	动漫情境		真实情境	
图片类型	疼痛图片	非疼痛图片	疼痛图片	非疼痛图片
高经验组	142.55 ± 13.57	144.66 ± 15.34	148.36 ± 13.68	146.04 ± 14.55
低经验组	142.80 ± 16.38	144.21 ± 14.05	145.16 ± 12.13	142.86 ± 12.76
无经验组	146.94 ± 12.16	149.40 ± 11.73	146.62 ± 13.21	148.84 ± 10.40

对 N1 潜伏期进行 3（研究对象类型：高经验组、低经验组、无经验组）× 2（真实性：动漫情境、真实情境）× 2（图片类型：疼痛图片、非疼痛图片）的重复测量方差分析，如表 7-24 所示。结果表明，研究对象类型的主效应不显著 [$F_{(2,76)} = 0.96$，$p = 0.389$，$\eta^2 = 0.03$]。真实性主效应不显著 [$F_{(1,76)} = 1.51$，$p = 0.224$，$\eta^2 = 0.02$]。图片类型的主效应不显著 [$F_{(1,76)} = 0.39$，$p = 0.534$，$\eta^2 = 0.01$]。

表7-24 三组研究对象在不同刺激真实性的疼痛与非疼痛图片上的
N1 潜伏期的重复测量方差分析

项目	差异来源	df	MS	F
组间	研究对象类型	2.00	487.75	0.96
组内	真实性	1.00	116.97	1.51
	真实性 × 研究对象类型	2.00	102.75	1.32
	图片类型	1.00	28.02	0.39
	图片类型 × 研究对象类型	2.00	58.61	0.82
	真实性 × 图片类型	1.00	152.92	2.38
	真实性 × 图片类型 × 研究对象类型	2.00	31.19	0.49

真实性与研究对象类型的交互作用不显著 [$F_{(2,76)} = 1.32$，$p = 0.272$，$\eta^2 = 0.03$]。图片类型与研究对象类型的交互作用不显著 [$F_{(2,76)} = 0.82$，$p = 0.446$，$\eta^2 = 0.02$]。真实性与图片类型的交互作用不显著 [$F_{(1,76)} =$

2.38, $p = 0.127$, $\eta^2 = 0.03$]。真实性、图片类型与研究对象类型的交互作用不显著 [$F_{(2,76)} = 0.49$, $p = 0.617$, $\eta^2 = 0.01$]。

2. 动漫暴力不同经验组在不同刺激真实性的疼痛与非疼痛图片上的 N2（220—300ms）峰值和潜伏期

动漫暴力高经验组、低经验组和无经验组三组中学生在不同刺激真实性的疼痛和非疼痛图片上 N2 峰值（μV）的描述性统计结果如表 7-25 所示。

表 7-25　三组研究对象在不同刺激真实性的疼痛与非疼痛图片上的 N2 峰值的描述统计（$M \pm SD$）

真实性	动漫情境		真实情境	
图片类型	疼痛图片	非疼痛图片	疼痛图片	非疼痛图片
高经验组	-8.33±7.19	-8.71±6.40	-7.68±8.11	-6.90±5.63
低经验组	-8.06±6.07	-7.76±5.77	-6.42±6.13	-6.48±5.08
无经验组	-6.88±6.58	-6.59±5.17	-6.34±6.27	-4.39±5.46

对 N2 峰值进行 3（研究对象类型：高经验组、低经验组、无经验组）× 2（真实性：动漫情境、真实情境）× 2（图片类型：疼痛图片、非疼痛图片）的重复测量方差分析，如表 7-26 所示。结果表明，研究对象类型的主效应不显著 [$F_{(2,76)} = 0.65$, $p = 0.525$, $\eta^2 = 0.02$]。真实性主效应显著 [$F_{(1,76)} = 16.56$, $p < 0.000$, $\eta^2 = 0.18$]，动漫情境图片（$M = -7.72\mu V$, $SD = 0.68\mu V$）的 N2 波峰显著大于真实情境图片（$M = -6.36\mu V$, $SD = 0.67\mu V$）的 N2 波峰。图片类型的主效应边缘显著 [$F_{(1,76)} = 3.27$, $p = 0.075$, $\eta^2 = 0.04$]，即疼痛图片（$M = -7.29\mu V$, $SD = 0.73\mu V$）的 N2 波峰边缘显著高于非疼痛图片（$M = -6.80\mu V$, $SD = 0.60\mu V$）的 N2 波峰。

真实性与研究对象类型的交互作用不显著 [$F_{(2,76)} = 0.04$, $p = 0.959$, $\eta^2 = 0.001$]。图片类型与研究对象类型的交互作用不显著 [$F_{(2,76)} = 1.43$, $p = 0.246$, $\eta^2 = 0.04$]。真实性与图片类型的交互作用边缘显著 [$F_{(1,76)} = 2.96$, $p = 0.089$, $\eta^2 = 0.04$]，简单效应分析发现，

在真实情境上，疼痛图片（$M = -6.81\mu V$，$SD = 0.77\mu V$）的 N2 波峰显著高于非疼痛图片（$M = -5.92\mu V$，$SD = 0.61\mu V$）的 N2 波峰（$p = 0.020$），在动漫情境上，疼痛图片（$M = -7.76\mu V$，$SD = 0.74\mu V$）的 N2 波峰与非疼痛图片（$M = -7.69\mu V$，$SD = 0.65\mu V$）的 N2 波峰差异不显著（$p = 0.835$）。真实性、图片类型与研究对象类型的交互作用不显著 [$F_{(2,76)} = 1.71$，$p = 0.188$，$\eta^2 = 0.04$]。

表 7-26　三组研究对象在不同刺激真实性的疼痛与非疼痛图片上的 N2 峰值的重复测量方差分析

项目	差异来源	df	MS	F
组间	研究对象类型	2.00	87.37	0.65
组内	真实性	1.00	144.07	16.56***
	真实性 × 研究对象类型	2.00	0.37	0.04
	图片类型	1.00	18.21	3.27
	图片类型 × 研究对象类型	2.00	7.96	1.43
	真实性 × 图片类型	1.00	13.23	2.96*
	真实性 × 图片类型 × 研究对象类型	2.00	7.63	1.71

动漫暴力高经验组、低经验组和无经验组三组中学生在不同刺激真实性的疼痛和非疼痛图片上 N2 潜伏期（ms）的描述性统计结果如表 7-27 所示。

表 7-27　三组研究对象在不同刺激真实性的疼痛与非疼痛图片上的 N2 潜伏期的描述统计（$M \pm SD$）

真实性	动漫情境		真实情境	
图片类型	疼痛图片	非疼痛图片	疼痛图片	非疼痛图片
高经验组	268.78 ± 19.28	264.70 ± 18.21	274.40 ± 18.33	266.40 ± 15.64
低经验组	269.24 ± 20.48	264.60 ± 19.86	268.34 ± 19.25	266.84 ± 17.94
无经验组	270.02 ± 15.37	270.90 ± 16.49	283.90 ± 11.11	266.78 ± 18.59

对 N2 潜伏期进行 3（研究对象类型：高经验组、低经验组、无经验组）× 2（真实性：动漫情境、真实情境）× 2（图片类型：疼痛图片、非疼痛图片）的重复测量方差分析，如表 7-28 所示。结果表明，研究对象类型的主效应不显著 [$F_{(2,76)}$ = 1.27, p = 0.286, η^2 = 0.03]。真实性主效应边缘显著 [$F_{(1,76)}$ = 3.48, p = 0.066, η^2 = 0.04]，动漫情境图片（M = 268.04ms, SD = 1.83ms）N2 的潜伏期显著短于真实情境图片（M = 271.11ms, SD = 1.61ms）的 N2 的潜伏期。图片类型的主效应显著 [$F_{(1,76)}$ = 12.98, p < 0.001, η^2 = 0.15]，即疼痛图片（M = 272.45ms, SD = 1.67ms）N2 的潜伏期显著长于非疼痛图片（M = 266.71ms, SD = 1.75ms）N2 的潜伏期。

真实性与研究对象类型的交互作用不显著 [$F_{(2,76)}$ = 0.60, p = 0.550, η^2 = 0.02]。图片类型与研究对象类型的交互作用不显著 [$F_{(2,76)}$ = 0.87, p = 0.421, η^2 = 0.02]。真实性和图片类型的交互作用显著 [$F_{(2,76)}$ = 5.55, p = 0.021, η^2 = 0.07]，简单效应分析发现，在真实情境上，疼痛图片（M = 275.55ms, SD = 1.89ms）的 N2 潜伏期显著长于非疼痛图片（M = 166.68 ms, SD = 1.97 ms）的 N2 潜伏期（p < 0.001），在动漫情境上，疼痛图片（M = 269.35ms, SD = 2.10 ms）的 N2 潜伏期与非疼痛图片（M = 266.73 ms, SD = 2.07 ms）的 N2 潜伏期差异不显著（p = 0.195）；在疼痛图片上，动漫情境（M = 269.35ms, SD = 2.10 ms）的 N2 潜伏期显著短于真实情境（M = 275.55ms, SD = 1.89ms）的 N2 潜伏期（p = 0.006），在非疼痛图片上，动漫情境（M = 266.73 ms, SD = 2.07 ms）的 N2 潜伏期与真实情境（M = 166.68 ms, SD = 1.97 ms）的 N2 潜伏期差异不显著（p = 0.977）。真实性、图片类型与研究对象类型的交互作用显著 [$F_{(2,76)}$ = 5.12, p = 0.006, η^2 = 0.13]。简单简单效应分析发现，无经验组在疼痛图片上，动漫情境（M = 270.02 ms, SD = 3.72 ms）的 N2 潜伏期显著短于真实情境（M = 283.90 ms, SD = 3.36 ms）的 N2 潜伏期（p < 0.001），无经验组在非疼痛图片上，动漫情境（M = 266.78 ms, SD = 3.49 ms）的 N2 潜伏期与真实情境（M = 270.90 ms, SD = 3.67 ms）的 N2 潜伏期差异不显著（p = 0.254）；高经验组在疼痛图片上，动漫情境（M = 268.78 ms, SD = 3.72ms）的 N2 潜伏期与真实情境（M = 274.40ms, SD = 3.36ms）的 N2 潜伏期差异

不显著（$p = 0.155$），高经验组在非疼痛图片上，动漫情境（$M = 264.70\text{ms}$，$SD = 3.67\text{ms}$）的 N2 潜伏期与真实情境（$M = 266.40\text{ms}$，$SD = 3.49\text{ms}$）的 N2 潜伏期差异不显著（$p = 0.637$）；低经验组在疼痛图片上，动漫情境（$M = 269.24\text{ms}$，$SD = 3.46\text{ms}$）的 N2 潜伏期与真实情境（$M = 268.34\text{ms}$，$SD = 3.12\text{ms}$）的 N2 潜伏期差异不显著（$p = 0.806$），低经验组在非疼痛图片上，动漫情境（$M = 264.60\text{ms}$，$SD = 3.40\text{ms}$）的 N2 潜伏期与真实情境（$M = 266.84\text{ms}$，$SD = 3.24\text{ms}$）的 N2 潜伏期差异不显著（$p = 0.503$）。

表 7-28　三组研究对象在不同刺激真实性的疼痛与非疼痛图片上的 N2 潜伏期的重复测量方差分析

项目	差异来源	df	MS	F
组间	研究对象类型	2.00	912.36	1.27
组内	真实性	1.00	741.32	3.48
	真实性 × 研究对象类型	2.00	128.08	0.60
	图片类型	1.00	1592.86	12.98***
	图片类型 × 研究对象类型	2.00	174.69	0.87
	真实性 × 图片类型	1.00	770.35	5.55*
	真实性 × 图片类型 × 研究对象类型	2.00	765.76	5.12**

3. 动漫暴力不同经验组在不同刺激真实性的疼痛与非疼痛图片上的 P3（300—400ms）平均波幅

动漫暴力高经验组、低经验组和无经验组三组中学生在不同刺激真实性上疼痛和非疼痛图片上 P3 平均波幅（μV）的描述性统计结果如表 7-29 所示。

P3 平均波幅：对 P3 平均波幅进行 3（研究对象类型：高经验组、低经验组、无经验组）× 2（真实性：动漫情境、真实情境）× 2（图片类型：疼痛图片、非疼痛图片）的重复测量方差分析，如表 7-30 所示。结果表明，研究对象类型的主效应边缘显著 [$F_{(2,76)} = 2.62$，$p = 0.079$，$\eta^2 = 0.07$]，高经验组（$M = 9.98\text{V}$，$SD = $

1.16μV) 的 P3 平均波幅显著高于低经验组（$M = 6.50$V, $SD = 1.08$μV) 的 P3 平均波幅 ($p = 0.031$)。真实性主效应不显著 [$F_{(1,76)} = 0.29, p = 0.593, \eta^2 = 0.004$]。图片类型的主效应显著 [$F_{(1,76)} = 74.88, p < 0.001, \eta^2 = 0.50$]，即疼痛图片（$M = 9.56$μV, $SD = 0.70$μV) 的 P3 平均波幅显著高于非疼痛图片（$M = 7.44$μV, $SD = 0.63$μV) 的 P3 平均波幅。

表7-29 三组研究对象在不同刺激真实性的疼痛与非疼痛图片上的 P3 平均波幅的描述统计（$M \pm SD$）

真实性	动漫情境		真实情境	
真实性	动漫情境	真实情境	疼痛图片	非疼痛图片
图片类型	疼痛图片	非疼痛图片	疼痛图片	非疼痛图片
高经验组	10.80±7.75	9.44±8.02	11.12±8.37	8.56±6.87
低经验组	6.96±3.82	6.27±4.59	7.93±4.36	4.85±3.95
无经验组	9.87±5.37	8.07±6.38	10.65±6.32	7.44±5.78

真实性与研究对象类型的交互作用不显著 [$F_{(2,76)} = 0.16, p = 0.853, \eta^2 = 0.004$]。图片类型与研究对象类型的交互作用不显著 [$F_{(2,76)} = 0.62, p = 0.539, \eta^2 = 0.02$]。真实性与图片类型的交互作用显著 [$F_{(1,76)} = 19.34, p < 0.001, \eta^2 = 0.20$]，简单效应分析发现，在动漫情境上，疼痛图片（$M = 9.21$μV, $SD = 0.72$μV) 的 P3 平均波幅显著高于非疼痛图片（$M = 7.93$μV, $SD = 0.65$μV) 的 P3 平均波幅（$p < 0.001$)，在真实情境上，疼痛图片（$M = 9.90$μV, $SD = 0.73$μV) 的 P3 平均波幅显著高于非疼痛图片（$M = 6.95$μV, $SD = 0.63$μV) 的 P3 平均波幅（$p < 0.001$)；在疼痛图片上，动漫情境（$M = 9.21$μV, $SD = 0.72$μV) 的 P3 平均波幅边缘显著低于真实情境（$M = 9.90$μV, $SD = 0.73$μV) 的 P3 平均波幅（$p = 0.077$)，在非疼痛图片上，动漫情境（$M = 7.93$μV, $SD = 0.65$μV) 的 P3 平均波幅显著高于真实情境（$M = 6.95$μV, $SD = 0.63$μV) 的 P3 平均波幅（$p < 0.001$)；真实性、图片类型与研究对象类型的交互作用不显著 [$F_{(2,76)} = 1.10, p = 0.375, \eta^2 = 0.03$]。

表7-30 三组研究对象组在不同刺激真实性的疼痛与非疼痛图片上的
P3平均波幅的重复测量方差分析

项目	差异来源	df	MS	F
组间	研究对象类型	2.00	351.53	2.62
组内	真实性	1.00	1.65	0.29
	真实性 × 研究对象类型	2.00	0.91	0.16
	图片类型	1.00	352.66	74.88***
	图片类型 × 研究对象类型	2.00	2.93	0.62
	真实性 × 图片类型	1.00	54.98	19.34***
	真实性 × 图片类型 × 研究对象类型	2.00	2.83	1.10

四 讨论

本研究采用图片启动范式和 ERP 技术，通过分析中学生观看动漫和真实情境的疼痛和非疼痛图片时的行为和脑电数据，探讨刺激真实性对动漫暴力不同经验程度的中学生疼痛共情的影响。根据本研究的目的，接下来我们分别对刺激真实性对疼痛共情的影响和对动漫暴力不同经验组学生的影响两方面来进行讨论。

（一）刺激真实性对疼痛共情的影响

行为数据发现，无论是疼痛图片还是非疼痛图片，均是动漫情境的反应时长于真实情境。这可能因为动漫情境图片作为新异刺激，吸引了中学生的注意力，所以中学生在观看这类图片时花费较长的时间。脑电结果发现，动漫情境上，疼痛图片的 N2 波峰和潜伏期与非疼痛图片无显著差异；而真实情境上，疼痛图片的 N2 波峰高于非疼痛图片，疼痛图片的 N2 潜伏期长于非疼痛图片。这一结果与前人研究结果一致。Fan 和 Han（2008）研究发现，中学生在疼痛共情的早期加工阶段，动漫情境和真实情境一样在疼痛图片和非疼痛图片中存在差异，动漫情境（刺激呈现 220ms）的这一差异比真实情境（刺激呈现 140ms）出现得晚，该研究表明刺激真实性可能会影响疼痛共情的早期自动化的情感共情。Singer 等人（2004）采用 fMRI 的研究结果也发现，ACC 作为疼痛共情的情感成分的基础，真实疼痛图片会引起 ACC 激活增加，而动漫疼痛图片却导致

ACC 激活减弱，情境真实性可能会降低疼痛共情的情感反应（Gu & Han，2007）。

动漫和真实情境上，疼痛图片的 P3 平均波幅均高于非疼痛图片，但其中动漫疼痛图片的 P3 平均波幅低于真实疼痛图片，即在动漫刺激和真实刺激上均出现了认知共情，但对动漫刺激的认知共情弱于真实刺激。这一结果表明，刺激真实性对疼痛共情晚期可调控的认知共情不存在影响，该结果与前人研究结果一致。Fan 和 Han（2008）的研究结果也发现，情境真实性不影响疼痛共情晚期可调控的认知共情。此外，对于学生对动漫疼痛产生的认知共情弱于真实疼痛这一结果，符合我们的日常经验，即相比于虚拟的动漫疼痛刺激，人们会对真实的疼痛刺激产生更多的疼痛共情。

（二）刺激真实性对动漫暴力不同经验中学生的疼痛共情的影响

从行为结果上，没有发现刺激真实性对不同动漫暴力经验中学生的疼痛共情存在影响。从脑电结果来看，刺激真实性、疼痛和研究对象类型三者的 N2 潜伏期交互作用显著，其中无经验组中学生的动漫疼痛图片的 N2 潜伏期和真实疼痛图片差异显著，动漫疼痛图片的潜伏期短于真实疼痛图片，而高经验组和低经验组中学生的动漫疼痛图片的 N2 潜伏期和真实疼痛图片没有显著差异。并且，在疼痛共情的晚期可调控的认知共情阶段，在动漫和真实刺激上，疼痛图片的 P3 平均波幅均显著大于非疼痛图片，三组中学生没有显著差异。该研究结果部分符合我们的研究假设，即刺激真实性只对无经验组中学生疼痛共情的早期自动化加工阶段存在影响，对高经验组和低经验组中学生疼痛共情不存在影响。本研究假设刺激真实性对低经验组中学生疼痛共情早期自动化加工阶段存在影响，而结果却与假设相反。出现这一结果可能是因为，低经验组中学生虽然没有高经验组中学生接触的动漫暴力多，但对动漫暴力也是有所接触。由于我国动漫没有实行分级制度，青少年接触的动漫内容比较繁杂，很多动漫都包含暴力血腥场景（郝园园，2014）。例如，孙钰程（2019）对 2015 年热播的动漫《画江湖之不良人》的研究发现，该动漫存在大量的捅刀、血液飞溅等暴力血腥场面。所以即使是较少的动漫暴力接触，也可能给青少年留下深刻的影响。

综上所述，实验二采用动漫和真实情境的疼痛和非疼痛图片，通过让高经验组、低经验组和无经验组中学生完成疼痛判断任务,来考察刺激真实性对动漫暴力不同经验程度中学生疼痛共情的影响。最终发现,在疼痛共情的早期自动化情感共情阶段,刺激真实性对情感共情存在影响,并且这一影响仅出现在无经验组中学生中,对高经验组和低经验组中学生不存在影响;在疼痛共情的晚期可调控的认知共情阶段,刺激真实性对所有中学生的认知共情均不存在影响。

第五节 综合讨论

由于我国动漫市场制度的不完善等原因,导致很多动漫含有大量暴力血腥内容。调查发现,这些含有大量暴力血腥内容的动漫是青少年非常喜欢的动漫类型之一。一般攻击模型认为,长期媒体暴力观看可能会影响个体的疼痛共情。而疼痛共情作为一种能够使个体感知别人的疼痛能力,与他们良好的生活和人际交往关系密切。但是,以往对媒体暴力与疼痛共情的研究多集中于暴力电子游戏经验方面,对动漫暴力经验与疼痛共情的关系目前尚不清楚。并且,以往关于媒体暴力经验和疼痛共情的关系研究多使用脑成像技术,该技术虽然可以显示中学生在观看疼痛刺激时大脑的激活情况,但是不能更加详尽地了解疼痛共情反应的时间进程。因此,本研究采用图片启动范式和 ERP 技术,探究动漫暴力不同经验中学生疼痛共情的反应特点,以及刺激真实性对动漫暴力经验与疼痛共情关系的影响。

一 动漫暴力经验对中学生疼痛共情的影响

其一,研究结果发现,在疼痛共情的早期自动化情感共情阶段,相比于非疼痛刺激,低经验组和无经验组中学生在观看疼痛刺激时产生了情感共情,而高经验组中学生没有产生情感共情。这一结果与研究假设相符。出现这一结果可能说明,低经验组和无经验组中学生观看的动漫中出现的暴力血腥场景和画面较少甚至没有,较少接触暴力和血腥的刺激,所以在实验中中学生看到作为威胁性的疼痛刺激会吸引他们的注意,并投入更多的情感进行共情反应。而高经验组中学生观看动漫的中含有较多的暴力血腥场景,长期的观看暴力血腥场景和画面,使中学生对疼痛刺激的不敏感（Bushman & Anderson，2010），减少了疼痛共情时的情感投入。这一结果也符合以往采用 fMRI 技术进行研究所得到的结果。Gentile 和 Swing 等人（2014）使用 fMRI 技术对暴力电子游戏的研究发现，暴力电子游戏接触会抑制大脑情绪反应相关脑区的激活。所以，动漫暴力经验影响了中学生早期自动化的情感共情。

其二，研究还发现，在疼痛共情的晚期可调控认知共情阶段，相比于非疼痛刺激，三组中学生都能够对疼痛刺激进行认知和理解，并产生认知共情，疼痛共情晚期阶段不受动漫暴力经验的影响。这一结果与研究假设不一致。这可能是因为，疼痛共情的晚期阶段是个体对他人疼痛的认知与理解，不同于早期阶段是个体对他人疼痛的情感投入，这一时期的中学生虽然会因为长期的动漫暴力接触抑制了其在观看疼痛刺激时的情感投入，但他们可以凭借自己以往的知识经验对疼痛刺激进行理解和判断，并做出正确的共情反应。所以动漫暴力经验对疼痛共情的晚期可调控的认知共情阶段不存在影响。

总之，研究结果表明，动漫暴力经验影响中学生疼痛共情的早期自动情感加工阶段，而不影响后期可调控的认知加工阶段。对于动漫暴力经验在疼痛共情不同的加工阶段存在不同的影响这一结果，本研究从媒体暴力经验方面把疼痛共情划分为早期和晚期两个加工阶段的认知理论提供科学有效的依据。另外，尽管结果发现动漫暴力经验只影响了疼痛共情的早期自动化的情感共情，不影响晚期可调控的认知共情，本研究结果仍然是证明了动漫暴力经验对疼痛共情存在影响。这也从动漫暴力方面验证了一般攻击理论，即媒体暴力接触会使个体疼痛共情降低。

二 刺激真实性对动漫暴力不同经验中学生疼痛共情的影响

在疼痛共情的早期自动化情感共情阶段，动漫疼痛图片和动漫非疼痛图片的脑电反应没有显著差异，而真实疼痛图片的脑电反应大于真实非疼痛图片。而在疼痛共情的晚期可调控认知共情阶段，在动漫和真实情境上，疼痛图片引发的脑电反应均大于非疼痛图片，虽然动漫图片与真实图片一样在疼痛上存在差异，但在动漫疼痛刺激上的反应却小于真实疼痛刺激。这表明刺激真实性影响了疼痛共情的早期自动化加工阶段，这一结果符合我们的先前假设。以往有研究者（Fan & Han, 2008）使用卡通图片与真实图片测中学生的疼痛共情反应，也发现了类似结果，即卡通疼痛比真实的疼痛有更小的大脑激活。这说明，中学生能够分辨不真实的动漫刺激和真实的刺激，理解动漫中人物的疼痛是虚假的、不真实的，所以减少了对不真实的刺激情感共情的投入。

而对于具有动漫暴力不同经验的三组中学生，在疼痛共情早期自动化情感共情阶段，无经验组中学生对真实疼痛图片投入的认知资源大于动漫疼痛图片，而高经验组和低经验组中学生对真实疼痛图片和动漫疼痛图片投入的认知资源没有显著差异。这说明，刺激真实性影响了无经验组中学生疼痛共情早期自动化情感共情阶段，而对高经验组和低经验组中学生的疼痛共情没有影响。这一结果部分符合我们的研究假设。与假设不一致的是，低经验组中学生的疼痛共情也受到了刺激真实性的影响。在实验一的研究中，我们在使用日常生活中的疼痛图片作为实验材料，发现低经验组中学生产生了疼痛共情。而加入刺激真实性这一因素后，对比观看动漫和真实条件下的疼痛图片产生的疼痛共情，低经验组减少了对动漫疼痛刺激的疼痛共情。另外，我们的研究结果发现，三组中学生的差异体现在动漫疼痛图片上，而不是动漫非疼痛图片上。这可能是因为，三组中学生均是观看过动漫的中学生，同样都接触过动漫风格的图片，只不过高经验组和低经验组中学生均是或多或少观看过含有大量血腥、暴力场景的动漫，而无经验组观看的动漫则都是一些没有暴力血腥场景的，所以三组中学生在动漫非疼痛图片上没有差异。动漫疼痛图片上的内容与中学生日常观看的动漫中的暴力血腥场景类似，高经验组和低经验组的中学生由于先前的接触，可能已经习惯该类刺激，所以在实验中再看到相似的动漫疼痛刺激时大脑激活弱于无经验组。

另外，在疼痛共情的晚期可调控认知共情阶段，研究对象在动漫刺激和真实刺激下均产生了疼痛共情，对动漫疼痛产生的共情弱于真实疼痛。并且，不同动漫暴力经验的三组中学生的疼痛共情也不受刺激真实性的影响，三组中学生均能够结合自身经验和判断对动漫和真实两种疼痛刺激产生疼痛共情。这一结果也与已有研究一致（Suzuki et al., 2015）。Suzuki等人也发现，刺激的情境真实性对中学生疼痛共情的晚期加工没有影响。产生这一结果可能是因为，无论是否有动漫暴力经验，中学生在对刺激进行判断时，会结合个人以往经验和实验中呈现的动漫疼痛图片中有人物流血或被刀剑刺伤等内容进行判断和理解，进而选择是否应该对其产生疼痛共情，所以刺激真实性不影响疼痛共情的晚期可调控认知共情阶段。但是，动漫疼痛图片没有真实疼痛图片给人的疼痛刺激更直观和强烈，所以对动漫刺激的疼痛共情弱于对真实刺激的疼痛共情。

第六节　小结

本研究使用图片启动范式对动漫暴力不同经验中学生的疼痛共情的研究总结得出以下结论。

第一，动漫暴力经验对高经验组中学生疼痛共情的早期自动化情感共情过程存在影响，对其晚期可调控的认知共情不存在影响；低经验组和无经验组学生疼痛共情早期和晚期阶段均不受动漫暴力经验影响。

第二，刺激真实性对疼痛共情的早期自动化情感共情阶段存在影响，对晚期可调控的认知共情不存在影响。

第三，刺激真实性对无经验组中学生的疼痛共情的早期自动化情感共情阶段存在影响，而对高经验组和低经验组学生不存在影响。

参考文献

一 中文

安献丽、郑希耕,2008,《惊恐障碍的认知偏向研究》,载《心理科学进展》2008 年第 2 期。

鲍雪莲、吕婉,2012,《有关动漫对青少年发展的研究报告》,载《学理论》2012 年第 30 期。

陈韵博,2015,《暴力网络游戏与青少年》,暨南大学出版社。

程家萍、罗跃嘉、崔芳,2017,《认知负荷对疼痛共情的影响:来自 ERP 研究的证据》,载《心理学报》2017 年第 5 期。

程真波、黄宇霞,2012,《疼痛共情的神经机制》,载《心理科学》2012 年第 2 期。

崔超男,2018,《父母教育期望对农村留守儿童辍学意向的影响:学业成绩的中介作用》,载《华北水利水电学院学报》2018 年第 3 期。

崔芳、南云、罗跃嘉,2008,《共情的认知神经研究回顾》,载《心理科学进展》2008 年第 2 期。

戴琴、冯正直、戴勤素,2009,《抑郁与归因方式关系研究》,载《中国健康心理学杂志》2009 年第 3 期。

戴珅懿、马庆国、王小毅,2011,《网络游戏成瘾者对成瘾相关线索的注意偏向:一项 ERP 研究》,载《心理科学》2011 年第 6 期。

邓智平,2007,《广东青少年动漫消费调查报告调查与研究》,载《青年探索》2007 年第 1 期。

丁道群、伍艳,2014,《暴力电子游戏使用者对攻击性相关线索的注意偏向》,载《湖南师范大学教育科学学报》2014 年第 5 期。

丁凤琴、陆朝晖，2016，《共情与亲社会行为关系的元分析》，载《心理科学进展》2016年第8期。

杜嘉鸿、刘凌，2012，《动画电影中的暴力内容及其对儿童心理健康的影响》，第十五届全国心理学学术会议论文摘要集。

杜嘉鸿、刘凌、王剑，2013，《从媒介暴力看国产动画片对儿童心理健康影响》，心理学与创新能力提升——第十六届全国心理学学术会议，南京。

樊凌云，2021，《基于传播学涵化理论视角的大学生爱国主义教育方法优化研究》，硕士学位论文，华中师范大学。

范丽恒、林秀娟，2014，《国外媒体暴力研究领域的科学计量分析》，载《心理研究》2014年第5期。

范丽恒、牛晶晶，2011，《动漫中的暴力类型分析——对596名初中生的调查》，载《上海教育科研》2011年第6期。

范丽恒、牛晶晶、金盛华，2012，《初中生喜爱之动漫的暴力内容分析》，载《心理科学》2012年第4期。

冯正直、刘阳娥，2009，《重复呈现情绪面孔对抑郁症状大学生注意偏向的影响》，全军医学心理学专业委员会第七次学术交流会，太原。

高鹏程、黄敏儿，2008，《高焦虑特质的注意偏向特点》，载《心理学报》2008年第3期。

高文斌、罗跃嘉、魏景汉、彭小虎、卫星，2002，《固定位置区域提示下视觉注意范围等级的erp研究》，载《心理学报》2002年第5期。

高雪梅、赵偲、周群、翁蕾，2014，《暴力电子游戏玩家对攻击性词语的注意偏向：一项erp研究》，载《西南大学学报：自然科学版》2014年第6期。

高雪梅、翁蕾、周群、赵偲、李芳，2015，《暴力犯的疼痛共情更低：来自ERP的证据》，载《心理学报》2015年第47期。

龚栩、黄宇霞、王妍、罗跃嘉，2011，《中国面孔表情图片系统的修订》，载《中国心理卫生杂志》2011年第1期。

郭虹，2003，《中国动画传播状况研究》，硕士学位论文，复旦大学。

郭晓丽、江光荣、朱旭，2009，《暴力电子游戏的短期脱敏效应：两种接触方式比较》，载《心理学报》2009年第3期。

韩冰雪、贾丽萍、朱国辉、王苗苗、卢国华，2020，《不同状态抑郁症患者对情绪面孔的注意偏向》，载《中国健康心理学杂志》2020年第6期。

郝景芳，2019，《动漫游戏互联网，如何让孩子面对》，载《上海教育科研》2019年第6期。

郝园园，2014，《中国动漫分级势在必行》，载《出版广角》2014年第9期》。

何英，2005，《图像时代对大学生创造性人格特征的影响——日本动漫对中国大学生游戏心、幽默感的影响研究》，硕士学位论文，东北大学。

侯文霞、牛丽，2017，《动漫暴力对初中女生攻击性行为影响的研究》，载《知识文库》2017年第4期。

黄会林等，2009，《年度未成年人电视媒体收视行为调研报告（下）》，载《现代传播：中国传媒大学学报》2009年第2期。

蒋婧琪、王浩宇、钱铭怡，2019，《社交焦虑注意偏向的动态变化》，载《心理科学进展》2019年第11期。

兰海英，2015，《短时暴力电子游戏对情绪面孔注意偏向的影响》，硕士学位论文，西南大学。

李宝林，2017，《视时距知觉适应后效的认知和神经机制》，博士学位论文，西南大学。

李海江、贾磊、罗俊龙、杨娟、张庆林、李冰冰，2013，《低自尊个体注意偏向的erp研究》，载《心理发展与教育》2013年第1期。

李海江、杨娟、贾磊等，2011，《不同自尊水平者的注意偏向》，载《心理学报》2011年第8期。

李婧洁、张卫、甄霜菊、梁娟、章聪，2008，《暴力电脑游戏对个体攻击性的影响》，载《心理发展与教育》2008年第2期。

李静华、郑涌，2014，《内隐/外显不同水平攻击者的注意偏向：行为和ERP证据》，载《心理科学》2014年第1期。

李娟，2013，《个体暴力游戏经验对攻击性信息注意偏向的影响》，硕士学位论文，西南大学。

李茂，2009，《暴力游戏中的暴力成分对玩家和观看者攻击性激发作用的研究》，硕士学位论文，北京师范大学。

李献云、费立鹏、张亚利、牛雅娟、童永胜、杨少杰，2011，《Buss 和 Perry 攻击问卷中文版的修订和信效度》，载《中国神经精神疾病杂志》2011 年第 10 期。

李想、黄煜、罗禹、李红、时勘，2018，《好人更值得怜悯？道德评价影响疼痛共情的 ERP 研究》，载《中国临床心理学杂志》2018 年第 1 期。

李雄、李祚山、向滨洋、孟景，2020，《注意线索对自闭特质个体疼痛共情的影响：来自事件相关电位的证据》，载《心理学报》2020 年第 3 期。

林崇德，1995，《发展心理学》，人民教育出版社。

林秀娟，2014，《动漫暴力特征对青少年攻击性的影响》，硕士学位论文，河南大学。

刘桂芹，2010，《武器图片和暴力电影片段对青少年攻击性认知的启动研究》，硕士学位论文，西南大学。

刘桂芹、张大均、刘衍玲，2010，《媒体暴力和攻击行为》，载《青少年犯罪问题》2010 年第 4 期。

刘桂芹、张大均、刘衍玲、阿拉坦巴根，2013，《观看暴力电影片段对青少年攻击性认知的影响》，载《民族高等教育研究》2013 年第 4 期。

刘玲，2012，《日本动漫对中国青少年的影响》，硕士学位论文，湖南师范大学。

刘亚、王振宏、孔风，2011，《情绪具身观：情绪研究的新视角》，载《心理科学进展》2011 年第 1 期。

刘跃军，2009，《动画角色品牌运营》，北京师范大学出版社。

龙耘、周笑非，2009，《动画王国中的暴力内容分析——以北京地区收视环境为例》，载《现代传播，传媒大学学报》2009 年第 3 期。

龙耘、张国良，2003，《电视剧中电视暴力的扫描与分析》，载《电视研究》2003 年第 8 期。

马方璐、范丽恒，2013，《长期观看暴力动漫对初中生攻击性的影响》，《心理学与创新能力提升——第十六届全国心理学学术会议论文集》，南京。

马原啸、陈旭，2019，《阈下安全启动改善非安全依恋女性的注意加工》，载《心理发展与教育》2019 年第 1 期。

梅传强，2003，《犯罪心理学研究的核心问题——刑事责任的心理基础》，载《现代法学》2003年第2期。

孟景、沈林、吕振勇、杨周、陈红，Jackson，T.，2012，《疼痛表征在自我和他人间的一致性效应》，载《心理学报》2012年第11期。

孟景、陈有国、黄希庭，2010，《疼痛共情的影响因素及其认知机制》，载《心理科学进展》2010年第3期。

牛晶晶，2009，《动漫中的暴力内容及其对初中生攻击性的影响》，硕士学位论文，河南大学。

彭程，2012，《暴力犯罪者对负性情绪信息与攻击性信息的注意偏向研究》，硕士学位论文，西南大学。

彭晓哲、周晓林，2005，《情绪信息与注意偏向》，载《心理科学进展》2005年第4期。

任频捷，2002，《动画片对中国儿童暴力性倾向的影响》，载《南京大学学报：哲学·人文科学·社会科学》2002年第4期。

邵嵘、滕召军、刘衍玲，2019，《暴力视频游戏对个体亲社会性的影响：一项元分析》，载《心理科学进展》2019年第3期。

石蕊，2015，《不同行动控制导向对威胁信息的注意偏向和目标偏好差异性研究》，博士学位论文，第四军医大学。

石烁，2017，《暴力电子游戏与竞争性电子游戏中角色认同水平对攻击性的影响》，硕士学位论文，西南大学。

宋娟、郭丰波、张振、原胜、金花、王益文，2016，《人际距离影响疼痛共情：朋友启动效应》，载《心理学报》2016年第7期。

苏潇、雷秀雅，2010，《攻击性行为的性别差异及其影响因素研究》，载《新闻天地：下半月刊》2010年第11期。

孙钰程，2019，《成人向国产动漫〈画江湖之不良人〉的暴力内容分析》，载《新闻传播》2019年第11期。

唐文俊、蔡惠燕、刘静、吕伯霄、曾红，2019，《海洛因成瘾者对用药动作线索的注意偏向》，载《中国临床心理学杂志》2019年第6期。

滕召军、刘衍玲、兰海英、张鑫，2015，《中职生神经质与攻击情绪认知：特质愤怒的中介作用》，载《西南师范大学学报（自然科学版）》2015年第8期。

汪孟允、苗小翠、李益娟、胡思思、张仲明，2015，《高强迫倾向个体注意脱困的电生理证据》，载《心理科学》2015 年第 6 期。

王石番，1991，《传播内容分析法》，幼狮文化事业公司。

王秀芳，2014，《动画暴力对学前儿童的影响研究》，载《新闻世界》2014 年第 12 期。

魏华、张丛丽、周宗奎、金琼、田媛，2010，《媒体暴力对大学生攻击性的长时效应和短时效应》，载《心理发展与教育》2010 年第 5 期。

毋嫘、林冰心，2016，《高特质焦虑个体对负性情绪信息注意偏向的机制探讨》，载《中国临床心理学杂志》2016 年第 6 期。

吴静，2007，《暴力游戏对青少年攻击性倾向激发作用的研究》，硕士学位论文，陕西师范大学。

吴静，2011，《实力至上的弱肉强食——论日本动漫中的暴力与杀戮》，载《青年文学家》2011 年第 16 期。

吴萍娜、叶一舵，2009，《不同类型电子游戏对青少年攻击性影响的实验研究》，中国心理学会第十二届全国心理学学术大会论文摘要集。

伍艳，2008，人格特质，《暴力电子游戏对青少年攻击性认知偏向的影响》，硕士学位论文，湖南师范大学。

武琦，2012，《非焦虑个体的负性情绪表情注意偏向的点探测研究》，硕士学位论文，苏州大学。

夏骁凯，2017，《医学专业知识对医疗场景下共情程度表现的影响》，硕士学位论文，天津师范大学。

谢霄男，2015，《网络暴恐动漫对青少年危害及治理对策》，载《当代青年研究》2015 年第 4 期。

谢旭洲，1997，《暴力卡通影片与国小学童侵略行为的研究》，载《广播与电视》1997 年第 1 期。

邢淑芬、王丹旸、林崇德，2015，《媒体暴力对儿童青少年攻击行为的影响和心理机制》，载《华东师范大学（教育科学版）》2015 年第 3 期。

徐德森、唐日新、解军，2007，《外显和内隐攻击性表现方式的性别差异实验研究》，载《心理科学》2007 年第 6 期。

颜澍容，2017，《动漫在青少年群体中的传播特点》，载《青年记者》2017 年第 32 期。

杨洁敏，2013，《主客体因素对疼痛共情的影响及神经机制》，博士学位论文，西南大学。

杨开富，2018，《我国动漫产业受众低龄化趋势及对策分析》，载《明日风尚》2018 年第 12 期。

杨依卓，2010，《暴力电子游戏对青少年的影响及干预措施》，载《山东青年》2010 年第 12 期。

杨众望、吴佳敏，2020，《利他，利己信息注意偏向抑制与自我损耗》，载《心理技术与应用》2020 年第 3 期。

业明，2012，《短时暴力游戏对感知他人和自身疼痛的影响》，硕士学位论文，西南大学。

于文思，2013，《日本动漫产业营销策略对我国动漫产业营销的启示》，载《商业经济》2013 年第 2 期。

袁亚愚，1993，《社会调查理论与方法》，成都科技大学出版社。

詹志禹，1987，《年级、性别角色、人情取向与同理心的关系》，硕士学位论文，台湾政治大学教育研究所。

张凤凤、董毅、汪凯、詹志禹、谢伦芳，2010，《中文版人际反应指针量表（IRI-C）的信度及效度研究》，载《中国临床心理学杂志》2010 年第 2 期。

张晶、解立，2012，《动漫亚文化对青少年犯罪的影响及其对策探析》，载《预防青少年犯罪研究》2012 年第 2 期。

张林、吴晓燕，2011，《中学生攻击性行为的注意偏向与冲动控制特征》，载《心理学探新》2011 年第 2 期。

张骞，2020，《暴力动画片对 5—6 岁幼儿攻击性认知的启动效应》，载《心理发展与教育》2020 年第 3 期。

张文新、纪林芹、宫秀丽、张茜、王益文、陈欣银，2003，《3—4 岁儿童攻击行为发展的追踪研究》，载《心理科学》2003 年第 1 期。

张鑫，2015，《暴力电子游戏玩家对负性情绪信息及攻击性相关信息注意偏向的实验研究》，硕士学位论文，西南大学。

张学民、李茂、宋艳等，2009，《暴力游戏中射杀动作和血腥成分对玩家和观看者攻击倾向的影响》，载《心理学报》2009 年第 12 期。

赵偲、高雪梅、周群、翁蕾，2016，《暴力电子游戏玩家对攻击性图片注意偏向的 ERP 研究》，载《心理与行为研究》2016 年第 5 期。

甄霜菊、谢晓东、胡丽萍、张卫，2013，《暴力游戏对个体注意偏向影响的机制研究》，载《华南师范大学学报（社会科学版）》2013 年第 2 期。

中国社会科学院语言研究所词典编辑室，2016，《现代汉语词典第 7 版》，商务印书馆。

钟佑洁、李艳华、张进辅，2014，《儿童攻击行为的短期追踪干预研究：从社会信息加工的角度》，载《心理发展与教育》2014 年第 3 期。

周高文，2021，《负性情绪下中学生疼痛共情的性别差异——基于疼痛者角度》，硕士学位论文，湖南科技大学。

周海波、甘烨彤、易靓靓、胡瑞、谭千保、钟毅平，2019，《自我—他人重叠影响疼痛共情的 ERP 研究》，载《心理科学》2019 年第 5 期。

邹琼，2016，《不同攻击性大学生对攻击性刺激的注意偏向相关研究》，硕士学位论文，曲阜师范大学。

二 英文

Aluja-Fabregat, A., Torrubia-Beltri R., 1998, Viewing of mass media violence, perception of violence, Personality, and academic achievement, *Personality and Individual Differences*, Vol. 25.

Anderson, B. A., 2016, What is abnormal about addiction-related attentional biases? *Drug and Alcohol Dependence*, Vol. 167.

Anderson, C. A., 1997, Effects of violent movies and trait hostility on hostile feelings and aggressive thoughts, *Aggressive Behavior*, Vol. 23, No3.

Anderson, C. A., Anderson, K. B., 2008, Men who Target Women: Specificity of Target, Generalityof Aggressive Behavior, *Aggressive Behavior*, Vol. 34.

Anderson, C. A., Benjamin, A. J., & Bartholow, B. D., 1998, Does the gun pull the trigger? Automatic priming effects of weapon pictures and weapon names, *Psychological science*, Vol. 9, No. 4.

Anderson, C. A., Bushman, B. J., 1997, External validity of "trivial" experiments: The case of laboratory aggression, *Review of General Psychology*, Vol. 1.

Anderson, C. A., & Bushman, B. J., 2002, Human aggression, *Psychology*,

Vol. 53, No. 1.

Anderson, C. A., Bushman, B. J., 2002, Media violence and the american public revisited, *American Psychologist*, Vol. 57, No. 6 – 7.

Anderson, C. A., Carnagey, N. L., 2009, Causal effects of violent sports video games on aggression: competitiveness or violent content? *Journal of Experimental Social Psychology*, Vol. 45, No. 4.

Anderson C. A., Carnagey N. L., Flanagan M., et al., 2004, Violent Video Games: Specific Effects of Violent Content on Aggressive Thoughts and Behavior, *Advances in Experimental Social Psychology*, Vol. 36, No. 1.

Anderson, C. A., Deuser, W. E., DeNeve, K., 1995, Hot temperatures, hostile affect, hostile cognition, and arousal: Tests of a general model of affective aggression, *Personality and Social Psychology Bulletin*, Vol. 21.

Anderson, C. A., Dill, K. E., 2000, Video games and aggressive thoughts, feelings, and behavior in the laboratory and in life, *Journal of Personality and Social Psychology*, Vol. 78, No. 4.

Anderson, C. A., Murphy, C. R., 2003, Violent Video Games and Aggressive Behavior in Young Women, *Aggressive Behavior*, Vol. 29.

Anderson, C. A., Shibuya, A., Ihori, N., Swing, E. L., Bushman, B. J., Sakamoto, A., Rothstein, H. R., & Saleem, M., 2010, Violent video game effects on aggression, empathy, and prosocial behavior in eastern and western countries: a meta-analytic review, *Psychological Bulletin*, Vol. 136, No. 2.

Bailey, K., West, R., Anderson, C. A., 2011, The association between chronic exposure to video game violence and affective picture processing: an erp study, *Cogn Affect Behav Neurosci*, Vol. 11, No. 2.

Bandura, A., Ross, D. & Ross, S. A., 1963, Imitation of film-mediated aggressive models. *Journal of Abnormal and Social Psychology*, Vol. 66, No. 1

Bandura A., 2001, Social cognitive theory of mass communications Media effects: Advances in theory and research, Hillsdale, NJ: Lawrence Erlbaum.

Barlett, D. P., Harrisb, R. J., Bruey, C., 2008, The effect of the amount of blood in a violent video game on aggression, hostility, and arousal, *Journal of Experimental Social Psychology*, Vol. 44.

Bartholow, B. D., Anderson, C. A., 2002, Effects of violent video games on aggressivebehavior: Potential sex differences, *Journal of Experimental Social Psychology*, Vol. 38.

Bartholow, B. D., Bushman, B. J., Sestir, M. A., 2006, Chronic violent video game exposure and desensitization to violence: Behavioral and event-related brain potential data, *Journal of Experimental Social Psychology*, Vol. 42, No. 4.

Belson, W. A., 1978, Television violence and the adolescent boy, Bulletin of the British Psychological Society, Vol. 37, No. 4.

Berkowitz, L., 1993, Towards a General Theory of Anger and Emotional Aggression: Implications of the Cognitive-neoassociationistic, *Perspective for the Analysis of Anger and other Emotions*, Vol. 6, Lawrence Erlbaum Associates, Inc.

Brosch, T., San De R, D., Scherer, P., 2008, Beyond fear, *Psychological Science*, Vol. 19, No. 4.

Buckley, K. E., & Anderson, C. A., 2006, A theoretical model of the effects and consequences of playing video games, *Playing Video Games: Motives, Responses, and Consequences*

Buss, A. H., Perry, M., 1992, The aggression questionnaire, *J Pers Soc Psychol*, Vol. 63, No. 3.

Bushman, B. J., 1995, Moderating role of trait aggressiveness in the effects of violent media on aggression, *Journal of Personality and Social Psychology*, Vol. 69, No. 5.

Bushman, B. J., 1996, Individual differences in the extent and development of aggressive cognitive-Associative networks, *Personality and Social Psychology Bulletin*, Vol. 22.

Bushman, B. J., Anderson, C. A., 2010, Comfortably numb: Desensitizing effects of violent media on helping others, *Psychological Science*, Vol. 20.

Bushman, B. J., Huesmann, L. R., 2006, Short-term and long-term effects of violent media on aggression in children and adults, *Archives of pediatrics &*

adolescent medicine, Vol. 160, No. 4.

Campanella, S., Quinet, P., Bruyer, R., Crommelinck, M., & Guerit, J., 2002, Categorical perception of happiness and fear facial expressions: An ERP Study, *Journal of Cognitive Neuroscience*, Vol. 14, No. 2

Cantor, J., Wilson, B. J., 2003, Media and violence: Intervention strategies for reducing aggression, *Media Psychology*.

Carlson M., Marcus-Newhall A., Miller N., 1990, Effects of situational aggression cues: a quantitative review, *Journal of Personality and Social Psychology*, Vol. 58, No. 4.

Carnagey, N. L., & Anderson, C. A., 2004, Violent video game exposure and aggression: A literature review, *Minerva Psichiatr*, Vol. 45, No. 1.

Carnagey, N. L., & Anderson, C. A., 2005, The Effects of Reward and Punishment in Violent Video Games on Aggressive Affect, Cognition, and Behavior, *Psychological Science*, Vol. 16, No. 11.

Cheng, Y., Chen, C., & Decety, J., 2014, An EEG/ERP investigation of the development of empathy in early and middle childhood, *Developmental Cognitive Neuroscience*, Vol. 10.

Cheng, Y., Hung, A., & Decety, J., 2012, Dissociation between affective sharing and emotion understanding in juvenile psychopaths, *Development and Psychopathology*, Vol. 24, No. 2.

Cheng, J., Jiao, C., Luo, Y., & Cui, F., 2017, Music induced happy mood suppresses the neural responses to other's pain: Evidences from an ERP study, *Scientific Reports*, Vol. 7, No. 1.

Cheng, Y., Lin, C., Liu, H. L., Hsu, Y. Y., Lim, K. E., Hung, D. L., & Decety, J., 2007, Expertise modulates the perception of pain in others, *Current Biology*, Vol. 17, No. 19.

Cisler, J. M., Koster, E. H., 2010, Mechanisms of attentional biases towards threat in anxiety disorders: An integrative review, *Clinical psychology review*, Vol. 30, No. 2.

Cisler, J. M., Bacon, A. K., Williams, N. L., 2009, Phenomenological characteristics of attentional biases towards threat: a critical review, *Cognitive*

Therapy and Research, Vol. 33, No. 2.

Coll, M., 2018, Meta-analysis of ERP investigations of pain empathy underlines methodological issues in ERP research, *Social Cognitive and Affective Neuroscience*, Vol. 13, No. 10.

Corradi-Dell Acqua, C., Hofstetter, C., & Vuilleumier, P., 2011, Felt and seen pain evoke the same local patterns of cortical activity in insular and cingulate cortex, *The Journal of Neuroscience*, Vol. 31, No. 49.

Crick, N. R., & Dodge, K. A., 1994, A review and reformulation of social information-processing mechanisms in children's social adjustment, *Psychological Bulletin*, Vol. 115, No. 1.

Coll, M., 2018, Meta-analysis of ERP investigations of pain empathy underlines methodological issues in ERP research, *Social Cognitive and Affective Neuroscience*, Vol. 13, No. 10.

Corradi-Dell Acqua, C., Hofstetter, C., & Vuilleumier, P., 2011, Felt and seen pain evoke the same local patterns of cortical activity in insular and cingulate cortex, *The Journal of Neuroscience*, Vol. 31, No. 49.

Cui, F., Ma, N., & Luo, Y. J., 2016, Moral judgment modulates neural responses to the perception of other's pain: An ERP study, *Scientific Reports*, Vol. 6.

Cui, F., Zhu, X., Duan, F., & Luo, Y., 2016, Instructions of cooperation and competition influence the neural responses to others' pain: AnERP study, *Social Neuroscience*, Vol. 11, No. 3.

Cui, F., Zhu, X., & Luo, Y., 2017, Social contexts modulate neural responses in the processing of others pain: An event-related potential study, *Cognitive Affective & Behavioral Neuroscience*, Vol. 17, No. 4.

Cuthbert, B. N., Schupp, H. T., Bradley, M. M., Birbaumer, N., Lang, P. J., 2000, Brain potentials in affective picture processing: covariation with autonomic arousal and affective report, *Biological Psychology*, Vol. 52, No. 2.

Danziger, N., Prkachin, K. M., & Willer, J. C., 2006, Is pain the price of empathy? The perception of others pain in patients with congenital insensitivity to pain, *Brain*, Vol. 129.

Davis M. H., 1980, A multidimensional approach to individual differences in empathy, *JSAS Catalog of Selected Documents in Psychology*, Vol. 10.

Decety, J., & Cowell, J. M. 2014. The complex relation between morality and empathy, *Trends in Cognitive Science*, Vol. 18, No. 7.

Decety, J., & Lamm, C., 2006, Human empathy through the lens of social neuroscience, *The Scientific World Journal*, Vol. 6.

Decety, J., & Jackson, P. L., 2004, The functional architecture of human empathy, *Behavioral and Cognitive Neuroscience Reviews*, Vol. 3.

Decety, J., & Sommerville, J. A., 2003, Shared representations between self and other: A social cognitive neuroscience view, *Trends in Cognitive Sciences*, Vol. 7, No. 12.

Decety, J., Yang, C. Y., & Cheng, Y. W., 2010, Physicians down-regulate their pain empathy response: An event-related brain potential study, *NeuroImage*, Vol. 50.

DeHart, G. B., Sroufe, L. A., Cooper, R. G., 2004, Child development: Its nature and course (5th ed), New York: McGraw Hill.

DelGiudice, M., Manera, V., & Keysers, C., 2009, Programmed to learn? The ontogeny of mirror neurons, *Developmental Science*, Vol. 12, No. 2.

Delplanque, S., Lavoie, M. E., Hot, P., Silvert, L., Sequeira, H., 2004, Modulation of cognitive processing by emotional valence studied through event-related potentials in humans, *Neuroscience Letters*, Vol. 356, No. 1.

Deyo, K. S., Prkachin, K. M., & Mercer, S. R., 2004, Development of sensitivity to facial expression of pain, *Pain*, Vol. 107.

Doallo, S., Lorenzo-López, L., Vizoso, C., HolguínS. R., Amenedo, E., Bará, S., & Cadaveira, F., 2004, The time course of the effects of central and peripheral cues on visual processing: an event-related potentials study, *Clinical Neurophysiology*, Vol. 115, No. 1.

Dollard J., Doob L. W., Miller N. E., et al., 1939, Frustration and Aggression, *American journal of sociology*, Vol. 92, No. 7.

Dufey, M., Hurtado, E., Fernández, AM, Manes, F., & Ibáñez, A.,

2011, Exploring the relationship between vagal tone and event-related potentials in response to an affective picture task, *Social Neuroscience*, Vol. 6, No. 1.

Eckhardt, C. I., & Cohen, D. J., 1997, Attention to anger-relevant and irrelevant stimuli following naturalistic insult, *Personality and Individual Difference*, Vol. 23.

Engelhardt, C. R., Bartholow, B. D., Kerr, G. T., Bushman, B. J., 2011, This is your brain on violent video games: neural desensitization to violence predicts increased aggression following violent video game exposure, *Journal of Experimental Social Psychology*, Vol. 47, No. 5.

Eng, V., Lim, A., Janssen, S., Satel, J., 2018, Time course of inhibition of return in a spatial cueing paradigm with distractors, *Acta Psychologica*, Vol. 183.

Ehrman, R. N., Robbins, S. J., Bromwell, M. A., Lankford, M. E., Monterosso, J. R., & O'Brien, C. P., 2002, Comparing attentional bias to smoking cues in current smokers, former smokers, and non-smokers using a dot-probe task, *Drug and Alcohol Dependence*, Vol. 67, No. 2.

Fan, Y., & Han, S., 2008, Temporal dynamic of neural mechanisms involved in empathy for pain: An event-related brain potential study, *Neuropsychologia*, Vol. 46, No. 1.

Fan, Y. T., Chen, C., Chen, S. C., Decety, J., & Cheng, Y., 2014, Empathic arousal and social understanding in individuals with autism: Evidence from fMRI and erp measurements, *Social Cognitive and Affective Neuroscience*, Vol. 9, No. 8.

Farrar, K. M., Krcmar, M., Novak, K. L., 2006, Contextual features of violent video games, mental models, and aggression *Journal of Communication*, Vol. 56.

Fehr, T., Wiedenmann, P., Herrmann, M., 2006, Nicotine stroop and addiction memory—an erp study, *International Journal of Psychophysiology*, Vol. 62, No. 2.

Feng, C., Feng, X., Wang, L., Tian, T., & Luo, Y. J., 2015, Social hierarchy modulates neural responses of empathy for pain, *Social Cognitive and Affective Neuroscience*, Vol. 11, No. 3.

Foti, D., Hajcak, G., & Dien, J., 2009, Differentiating neural responses to emotional pictures: Evidence from temporal-spatial PCA, *Psychophysiology*, Vol. 46, No. 3.

Fox, E., Russo, R., Dutton, K., 2002, Attentional Bias for Threat: Evidence for Delayed Disengagement from Emotional Faces, *Cognition & emotion*, Vol. 16, No. 3.

Funk, J. B., 2007, ScriptDevelopment, Encyclopedia of Children, Adolescents, and the Media. Sage, *Thousand Oaks, California*.

Gao, X., Pan, W., Li, C., Weng, L., Yao, M., & Chen, A., 2017, Long-time exposure to violent video games does not show desensitization on empathy for pain: An fMRI study, *Frontiers in Psychology*, Vol. 8.

Gentile, D. A., Anderson, C. A., Yukawa, S., Ihori, N., Saleem, M., Ming, L. K., Sakamoto, A., 2009, The effects of prosocial video games on prosocial behaviors: International evidence from correlational, longitudinal, and experimental studies, *Personality and Social Psychology Bulletin*, Vol. 35, No. 6.

Gentile, D. A., Swing, E. L., Anderson, C. A., Rinker, D., & Thomas, K. M., 2014, Differential neural recruitment during violent video game play in violent-and nonviolent-game players, *Psychology of popular media culture*, Vol. 5, No. 1.

Gerbner, G., 1969, Toward "cultural indicators": the analysis of mass mediated public message systems, *Educational Technology Research and Development*, Vol. 17, No. 2.

Goubert, L., Craig, K. D., Vervoort, T., Morley, S., Sullivan, M., Williams, A., ... & Crombez, G., 2005, Facing others in pain: The effects of empathy, *Pain*, Vol. 118, No. 3.

Grimes, T., Vernberg, E., Cathers, T., 2004, Emotionally disturbed children's reactions to violent me dia segments, *Journal of Health Communication*, Vol. 2.

Greitemeyer, T. , 2009, Effects of songs with prosocial lyrics on prosocial thoughts, affect, and behavior, *Journal of Experimental Social Psychology*, Vol. 45, No. 1.

Greitemeyer T. , Mugge D. O. , 2014, Video games do affect social outcomes: a meta-analytic review of the effects of violent and prosocial video game play, *Personality & Social Psychology Bulletin*, Vol. 40, No. 5.

Greitemeyer. T. , & Osswald, S. , 2009, Prosocial video games reduce aggressive cognitions, *Journal of Experimental Social Psychology*, Vol. 45, No. 4.

Greitemeyer, & Tobias. (2014) . Intense acts of violence during video game play make daily life aggression appear innocuous: a new mechanismwhy violent video games increase aggression, *Journal of Experimental Social Psychology*, Vol. 50.

Gree R. G. , 2002, Human aggression, *Philadelphia: Open University Press.*

Gu, X. , & Han, S. , 2007, Attention and reality constraints on the neutral processes of empathy for pain, *Neuroimage*, Vol. 36.

Guo, X. , Zheng, L. , Wang, H. , Zhu, L. , Li, J. , Wang, Q. , & Yang, Z. , 2013, Exposure to violence reduces empathetic responses to other's pain, *Brain and Cognition*, Vol. 82, No. 2.

Hajcak, G. , MacNamara, A. , Olvet, D. M. , 2010, Event-related potentials, emotion, and emotion regulation: an integrative review, *Developmental neuropsychology*, Vol. 35, No. 2.

Hapkiewicz, W. G. , & Stone, R. D. , 1974, The effect of realistic versus imaginary aggressive is on children's interpersonal play, *Child Study Journal*, Vol. 4.

Hapkiewicz B. , 1979, The Effects of Behavioral Objectives on Relevant and Incidental Learning at Two Levels of Bloom's Taxonomy, *Journal of Educational Research*, Vol. 72, No. 6.

Hester R. , Dixon V. , Garavan H. , 2006, A consistent attentional bias for drug-related material in active cocaine users across word and picture versions of the emotional Stroop task, *Drug Alcohol Depend*, Vol. 81, No. 3.

Hilgard J. , Engelhardt C. R. , Rouder J. N. , 2017, Overstated evidence for short-term effects of violent games on affect and behavior: A reanalysis of Anderson et al, *Psychological Bulletin*, Vol. 143, No. 7.

Huesmann, L. R., Lagerspetz, K., & Eron, L. D., 1984, Intervening variables in the TV violence-aggression relation: Evidence from two countries, *Developmental Psychology*, Vol. 20.

Huesmann, L. R., 1986, Psychological processes promoting the relation between exposure to media violence and aggressive behavior by the viewer, *Journal of Social Issues*, Vol. 42.

Huesmann, L. R., 1988, An information processing model for the development of aggression, Vol. 14.

Hajcak, G., MacNamara, A., Olvet, D. M., 2010, Event-related potentials, emotion, and emotion regulation: an integrative review, *Developmental neuropsychology*, Vol. 35, No. 2.

Israel, M. M., Jolicoeur, P., & Cohen, A., 2018, The effect of pre-cueing on spatial attention across perception and action, *Psychonomic bulletin & review*, Vol. 25, No. 5.

Jabr, M. M., Denke, G., Rawls, E., Lamm, C., 2018, The roles of selective attention and desensitization in the association between video gameplay and aggression: An ERP investigation, *Neuropsychologia*, Vol. 112.

Jackson, P. L., Brunet, E., Meltzoff, A. N., &Decety, J., 2006, Empathy examined through the neural mechanisms involved in imagining how I feel versus how you feel pain, *Neuropsychologia*, Vol. 44, No. 5.

Jackson, P. L., Rainville, P., & Decety, J., 2006, To what extent do we share the pain of others? Insight from the neural bases of pain empathy, *Pain*, Vol. 125, No. 1.

Jin, M., Onie, S., Curby, K. M., & Most, S. B., 2018, Aversive images cause less perceptual interference among violent video game players: evidence from emotion-induced blindness, *Visual Cognition*, Vol. 26, No. 10.

Jongen, E. M. M., Smulders, F. T. Y., Ranson, S. M. G., Arts, B. M. G., & Krabbendam, L., 2007. Attentional bias and general orienting processes in bipolar disorder, Journal of Behavior Therapy and Experimental Psychiatry,

Vol. 38, No. 2.

Kaestner, E. J., Polich, J., 2011, Affective recognition memory processing and event-related brain potentials, *Cognitive Affective & Behavioral Neuroscience*, Vol. 11, No. 2.

Kanske, P., Kotz, S. A., 2011, Positive emotion speeds up conflict processing: erp responses in an auditory simon task, *Biological Psychology*, Vol. 87, No. 1.

Kevin, D. B., 2005, The influence of violent media on children and adolescents: a public-health approach, *The Lancet*, Vol. 25.

Klein, H., & Shiffman, K. S., 2012, Verbal aggression in animated cartoons, *International journal of child & adolescent health*, Vol. 5, No. 1.

Kirsh, S. J., 2006, Cartoon violence and aggression in youth, *Aggression and violent behavior*, Vol. 11, No. 6.

Kirsh, S. J., & Mounts, J., 2007, Violent video game play impacts facial emotion recognition, *Aggressive Behavior*, Vol. 33, No. 4.

Kirsh S. J., Olczak P. V., Mounts J., 2005, Violent Video Games Induce an Affect Processing Bias, *Media Psychology*, Vol. 7, No. 3.

Kring, A. M., & Bachorowski, J. A., 1999, Emotions and psychopathology, *Cognition; & Emotion*, Vol. 13, No. 5.

Kühn S., Kugler D. T., Schmalen K., Weichenberger M., Witt C., Gallinat J., 2019, Does playing violent video games cause aggression? A longitudinal intervention study, *Mol Psychiatry*, Vol. 24, No. 8.

Lai, C., Pellicano, G. R., Altavilla, D., Proietti, A., Lucarelli, G., Massaro, G., Luciani, M., & Aceto, P., 2019, Violence in video game produces a lower activation of limbic and temporal areas in response to social inclusion images, *Cognitive, affective & behavioral neuroscience*, Vol. 19, No. 4.

Li, W., & Han, S., 2010, Perspective taking modulates event-related potentials to perceived pain, *Neuroscience Letters*, Vol. 469, No. 3.

Li, Y., Li, H., Decety, J., & Lee, K., 2013, Experiencing a natural disaster alters children's altruistic giving, *Psychological Science*, Vol. 24, No. 9.

Liu, Y., Lan, H., Teng, Z., Guo, C., & Yao, D., 2017, Facilitation or disengagement? Attention bias in facial affect processing after short-term violent video game exposure, *PloS one*, Vol. 12, No. 3.

Macnamara, A., Foti, D., Hajcak, G., 2009, Tell me about it: neural activity elicited by emotional pictures and preceding descriptions, *Emotion*, Vol. 9, No. 4.

MacLeod, C., Mathews, A., & Tata, P., 1986, Attentional bias in emotional disorders, *Journal of Abnormal Psychology*, Vol. 95.

Markovits, Henry., 2013, Physical aggression facilitates social information processing, *Journal of Experimental Social Psychology*, Vol. 49, No. 6.

Mathews, V. P., Kronenberger, W. G., Wang, Y., Lurito, J. T., Lowe, M. J., & Dunn, D. W., 2005, Media Violence Exposure and Frontal Lobe Activation Measured by Functional Magnetic Resonance Imaging in Aggressive and Nonaggressive Adolescents, *Journal of Computer Assisted Tomography*, Vol. 29, No. 3.

Meiring, L., Subramoney, S., Thomas, K. G., Decety, J., & Fourie, M. M., 2014, Empathy and helping: Effects of racial group membership and cognitive load, *South African Journal of Psychology*, Vol. 44, No. 4.

Meng, J., Hu, L., Shen, L., Yang, Z., Chen, H., Huang, X. T., & Jackson, T., 2012, Emotional primes modulate the responses to others' pain: An ERP study, *Experimental Brain Research*, Vol. 220, No. 3-4.

Michalska, K. J., Kinzler, K. D., & Decety, J., 2013, Age-related sex differences in explicit measures of empathy do not predict brain responses across childhood and adolescence, *Developmental Cognitive Neuroscience*, Vol. 3.

Miltner W., Krieschel S., Hecht H., et al., 2004, Eye movements and behavioral responses to threatening and nonthreatening stimuli during visual search in phobic and nonphobic subjects, *Emotion*, Vol. 4, No. 4.

Moeller, T. G., 2006, *Youth aggression and violence: A psychological approach*, Erlbaum, New Jerseyrsey.

M. P., Brown, S. J., Taylor, L., & Howat, D. J., 2016, Empathy: A review of the concept, *Emotion Review*, Vol. 8, No. 2.

Nathanson, A. I., & Cantor, J., 2000, Reducing the aggression-promoting effects of violent cartoons by increasing the fictional involvement with the victim: A study of active mediation, *Journal of Broadcasting and Electronic Media*, Vol. 44.

Nathanson, A. I., Yang, M., 2003, The effects of mediation content and form on children's responses to violent television, *Human Communication Research*, Vol. 29.

National Television Violence Study, 1997, Thousand Oaks, CA: Sage.

O'Toole, L., Dennis, T. A., 2012, Attention training and the threat bias: an erp study, *Brain & Cognition*, Vol. 78, No. 1.

Pemepek, T. A., Kirkorian, H. L., Richards, J. E., Anderson, D. Lund, A. F. & Stevens, M. Video comprehensibility and attention in very young children, *Deveolopmental Psychology*, Vol. 46, No. 5.

Posner, M. I., Petersen, S. E., 1990, The attention system of the human brain, *Annual review of neuroscience*, Vol. 13.

Posner, M. I., Snyder, C. R., Davidson, B. J., 1980, Attention and the detection of signals, *Journal of experimental psychology*, Vol. 109, No. 2.

Potter, D. A., 1998, *Destructive turfgrass insects: biology, diagnosis, and control.* John Wiley & Sons.

Potter, W. J., Warren, R., 1998, Humor as a camouflage of televised violence, *Journal of Communication*, Vol. 48.

Potter, W. J., 1999, On media violence. Califonia: Sage publications, Inc.,

Potter, W. J., 2003, The 11 myths of media violence. Thousand Oaks, CA: Sage.

Preciado, D., Munneke, J., & Theeuwes, J., 2017, Mixed signals: the effect of conflicting reward-and goal-driven biases on selective attention, *Attention Perception & Psychophysics*, Vol. 79, No. 5.

Preston, S., & Waal, F. D., 2002, Empathy its proximate and ultimate bases, *Behavioral and Brain Sciences*, Vol. 25.

Rawls E, Jabr MM, Moody SN, Lamm C., 2018, Neural mechanisms underlying the link between effortful control and aggression: an erp study, *Neuropsychologia*, Vol. 117.

Sachs, G. , Anderer, P. , Margreiter, N. , Semlitsch, H. , Saletu, B. , & Katschnig, H. , 2004, P300 event-related potentials and cognitive function in social phobia, *Psychiatry Research – Neuroimaging*, Vol. 131, No. 3.

Saleem, M. , Anderson, C. A. & Gentile, D. A. (2012b). Effects of prosocial, neutral, and violent video games on children's helpful and hurtful behaviors, *Aggressive Behavior*, Vol. 38.

Sanson A. , DiMuccio, C. D. , 1993, The influence of aggressive and neutral cartoons and toys on the behaviour of preschool children, Australian Psychologist, Vol. 28.

Schapkin, S. A. , Gusev, A. N. , & Kuhl, J. , 2000, Categorization of unilaterally presented emotional words: an erp analysis, *Acta Neurobiologiae Experimentalis*, Vol. 60, No. 1.

Schupp, H. T. , Cuthbert, B. N. , Bradley, M. M. , Cacioppo, J. T. , Ito, T. , & Lang, P. J. , 2000, Affective picture processing: The late positive potential is modulated by motivational relevance, *Psychophysiology*, Vol. 37, No. 2.

Sessa, P. , Meconi, F. , Castelli, L. , & Dell" Acqua, R. , 2014, Taking one's time in feeling other-race pain: an event-related potential investigation on the time-course of cross-racial empathy, *Social Cognitive and Affective Neuroscience*, Vol. 9, No. 4.

Shao, R. , & Wang, Y. , 2019, The Relation of Violent Video Games to Adolescent Aggression: An Examination of Moderated Mediation Effect, *Frontiers in psychology*, Vol. 10.

Silvern, S. B. , Williamson, P. A. , 1987, The effects of video game play on young children's aggression, fantasy, and prosocial behavior, *Journal of Applied Developmental Psychology*, Vol. 8.

Singer, T. , 2004, Empathy for Pain Involves the Affective but not Sensory Components of Pain, *Science*, Vol. 303, No. 5661.

Smith, A. , Waterman, S. A. , Gordon, T. P. , 2003, Autonomic involvement in sjgren's syndrome, *Journal of Rheumatology*, Vol. 30, No. 10.

Stein, Friedrich, 1972, Kommentar zur Zivilprozessordnung, 19, Aufl. Mohr.

Steuer, F. B. , Applefield, J. M. , & Smith, R. , 1971, Televised aggression and the interpersonal aggression of preschool children, *Journal of Experimental Child Psychology*, Vol. 11, No. 3.

Steven J., Kirsh, 2006, Cartoon violence and aggression in youth, *Aggression and Violent behavior*, Vol. 11.

Suzuki, Y., Galli, L., Ikeda, A., Itakura, S., & Kitazaki, M., 2015, Measuring empathy for human and robot hand pain using electroencephalography, *Scientific Reports*, Vol. 5.

Swing, E. L., & Anderson, C. A., 2008, How and what do videogames teach? *Children's Learning in a Digital World*.

Szycik, G. R., Mohammadi, B., Hake, M., Kneer, J., Samii, A., Münte, T. F., & Te Wildt, B. T., 2017, Excessive users of violent video games do not show emotional desensitization: an fMRI study, *Brain imaging and behavior*, Vol. 11, No. 3.

Teng, Zhaojun, Nie, Qian, Zhu, Zhenguang, Guo, Cheng., 2019, Violent video game exposure and (Cyber) bullying perpetration aming Chinese youth: The moderation role of trait aggression and moral identity, *Computers in Human Behavior*, Vol. 104.

Todd, J., vanRyckeghem, D. M. L., Sharpe, L., & Crombez, G., 2018, Attentional bias to pain-related information: a meta-analysis of dot-probe studies, *Health Psychology Review*, Vol. 12, No. 4.

Townshend, J. M., & Duka, T., 2001, . Attentional bias associated with alcohol cues: differences between heavy and occasional social drinkers, *Psychopharmacology*, Vol. 157, No. 1.

Uhlmann, E., & Swanson, J., 2004, Exposure to violent video games increases automatic aggressiveness, *Journal of Adolescence*, Vol. 27, No. 1.

Valkenburg, P. M., & Peter, J., 2009, The effects of instant messaging on the quality of adolescents' existing friendships: A longitudinal study, *Journal of Communication*, Vol. 59.

Valkenburg, P. M., & Peter, J., 2013, The differential susceptibility to media effects model, *Journal of Communication*, Vol. 63, No. 2.

Vogel, E. K., & Luck, S. J., 2000, The visual N1 component as an index of a discrimination process, *Psychophysiology*, Vol. 37, No. 2.

Wilson, B. J., Kunkel, D., Linz, D., Potter, J., Donnerstein, E., Smith, S. L. et al., 1997, National Television Violence Study (Vol. 1), Thousand Oaks, CA: Sage.

Wiener, M., & Thompson, J. C., 2015, Repetition enhancement and memory effects for duration, *Neuroimage*, Vol. 113.

Winkel, M., Novak, D. M., 1987, Personality factors, participant gender, and the effects of aggressive video games on aggression in adolescents, *Journal of Research on Personality*, Vol. 12.

Wu, L., Kirmse, U., Flaisch, T., Boiandina, G., Kenter, A., & Schupp, H. T., 2017, Empathy, pain and attention: cues that predict pain stimulation to the partner and the self capture visual attention, Frontiers in Human Neuroscience, Vol. 11.

Yang, J., Hu, X., Li, X., Zhang, L., Dong, Y., Li, X., ... & Wang, K., 2017, Decreased empathy response to other people's pain in bipolar disorder: Evidence from an event-related potential study, *Scientific Reports*, Vol. 7.

Yiend J., 2010, The effects of emotion on attention: A review of attentional processing of emotional information, Cognition & Emotion, Vol. 24, No. 1.

Zillmann, D., 1971, Excitation transfer in communication-mediated aggressive behavior, *Journal of experimental social psychology*, Vol. 4.

Zhang, Q., Cao, Y., & Tian, J., 2020, Effects of Violent Video Games on Aggressive Cognition and Aggressive Behavior, *Cyberpsychology, Behavior, and Social Networking*, Vol. 24, No. 1.